서준호 선생님의
강당 운동장 놀이
189

준비는 쉽게! 즐거움은 크게!

서준호 선생님의
강당운동장 놀이
189

• 서준호 글·사진 •

지식프레임

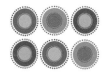

프롤로그 Prologue

《교실놀이백과 239》가 세상에 나온 뒤 교실 밖에서 놀 수 있는 책도 출간해 달라는 요청을 많이 받았습니다. 하지만 바로 책을 만들 수 없었지요. 제가 먼저 반 아이들과 함께 교실 밖에서 놀아야 하는데, 학교는 강당과 운동장 사용 시간이 정해져 있어 일주일에 겨우 2~3회 정도 사용할 수 있는 상황이었습니다. 또한 미세먼지와 폭염주의보, 때론 비가 오거나 추워서 교실 밖으로 나가는 것을 제한받을 때도 많았습니다. 아마 여러분들도 저와 사정이 비슷했으리란 생각을 해봅니다. 그래서 최대한 시간이 생기는 대로 강당, 운동장 그리고 교실 2칸 정도 크기의 다목적실에서 아이들과 함께 놀면서 점검하고 변형해 본 놀이를 이곳에 모았습니다.

강당 운동장 놀이를 진행하는 것에 많은 선생님들이 두려움, 걱정, 짜증, 귀찮음, 혼란스러움 등을 느낍니다. 교실 안과 달리 밖에서는 돌변하는 학생들, 승부에 너무 집착한 나머지 놀이를 난장판으로 만들어버리는 학생들, 잠깐의 놀이를 위해 많은 준비물을 챙겨야 하는 수고, 그렇게 조심했는데도 안전사고가 발생하면 고스란히 교사의 책임이 되는 묘한 분위기, 반 아이들과 즐겁게

놀고 있는데 지나가던 학부모가 이를 보고 미세먼지가 있는데 또는 날이 더운데 왜 밖에서 활동을 하느냐는 민원전화 등 불편함이 많기 때문이지요. 하지만 밖에서 노는 것은 아이들에겐 중요한 일이고 행복을 만드는 일입니다. 불편함 속에서도 밖에서 놀 수 있도록 돕는 일이 필요하다고 생각합니다.

이 책에 소개하는 놀이들은 여러 경험으로부터 도움을 받았습니다. 초등학교 시절 공터에서 친구들과 놀았던 경험, 교사가 된 뒤 동학년 선생님에게 놀이를 소개받았던 경험, 우리 집 아이들의 유치원 체육대회 때 함께 놀면서 쌓았던 경험, 아들이 축구교실에서 훈련받으며 했던 놀이들, 학교 선생님들이 반 아이들과 노는 모습을 교실 창문 너머로 보면서 배우기도 했습니다. 그리고 특히 아이스크림원격연수원에 개설된 '서준호 선생님의 교실놀이백과' 연수 후기를 통해 강당과 운동장에서 할 수 있는 다양한 놀이를 많이 소개받았습니다. 이를 기반으로 과거 전래놀이부터 교육과정 속에서 해야 했던 여러 릴레이 놀이까지, 학교 현장에서 실제로 할 수 있고 다양한 상황 속에서 응용하고 발전시킬 수 있는 놀이를 담았습니다. 특히 '어떻게 하면 하나의 놀이에 약간씩 변화를 주면서 여러 번 놀 수 있을까? 특별한 도구 없이도 어떻게 반 아이들과 놀 수 있을까? 그리고 선택받지 못한 옛 놀이 일부를 현재 아이들에게 맞게 어떻게 다듬어볼 수 있을까?'를 염두에 두고 정리하였습니다.

물론 이 책에 소개된 놀이 방법은 하나의 '소스'입니다. 각 놀이별 설명에 있는 'tip'을 잘 살펴보면서 변형과 응용에 대한 아이디어를 얻어보시길 바랍니다. 강당과 운동장에서 더 안정적으로 놀 수 있도록 돕고자 제가 반 아이들에게 사용하는 '질문법'과 '멘트'의 일부도 이곳에 자세히 담았습니다.

무엇보다 이 책은 저를 위한 것이기도 합니다. 따로 정리하고 기록한 놀이를 너덜너덜한 종이 뭉치에 집게로 집어 달랑달랑 들고 다녔던 불편함을 덜고자 작업하고 싶었습니다. 교실 속에서 놀 수 있도록 저를 위해《교실놀이백과 239》라는 책을 만들었던 것처럼, 제가 퇴직하기 전까지 강당과 운동장에서 어떻게 놀아야 할지 더 고민하지 않기 위해 이 책에 많은 에너지와 애정을 쏟았습니다.

마지막으로 저에게 연수 과제로 놀이를 소개해 준 수많은 선생님들께 진심

으로 감사드립니다. 또한 제게 놀이를 물어봐주시고 제 교실까지 와서 놀이를 배우고 싶어 했던 동학년 선생님들도 고맙습니다. 저와 학생 관계로 만나 여러 놀이 속에서 경험을 쌓게 해준 제자들에게 덕분이란 말을 전하고 싶습니다. 페이스북과 블로그를 통해 이 책이 필요하다고 제게 이야기해 주고, 설문에 참여해 주고, 응원해 주신 여러 선생님들 덕분에 지치지 않고 끝까지 이 책에 몰입할 수 있었습니다. 그리고 이 책은 세상에 꼭 필요하다면서 초고를 오랫동안 기다려주고 무한 응원을 보내주신 도서출판 지식프레임 윤을식 대표님에게 감사 인사 올립니다.

제가 누군가의 놀이를 소개받고 변형해 여러분에게 흘려보낸 것처럼, 여러분들 또한 이 흐름 속에서 교실 밖에서도 조금 더 즐겁게 노시길 바랍니다. 그리고 더 많은 변형이 만들어지고, 저와 다른 성격의 정리와 발전도 자리하길 응원합니다.

_서준호

CONTENTS

프롤로그　004

강당 운동장 놀이 사용설명서　019

1부. 움직임 놀이

1-01. 한 줄로 서기　072

1-02. 주제별로 모여라!　074

1-03. 신호등 색깔에 따라　076

1-04. 선만 따라가!　078

1-05. 지그재그 선 탐험　080

1-06. 먼저 도착하기　082

1-07. 서로 다른 가위바위보　084

1-08. 30초 바운스　086

1-09. 몰래 발 바꿔!　088

1-10. 액션 가위바위보　090

2부. 릴레이 놀이

2-01. 지그재그 달리기 094

2-02. ABC 달리기 096

2-03. 선풍기 달리기 098

2-04. 유리볼링 달리기 100

2-05. 백팩 이어달리기 102

2-06. 보디가드 달리기 104

2-07. 더하기 1명 106

2-08. 친구 사이 108

2-09. 가위바위보 릴레이 110

2-10. 텔레파시 달리기 112

2-11. 숫자카드 달리기 114

2-12. 2인 3각 릴레이 116

2-13. 고(go) 백(back) 달리기 118

2-14. 빗자루질 릴레이 120

2-15. 종이비행기 릴레이 122

2-16. 신문지 릴레이 124

2-17. 도형 만들기 릴레이 126

2-18. 매트 위 릴레이 128

2-19. 틱택토 달리기 130

2-20. 긴 줄 통과 릴레이 132

2-21. 기차 릴레이 134

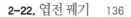

2-22. 엽전 꿰기　136

2-23. 순발력 달리기　138

2-24. 조심히 올려줘!　140

2-25. 공 3개 옮기기　142

2-26. 탁구공을 옮겨라!　144

2-27. 판자로 공을 운반해!　146

2-28. 멋대로 튀지마!　148

2-29. 후프 릴레이　150

2-30. 작은 구멍으로 바라봐　152

2-31. 풍선 터뜨리기 릴레이　154

3부. 술래잡기 놀이

3-01. 잡고 잡히고　158

3-02. 초스피드 술래잡기　160

3-03. 변수가 있는 술래잡기　162

3-04. 얼음땡 술래잡기　164

3-05. 피난처 술래잡기　166

3-06. 메딕 술래잡기　168

3-07. 맹꽁이자물쇠 술래잡기　170

3-08. 3색 술래잡기　172

　3-09. 수건 돌리기　174

3-10. 내가 고른 숫자는　176

3-11. 어깨치기 술래잡기　178

3-12. 선 따라 술래잡기　180

3-13. 한 칸 술래잡기　182

3-14. 매미 술래잡기　184

3-15. 무지개 술래잡기　186

3-16. 접시콘 술래잡기　188

3-17. 분리-합체 술래잡기　190

3-18. 3-6걸음 술래잡기　192

4부. 공 놀이

4-01. 공 주고받기 변형 놀이　196

4-02. 공 가로채기　198

4-03. 한 줄로 공 전달하기　200

4-04. 함정 탈출 놀이　202

4-05. 통과 볼링 놀이　204

4-06. 그라운드 다트　206

4-07. 패스-슛 놀이　208

4-08. 오버 패스 놀이　210

4-09. 네 이름을 불러줄게　212

4-10. 이름을 불러줘!　214

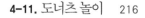

4-11. 도너츠 놀이　216

4-12. 핸드콘　218

4-13. 세 번 안에　220

4-14. 공을 들고 뛰어랏!　222

4-15. 배구공 운반 놀이　224

4-16. 발바닥 위엔?　226

4-17. 한 사람 피구　228

4-18. 원형 피구　230

4-19. 남녀 피구　232

4-20. 어드밴티지 피구　234

4-21. 천하무적 피구　236

4-22. 장애물 피구　238

4-23. 스파이 피구　240

4-24. 점수 피구　242

4-25. 4영역 피구　244

4-26. 매트 피구　246

4-27. 정신 집중 피구　248

4-28. 뒤죽박죽 피구　250

4-29. 인간 볼링 피구　252

4-30. 줄줄이 피구　254

4-31. 짝 축구　256

4-32. 1:1 콘 축구　258

4-33. 슈팅 콘 축구　260

4-34. 미니 콘 축구　262

4-35. 순발력 축구　264

4-36. 칸칸이 축구　266

4-37. 제멋대로 축구　268

4-38. 볼링 축구　270

4-39. 발야구　272

4-40. 한 줄 발야구　274

4-41. 투수 발야구　276

4-42. 줄줄이 발야구　278

4-43. 럭비공 발야구　280

4-44. 주먹 야구　282

4-45. 5점 주먹 야구　284

5부. 도구 사용 놀이

5-01. 훌라후프를 콘 사이로　288

5-02. 징검다리 놀이　290

5-03. 손 잡고 후프 통과 놀이　292

5-04. 후프야, 돌아와!　294

5-05. 훌라후프 통과 놀이　296

5-06. 후프 안에서　298

5-07. 훌라후프 탐험 300

5-08. 공깃돌 넣기 302

5-09. 세계일주 304

5-10. 튕겨 튕겨 306

5-11. 맞히면 내꼬! 1 308

5-12. 맞히면 내꼬! 2 310

5-13. 강스파이크! 312

5-14. 더블 바운스 바운스 314

5-15. 풍선 대결 316

5-16. 풍선 불어 멀리 날리기 318

5-17. 콩주머니 쟁탈전 320

5-18. 이삿짐 놀이 322

5-19. 콩주머니 미니 쟁탈전 324

5-20. 점수가 다른 콩주머니 던지기 326

5-21. 콩주머니 던져 넣기 328

5-22. 콩주머니 낚시 330

5-23. 순서대로 넣기 332

5-24. 한 줄 만들기 334

5-25. 비행접시의 착륙 336

5-26. 페트병 쓰러뜨리기 338

5-27. 플라잉 핸드볼 340

5-28. 플라잉 디스크 통과 놀이 342

5-29. 늑목과 플라잉 디스크   344

5-30. 3선 줄다리기   346

5-31. 줄넘기 격파 놀이   348

5-32. 전깃줄 피하기 놀이   350

5-33. 공의 여행   352

5-34. 줄넘기로 도형을   354

5-35. 고무줄 림보 놀이   356

5-36. 개똥을 피해랏!   358

5-37. 친구를 믿고 달려봐   360

5-38. 어둠 속 보물 찾기   362

5-39. 환상의 짝꿍   364

5-40. 물을 옮겨랏!   366

5-41. 물 이어 나르기   368

5-42. 물 운반 놀이   370

5-43. 물포환 놀이   372

5-44. 페트병에 물 담아 그림 그리기   374

5-45. 스프링클러와 함께   376

5-46. 내 신발은 어디에?   378

5-47. 발로 휙~   380

5-48. 선에 붙여봐!   382

5-49. 평균대 위 모델   384

5-50. 평균대 위 자리 바꾸기   386

5-51. 대왕 윷놀이 388

5-52. 접시콘 뒤집기 놀이 390

5-53. 접시콘 날리기 392

5-54. 썰매 놀이 394

5-55. 빨래집게 매달고 친구에게! 396

5-56. 우린 빨래집게로 연결됐어! 398

5-57. 빨래집게 쟁탈전 400

5-58. 빨래집게를 모아랏! 402

5-59. 매트 위 씨름 404

5-60. 홀수 짝수 놀이 406

5-61. 주사위와 공 408

6부. 바닥 · 공간 놀이

6-01. 달팽이집 놀이 412

6-02. 긴 선 놀이 414

6-03. 8자 놀이 416

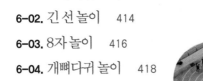

6-04. 개뼈다귀 놀이 418

6-05. 방울뱀 놀이 420

6-06. 수비수 통과 놀이 422

6-07. 동서남북 424

6-08. 상대팀 콘을 쓰러뜨려라! 426

6-09. 허수아비와 참새   428

6-10. 사방치기   430

6-11. 한 발로 한 칸씩   432

6-12. 누가 오래 오래 버티나   434

6-13. 신체 점수 놀이   436

6-14. 오른발-왼발-오른손-왼손   438

6-15. 도형 만들기   440

6-16. 무궁화 꽃이 피었습니다   442

6-17. 우리 집에 왜 왔니?   444

6-18. 나이 먹기   446

6-19. 땅 차지하기   448

6-20. 땅 넓혀가기   450

6-21. 한 칸씩 넓혀가기   452

6-22. 모래와 막대   454

6-23. 손 끝으로 느끼는 세상   456

6-24. 내 나무 찾기   458

보너스 팁   460
《교실놀이백과 239》를 강당 운동장에서 활용하기
《강당 운동장 놀이 189》를 교실에서 활용하기

에필로그   472

준비는 쉽게! 즐거움은 크게!

강당 운동장 놀이
사용설명서

설문조사 _ 강당 운동장 놀이 운영이 궁금해요!

강당과 운동장에서 놀이를 운영하는 것에 부담을 갖는 선생님들이 주위에 많다. 그래서 설문을 통해 구체적인 어려움을 알아보고 도움을 줄 수 있다면 선생님들의 부담이 한결 줄어들고 학생들에게는 더 많은 즐거움과 역동이 만들어질 수 있으리란 생각이 들었다. 설문은 페이스북과 밴드 등을 통해 진행했고, 170명의 선생님들이 응답해 주셨다(2018년 7월 30일 기준). 응답자의 대부분은 초등학교 선생님들이셨고, 초임부터 교육 경력 20년 이내의 선생님들까지 다양한 생각을 나눠주셨다.

설문조사 결과에서 알 수 있듯, 대부분의 선생님들은 강당과 운동장에서 놀이 운영이 필요하다고 생각한다. 하지만 학교에서는 배정된 시간에만 사용하거나 장소를 쪼개서 사용해야 하는 등 강당과 운동장에서 일주일에 한 번 마음 편히 노는 것조차 어려운 현실이다. 또한 미세먼지, 폭염, 한파, 우천 시에는 운동장에서 놀 수 없다는 한계도 있다.

장소의 제약에 따른 문제만 있는 것은 아니다. 아이들을 위해 최선을 다해 강당과 운동장에서 놀이를 운영해 보지만, 아이들은 제멋대로 굴며 다투고 승부에 민감해 서로를 탓한다. 협동과 협력은 사라지고 미움만 남으며, 원치 않게 생긴 안전사고에 대한 책임은 교사에게 쏠린다. 특별한 도구가 필요한 놀이도 많고, 있는 도구들도 어떻게 활용해야 하는지 모르는 경우가 많다.

설문을 통해 나타난 선생님들의 고민을 읽어가며, 기본적인 운영에서부터 돌발 상황 해결까지 여러 도움을 주고 싶었다. 저경력 시절에 강당과 운동장 놀이에 대한 힘들었던 경험도 있었고 경력 교사가 된 뒤에도 강당 운동장 놀이를 두려워하고 피하려는 선생님들을 여럿 만났던 터라, 특히 저경력 선생님들에게 도움이 되길 바라는 마음으로 이 책을 썼다. 아울러 이곳에 풀어놓은 꿀팁들은 내 경험에 한정되어 있다. 학교에는 더 많은 경험과 요령을 지닌 선생님들이 있다는 것을 기억하고, 부족한 것들은 주변 선생님들과 이야기를 나눠가며 하나씩 해결해 나가길 바란다.

01 _ 놀이 도구

강당 운동장 놀이를 위해 준비물이 복잡하거나 세팅 시간이 오래 걸리는 것을 좋아할 교사는 없다. 정신없는 학교 생활 속에서 준비물을 챙기는 것도 힘들지만, 준비물들을 잘 챙긴 뒤에도 세팅하는 동안 아이들은 침착하게 기다리지 못하고 소란스러워지거나 다툼을 만들곤 한다. 이런 불편함이 강당과 운동장에서 반 아이들과 함께 놀고자 하는 교사의 의지를 자꾸 깎아내리기도 한다. 그래서 어떻게 하면 간단한 도구로도 재미있게 놀 수 있을까를 고민했다.

티볼이나 스캐터볼처럼 구입한 뒤 한두 번 사용하고 창고에 넣어둬야 하는 놀이들은 이 책에서 제외했다. 기본적으로 교실에 두고 사용하는 접시콘, 천주사위, 피구공, 줄넘기, 훌라후프 등을 활용한 놀이, 어느 학교든지 체육창고(교구창고)에 있을 법한 콩주머니, 큰 콘, 라인기 정도의 도구들을 이용한 놀이로 구성했다.

이 책에서 가장 많이 사용하는 도구들은 아래와 같다. 이 중에서 꼭 사야 한다면 접시콘 40개, 큰 콘 10개, 피구공 3개를 추천한다.

접시콘 ──

반 아이들에게 하나씩 나눠준 뒤 원이나 여러 대형을 만들어 표시할 때 라인기 없이 사용할 수 있는 유용한 도구다. 내 경우에는 30명이 넘는 반 아이들을 담임한 적이 있어서 40개를 한 세트로 구입했고, 원마커보다 활용도가 높아 몇 년째 사용하고

있다. 접시콘은 교사 개인이 30~40개를 구비하는 것을 추천한다.

칼라콘(큰 콘) ──

높이가 있는 콘은 강당 운동장 놀이에서 매우 유용하다. 대부분 학교 체육창고에 비치되어 있으니, 근무하는 학교에 콘이 어느 정도 있는지 미리 확인하는 것도 좋다. 학년 선생님과 함께 구매하여 사용한다면 15인치 10개 정도면 충분하다. 콘 크기가 다양하면 놀이 역시 다양하게 응용할 수 있다.

라인기 ──

횟가루를 사용해 운동장에 선을 긋는 용도로 사용한다. 손잡이를 눌러 뒷바퀴로만 이동하면 선이 그어지지 않고, 네 바퀴 모두 바닥에 내려 놓아야 횟가루가 나와 선이 그려진다. 손잡이를 잡고 아래를 바라보며 선을 그으면 삐뚤빼뚤 그려질 가능성이 크다. 고개를 들고 멀리 목표점 하나를 정한 뒤 그곳을 바라보며 손잡이를 잡고 걸어가는 게 반듯한 선을 긋는 요령이다. 관리를 제대로 하지 않으면 학생들이 운동장에 이상한 그림이나 글을 쓰기도 하니 수업이 끝난 뒤에는 꼭 제자리에 가져다놓도록 하자.

피구공 —

피구를 할 때는 배구공보다 쿠션감이 있어 안전한 피구 전용 공을 사용하는 게 좋다. 사이즈는 다양하며, 아이들 성장에 맞는 크기의 피구공을 사용하면 된다. 나는 크기가 다른 피구공을 여러 개 가지고 있다가 놀이 응용에 따라 달리 사용한다.

공깃돌 —

공깃돌은 교실뿐만 아니라 강당 운동장 놀이에서도 유용하게 사용할 수 있다. 이리저리 굴러다니는 구슬 대신 공깃돌을 사용하면 좋은데, 마감이 좋아 터지지 않고 약간의 무게감이 있는 것을 사도록 한다. 한 통을 구매한 뒤 절반은 교실놀이 용도로, 절반은 강당 운동장 놀이 용도로 사용하자. 동학년 선생님과 함께 대용량 한 통을 산 뒤 나누는 것도 요령이다.

콩주머니 —

콩주머니는 주로 저학년 교재연구실 또는 체육창고(교구창고)에 있다. 한두 번 사용하고 보관되어 있는 경우가 많으니 잘 찾아서 활용해 보자.

플라잉 디스크 ——

안전을 위해 소프트 디스크(폴리우레탄), 천으
로 된 재질의 디스크를 추천한다.

02 _ 놀이의 응용

놀이 응용은 교사의 몫이다. 교육과정이나 교사들의 관심은 매번 달라지는데, 한정된 방식으로만 진행하면 마치 최면에 걸린 것처럼 했던 방식을 그대로 반복하게 된다. 하나의 놀이를 저학년에서도, 때론 고학년에서도, 때론 많은 인원을 대상으로 할 수 있도록 응용하고 조합해 볼 필요가 있다. 그런 의미에서 이 책의 모든 놀이를 다 운영하기보다는 내게 맞는 놀이 30~40개를 잘 골라놓은 뒤, 다양하게 응용하고 다른 놀이와 결합해 사용해 보자.

기존의 놀이들을 내 환경과 반에 맞게 응용하는 것은 경험과 요령이 필요한 일이다. 올해 했던 놀이를 다음 해에도 해보고, 그다음 해에도 해보자. 매번 새로운 결과가 나오며, 앞서 진행했던 놀이 경험이 조금 더 세련된 진행을 만들어내기도 한다.

이 책에서 소개하는 놀이를 잘 들여다 보면 강당에서도, 운동장에서도, 때론 더 좁은 장소에서도 진행할 수 있다. 나이에 따라 거리를 조절하거나, 규칙을 변형하고 더하거나 빼면서 나와 반 아이들에게 맞도록 수정해 보자. 이 책에서 정리한 놀이 역시 내 반 아이들에게 맞게 변형하거나 응용했던 것들이 대부분이다. 또한 하나의 놀이를 2~3개, 많게는 5개로 응용해 활용할 수 있는 방법을 제공했다. 팁에서 설명하는 주의점과 응용에 대한 글을 읽어보면서 이미지화해 보거나 종이에 그림을 그려가며 내 반 아이들에게 맞게 바꿔나가보자.

'얼음땡 술래잡기(3-04)'는 기본 규칙이 술래가 잡으러 다니고 잡힐 듯한 학생은 '얼음!' 하면서 정지 동작을 한다. 얼음이 된 친구를 다른 친구가 '땡!'이라고 외치며 터치하면 자유의 몸이 되는데, 여기서 '땡 규칙'을 변형하면 새로

운 분위기의 놀이로 재탄생한다. 예를 들어, 얼음이 된 친구의 등을 쓸어주면 다시 움직일 수 있도록 약속하는 '얼음 미끄럼 놀이'로 바꿔 진행할 수도 있는 것이다.

지루해하거나 싫증이 난다면, 누군가가 가랑이 사이를 기어서 통과해야 움직일 수 있는 '가랑이 통과 술래잡기'로, 허수아비처럼 양팔을 벌리고 서면서 '얼음' 하면 2명이 다가가 양쪽에서 손을 잡아주어야 움직일 수 있는 '양손 부활 술래잡기'로, 손을 위로 올리고 '얼음' 대신 '바나나'라고 외치기로 하고 누군가 다가와 손을 위에서 아래로 내려주면 움직이게 되는 '바나나 술래잡기'로, 얼음이 된 친구를 두 바퀴 돌아 녹여주는 '회전 술래잡기' 등으로 다양하게 바꿔서 진행할 수 있다.

규칙은 반 아이들과 이야기를 나눠서 새롭게 만들 수도 있고, 올해의 경험을 살려 내년엔 조금 더 변형된 방법으로 교사가 응용할 수도 있다.

'종이비행기 릴레이(2-15)'는 출발선에서 비행기를 날려 도착선 너머로만 보내면 된다. 변수를 만들기 위해 놀이를 하기 전에 "비행기를 하나씩 접어보세요. 어떤 비행기든 좋습니다."라고 이야기하거나, 릴레이를 설명한 뒤 "어떤 비행기를 만들면 좋을까요? 여러분이 만들고 싶은 비행기를 만들어보세요."라고 안내할 수 있다. 아니면 "모두 묘기 비행기를 만들어보세요."라고 한 뒤 제멋대로 날아가는 비행기를 이용해 승부보다 재미를 위한 놀이를 진행할 수도 있다.

모둠별로 커다란 비행기를 접어보도록 할 수도 있고, 각 팀에서 비행기 하나를 뽑아 바통 대신 비행기로 릴레이를 진행할 수도 있다. 출발선에서 도착선까지 거리를 조절하거나, 중간에 훌라후프를 통과시키는 방법, 커다란 박스 하나를 놓고 그 안에 넣은 뒤 다시 도착선으로 날리도록 할 수도 있다. 한 사람이 날린 비행기가 바닥에 떨어지면 다음 사람이 달려가 떨어진 비행기를 주워 날리게 하는 짝 놀이로 진행할 수도 있다.

이렇게 놀이는 얼마든지 수정과 변형이 가능하다. 때론 아이들에게 "어떻게 하면 조금 더 재미있게 이 놀이를 할 수 있을까요? 혹시 좋은 아이디어 있나요?"라고 물어보면서 반 아이들과 함께 만들어갈 수도 있다. 그리고 노는 아이들을 잘 관찰해야 한다. 더 좋은 것은 놀이 하나를 동학년 선생님들과 해보고 함께 이야기 나눈 뒤 응용·변형하는 것이다. 이렇게 변형된 놀이에 이름도 붙이고 커뮤니티에 소개도 해보자.

교육과정과 연계시키는 것 또한 교사의 몫이다. 단순히 그냥 놀 수도 있지만, 학습과 연결하고 싶다면 유사한 놀이를 찾아 응용·발전시켜도 좋다. 예를 들어, 달리기 기능 향상을 위한 체육 수업과 연계하기 위해 '지그재그 달리기(2-

01)'를 골랐다고 하자. 처음엔 무작정 놀이를 해본 뒤 함께 모여서 놀이 때 사용하게 되는 주요 기능을 찾도록 해보자. 조금 더 나은 동작과 결과를 위해 어떻게 하면 좋을지 이야기를 나눠볼 수도 있다. 기능이 뛰어난 학생의 시범도 보고, 때론 모둠끼리 흩어져 연습하고 연구해 본다.

이 모든 것을 쉽게 하기 위해서는 교사가 놀이를 먼저 경험해 보는 것이 좋다. 시간이 지난 뒤 그 놀이와 비슷한 수업 주제를 보면 조금 더 익숙하게 과거에 했던 놀이 경험을 바탕으로 재구성할 수 있다. 따라서 머리로만 놀이를 이해하는 것이 아니라, 이 책의 놀이들을 동학년 선생님들과 함께, 반 아이들과 함께, 때론 연수 안에서 함께 경험해 보는 것이 좋다.

기본 놀이 하나를
조금씩 변형해 보자 ——

처음부터 복잡한 놀이를 진행하기보다는 간단한 놀이를 충분히 즐기면서 놀이의 구조와 성격을 이해하는 것이 좋다. 충분히 즐길 만큼 익숙해지면 조금씩 확장하고 변형하기가 수월하다.

예를 들어 '강스파이크!(5-13)'는 풍선 1개를 강당 한쪽에서 다른 한쪽까지 바닥에 닿지 않도록 치면서 전진하는 형태인데, 처음엔 놀이를 안내해 주고 무작정 해보도록 한다. 그런 뒤 모여서 놀이하면서 들었던 생각이나 느낌, 혹은 어떻게 하면 조금 더 잘 될지 이야기를 나누고, 잘하는 학생의 시범을 본다. 그런 다음 다시 같은 놀이를 해보도록 한다. 그러면 아이들이 조금 더 생각하면서 놀이에 임하고 기능적인 부분을 더 활용하는 모습을 볼 수 있다.

그다음, 이번에는 거리를 바꿔준다. 직사각형의 공간에서 좁은 거리인 남쪽에서 북쪽으로 활동을 했다면, 더 넓은 거리인 동쪽에서 서쪽 방향으로 풍선을 치면서 전진하도록 한다. 그러면 조금 더 도전할 수 있는 환경이 만들어진다.

다음 번에는 규칙을 약간 변형한다. 지금까지는 떨어뜨리지 않고 한쪽 방향으로 풍선을 치면서 앞으로 걸어갔다면, 몇 번 만에 반대쪽에 도착하는지 풍선을 친 횟수를 세어보고 가장 적은 횟수로 풍선을 치며 앞으로 전진하도록 한다. 그런 뒤 또 모여서 놀이를 더 발전시킬 수 있는 방법은 없는지 다시 이야기 나눈다. 지금까지는 혼자 풍선을 쳤다면, 이젠 2명이 짝이 되어 번갈아가면서 풍선을 치며 전진하게 해본다.

충분히 연습도 하고 풍선을 치면서 요령도 생겼으니 이제는 '릴레이 놀이'를 해보자고 한다. 처음엔 한 명씩 출발해 풍선을 쳐서 반대쪽 벽에 풍선이 닿으면 다음 사람이 출발하도록 한다. 이렇게 첫 놀이를 끝내고 2명이 한 조가 되어 번갈아가며 풍선을 치는 것으로 반대쪽 벽까지 전진하도록 하는 릴레이 놀이로 발전시킨다. 추가로 출발선과 반대쪽 벽 사이에 홀라후프를 들고 서 있는 사람을 배치하고 다시 릴레이를 하는데, 그 홀라후프 안에 풍선을 통과시킨 뒤에 반대쪽 벽까지 가야 한다는 방식으로 진행할 수 있다.

한 개의 놀이를 이 책에서 소개받지만, 앞에서 안내한 것처럼 그 놀이의 성격과 구조를 잘 살펴본 뒤 쉽고 간단한 상태에서 조금씩 복잡하게 도전할 수 있도록 응용·발전시키는 것은 교사의 준비와 그 놀이를 해본 경험에서 나온다는 것을 잊지 말자.

기본 놀이 하나를
구조와 성격이 발전된 놀이로 이어가자 ──

비슷한 형식의 놀이들이 있다. 그렇다면 가장 간단한 놀이에서 조금씩 복잡한 놀이로 응용·발전시켜주는 것이 좋다. '피구'를 예로 들어보자.

① 그냥 피구부터 시작하기보다 피구의 놀이 방법을 교실에서 칠판에 그림을 그려 설명해 주거나 촬영 영상을 함께 살펴본 뒤, 반 아이들과 이야기를 나눠보자. 무엇을 주의해야 할까? 어떤 기능과 동작을 사용하게 될까? 어떻게 하면 팀이 승리할 수 있을까? 이렇게 놀이 전에 이야기 나누는 과정은 놀이를 조

금 더 매끄럽게 만든다. 충분히 이해하고 있으니 서로 무턱대고 다투거나 혼자 주도하려는 분위기도 줄어든다.

② 그런 다음 피구에서 중요하게 사용되는, 던지고 받는 기능과 관련된 '공 주고받기 변형 놀이(4-01)'를 한다. 선 두 개를 사이에 두고 공을 서로 충분히 던지고 받는 활동을 한 뒤, 모여서 공을 던질 때 어떻게 하면 잘 던질 수 있는 지 요령을 찾아보게 한다. 한두 명의 시범을 보면서 던지는 기능에 대해 조금 더 깊게 살펴보고 이야기 나눌 수 있다.

③ 이젠 피구의 '피하기'와 관련해 '한 사람 피구(4-17)'를 해본다. 처음엔 한 명씩 돌아가면서 원 중앙에 들어가 공이 10번 오고 가는 동안 최대한 맞지 않 으며 피하는 활동을 한다. 그런 다음 술래 한 명을 선정하여 가운데에 들어가 게 한 뒤, 공을 던져 술래를 맞히면 맞힌 사람은 술래가 되어 공을 피하고 이전 술래는 공을 던진 친구 자리에 들어가 밖에서 공을 던지는 사람이 되게 한다.

④ 앞의 활동을 통해 던지기, 피하기 활동이 충분히 익숙해졌다면 '원형 피 구(4-18)'를 해본다. 접시콘으로 조금 더 큰 원을 만들고 서 있을 장소를 표시 한 뒤, 밖에서 공을 던질 2명 외엔 모두 커다란 원 안으로 들어간다. 원 밖에 있는 사람은 공을 던지고, 공에 맞은 사람은 밖으로 나와 공 던지는 역할을 한 다. 이렇게 계속해서 공을 피하고, 공에 맞은 사람은 밖으로 나와 공을 던지다 가 안에 남은 사람이 2명이 되면 그 2명은 밖으로 나가 공 던지는 역할을 하고 그 외의 모든 사람은 다시 원 안으로 들어가 공을 피한다. 이렇게 몇 번 반복하 면서 원형 피구를 즐긴다. 여기까지만으로도 몇 시간 동안 반 아이들과 놀이를 운영해 나갈 수 있다.

⑤ 시간이 주어지는 대로 연속적으로 피구를 이어간다면 그다음엔 여전히 원형 구조인 '점수 피구(4-24)'나 '뒤죽박죽 피구(4-28)'로 발전시킬 수 있다.

⑥ 그런 다음 원형 구조에서 벗어나 직사각형 구조의 피구 놀이를 원형 피구에서 어떻게 응용하고 발전시킬 수 있는지 알려준다.

⑦ 남자는 남자만 맞히고 여자는 여자만 맞힐 수 있는 '남녀 피구(4-19)'로 응용하고, 공에 맞아도 죽지 않는 '천하무적 피구(4-21)'로 놀이를 변형해 즐길 수도 있다. 공간 안에 상대방 팀 한 명이 자리한 '스파이 피구(4-23)'로, 스파이가 있던 곳에 뜀틀을 놓고 피할 수 있는 환경을 만들어놓은 '장애물 피구(4-22)'로도 발전시킬 수 있다.

⑧ 다른 성격을 지닌 '4영역 피구(4-25)', '정신 집중 피구(4-27)', '줄줄이 피구(4-30)', '인간 볼링 피구(4-29)', '매트 피구(4-26)' 등으로 분위기도 전환시키고 느낌을 달리하면서 피구를 이어갈 수 있다.

⑨ 지금까지 함께했던 피구 중에서 재미있었던 것을 투표해 1~3위를 뽑아본 뒤 다시 즐기는 시간을 가질 수도 있다.

비슷한 준비물이 있는 놀이를 묶어보자 ──

놀이를 할 때마다 준비물을 따로 챙기고 바꾸는 것은 어렵다. 교사의 번거로움을 줄이고 반 아이들과 함께하는 데 사용할 에너지가 줄어들지 않도록 한 번 준비한 물품들이 비슷하게 사용되는 놀이 위주로 묶어서 진행하는 것도 요령이다. 또한 동학년에서 같이 이야기 나누고 함께 준비물을 마련한 뒤, 교재연구실에 세트처럼 만들어놓고 서로 돌아가면서 놀이를 운영하고 같은 도구들을 공유하는 것 또한 매우 중요하다. 마구 굴러가기 때문에 강당이나 교실 2~3칸 공간에서 운영하기에 무리가 많았던 구슬을 '공깃돌'로 바꾸었더니 안정적으로 운영되었다. 이 경험을 동학년 선생님들과 나누고, 내 반에 있던 공깃돌 대용량 세트와 접시콘을 연구실에 두고 공유했더니 동학년 전부가 행복한 한 주를 보낸 기억이 있다.

전래놀이 중 구슬치기 종류를 학교에서 조금 더 수월하게 하기 위해 응용·발전시킨 '5-08~12' 놀이들을 예로 들어보자.

나는 반 아이들에게 ① 선생님이 어렸을 때 놀이터와 공터 그리고 학교 운동장에서 구슬치기 했던 추억이 '얼마나 행복했던지'에 초점을 두고 이야기했다. 그런 뒤 ② 미리 찾아놓은 영상과 사진을 보면서 놀이 성격에 대해 이야기 나누고 구슬 대신 '공깃돌'로 해보자고 안내했다. ③ 강당으로 이동해 기본 놀이인 '공깃돌 넣기(5-08)'를 안내하며 시범을 보이고 모둠을 꾸린 뒤 즐기도록 했다. 어느 정도 놀이를 한 뒤에는 함께 모여 어떻게 하면 접시콘 안에 공깃돌을 던져 잘 들어갈 수 있을지 질문과 대답을 통해 이야기 나누고 기능적인 부분을 돌아봤다. 그런 뒤 다시 흩어져 모둠끼리 같은 놀이를 반복했다. 이런 과정을 거치면서 조금 더 집중하고 폼을 바꿔가며 더 잘할 수 있는 방법을 찾아보았다. 어느 정도 시간이 지난 뒤에는 거리를 조절해서 조금 더 어려운 놀이로 이끌었다.

싫증이 날 때 즈음 되면 다시 모이도록 한 뒤 ④ 접시콘 여러 개를 두고 공깃돌을 넣어가며 접시콘을 일주하는 '세계일주(5-09)'를 소개했다. 역시 같은 방식으로 놀아보게 하고, 다시 모여 더 잘할 수 있는 방법을 찾고, 친구의 시범을 보고, 다시 흩어져 놀이하고, 조금 시간이 지난 뒤 거리나 위치를 바꾸며 놀이 난이도를 조절했다.

그런 뒤 공깃돌을 맞혀 따먹는(자기가 가져오는) 방식의 놀이인 '튕겨 튕겨(5-10)', '맞히면 내꼬!(5-11~12)'를 알려주고 충분히 놀도록 했다. 이 과정이 몇 차시 동안 진행됐는데, 최종 목적은 내가 매번 놀이를 진행하고 관리 감독하는 것이 아니라, 쉬는 시간이나 방과 후에도 아이들이 서로 모여 놀이할 수 있는 분위기를 만드는 것이었다. 그래서 앞의 과정을 모두 다 거친 뒤 ⑤ 선생님이 놀이를 안내해 줬지만 이 경험으로 친구들끼리 함께 놀면 좋겠다는 이야기를 하고 공깃돌 대용량 통과 접시콘을 교실 뒤에 비치했다. 놀이 경험이 있었기에 아이들은 교실 빈 공간이나 비어 있는 다목적실에서 서로 어울려 놀았다.

동학년이 함께 모여 이야기 나누자 ──

학교 체육대회 형식이 점점 변해가는 추세다. 최근에는 학년별 체육대회 프로그램이나 부스(코너) 형태의 체육대회가 운영되기도 한다. 그래서 학년 학생들을 위해 어떻게 프로그램을 짜고 구성해야 할지 고민될 때가 많다. 이럴 때는 커다란 종이나 칠판에 놀이가 진행될 장소를 크게 그린 뒤 놀이 책을 펼치고 동학년 선생님들과 함께 이야기 나누는 것이 좋다. 함께하고자 하는 프로그램을 어떤 목적으로 할지 '성격'과 '운영 목적'을 정한 뒤 그 틀에 들어갈 놀이를 골라도 좋고, 재미있고 인기 있는 놀이들을 모아 그 성격에 맞춰 진행 멘트를 어떻게 더해 줄 것인지를 고민하는 것도 요령이다.

03 _ 호루라기 사용 요령

강당과 운동장에서는 교사의 목소리만으로 아이들을 집중시키는 것이 거의 불가능하다. 목만 아프고, 교사의 의도와 달리 제멋대로인 아이들을 보면 속이 상한다. 따라서 호루라기 소리와 교사의 동작에 따라 아이들이 멀리서도 무엇을 해야 하는지 알 수 있는 기본적인 약속을 정하는 것이 좋다. 강당과 운동장에서 정돈된 상태로 여러 활동을 하기 위해서는 학년 초에 충분히 연습하고 익숙해지도록 만들 필요가 있다.

호루라기는 입으로 부는 호루라기와 손으로 들고 버튼을 눌러 사용하는 전자식이 있다. 내 경우엔 '입으로 부는 호루라기'를 사용한다. 소리가 잘 뻗어나가고, 호흡에 따라 강약을 조절할 수 있어 여러 상황에 맞게 호루라기 소리를 제어할 수 있기 때문이다. 전자식을 사용했을 때는 교사의 얼굴보다 약간 떨어진 곳에서 소리가 나기 때문에 반 아이들의 집중이 떨어지는 것을 경험했다. 다만 전자식을 사용했을 때 손을 내리고 버튼을 누르기보다는 교사의 입 앞쪽으로 전자식 호루라기를 올려 반 아이들이 볼 수 있게 만든 상태에서 사용하면 좀 더 효과가 있었다. 위생과 보관 문제로 일부의 선생님들은 입으로 부는 호루라기를 꺼리지만, '운영과 집중'이란 기준을 놓고 봤을 땐 입으로 부는 호루라기를 추천한다.

호루라기를 입에 물고 짧게 '삑! 삑!' 하고 불면 반 아이들이 '짝짝짝' 하고 박수를 치며 교사의 눈을 바라보는 게 가장 기본적으로 사용하는 방식이다. "선생님 보세요!"라는 말을 할 필요도 없고, 떠드는 아이들 목소리보다 더 크게 소리를 칠 필요도 없다. 입에 문 호루라기에 살짝 힘을 주고 아이들 귀에 들릴 수 있을 정도로만 '삑! 삑!' 하고 신호를 주면 교사 가까이에 있는 학생들이 가볍게 박수를 '짝짝' 친다. 그러면 이 규칙이 다른 아이들에게도 전달되어 '아, 선생님에게 집중해야 하는구나' 하는 생각을 자연스럽게 갖게 한다. 다시 '삑! 삑!' 하고 호루라기를 불면 조금 더 많은 아이들이 '짝짝' 하고 교사의 눈을 바라본다. 이렇게 세 번 정도 하고 나면 학생들의 소리가 확연히 줄어들고 박수 소리가 커진다. 이렇게 달라진 분위기에 나머지 아이들도 교사 쪽을 바라본다. 이때 "자, 다시 한 번 박수 치고 선생님 눈을 바라봅니다."라는 멘트를 하고, 다시 '삑! 삑!' 하며 조금 더 작은 소리로 호루라기를 불자. 그러면 반 아이들 대부분이 박수를 '짝짝' 치고 선생님을 바라본다. 이때 "모두 선생님을 바라봐줘서 고맙습니다."라는 말을 한 뒤 이후 진행을 한다.

놀이 설명을 하거나 놀이가 끝난 뒤 소감을 들을 때 등 기본적으로 교사에게 집중을 시킬 때 호루라기를 사용하면 좋다. 단, 너무 자주 사용하면 놀이 흐름이 깨질 수 있으니 필요한 순간에만 사용하자. 같은 방식을 지속적으로 사용하면 아이들은 언제든 '삑! 삑!' 소리만 들려도 자동으로 '짝짝' 박수를 치고 교사를 바라본다. 초반 훈련과 더불어 지속적으로 사용하는 게 중요하다.

다음은 내가 사용하는 호루라기 규칙이다. 각자의 환경에 맞게 변형해 보자.

- **서 있는 학생 중 한 명을 '기준'으로 정할 때**
  왼손으로 호루라기를 입에 대고 '삐~~~빅' 소리를 낸다. 동시에 오른손은 손바닥을 편 상태에서 악수하듯 손을 뻗어 한 명을 지목한다.

- **체조 대형으로 서게 할 때**
  호루라기를 입에 물고 '삐~~빅' 하면서 교사가 양팔을 벌린다. 반 아이들도 따라서 양팔을 벌린다. 다시 '삐~~빅' 하면서 교사가 차렷 자세를 만들고, 반 아이들도 따라서 팔을 내린다. 이 과정을 2~3회 반복한다. 이후 교사가 몸을 90도 돌려 선 뒤 '삐~~빅' 소리와 함께 양팔을 옆으로 벌리고 내리고를 2~3회 하고 아이들도 함께 따라하면 앞뒤 간격이 충분히 조절된다.

• **체조 대형에서 다시 모이도록 할 때**

호루라기를 입에 물고 '삐~~빅' 소리를 낸다. 동시에 오른손은 손바닥을 편 상태에서 악수하듯 손을 뻗어 한 명을 지목한 뒤 양팔을 아코디언 연주하는 정도의 간격으로 든 상태에서(삐~~) 손바닥이 닿을 정도만큼 간격을 확 줄인다(빅). 아이들은 자연스럽게 지목당한 아이를 기준으로 간격을 좁혀 선다.

• **모두 앉게 만들 때**

양팔을 어깨너비로 앞으로 뻗고 손등이 하늘을 향하도록 한 상태에서 '삐~~' 하고 호루라기를 불면서 그 상태를 유지하다가, 양손 간격을 유지한 채 두 손을 아래로 조금 내리면서 '빅' 소리에 멈춘다.

• **모두 일어나게 만들 때**

양팔을 어깨너비로 앞으로 뻗고 손바닥이 하늘을 향하도록 한 상태에서 '삐~~' 하고 호루라기를 불면서 그 상태를 유지하다가, 양손 간격을 유지한 채 두 손을 조금 위로 올리면서 '빅'과 함께 멈춘다.

04 _ 놀이 규칙 설명 요령

교실보다 강당과 운동장에서 아이들 통제를 힘들어하는 경우가 있다(이는 사실 장소의 문제라기보다는 학급 내의 기본적인 질서와 학급운영 틀이 제대로 잡혀 있지 않은 이유가 크다). 특히 반 아이들이 교사에게 집중을 하지 않으면 여러 번 설명해도 내용이 전달되지 않는 것은 당연하다.

우선 호루라기 사용 요령에서처럼 교사가 말보다는 호루라기와 수신호를 이용해 교사에게 집중할 수 있도록 만들자. 아이들이 집중을 했을 때는 "선생님을 바라봐줘서 고마워요."라든지 "집중하고 바라봐줘서 고맙습니다."라는 말로 피드백을 주자.

놀이 규칙을 설명할 때는 먼저 "지금부터 놀이 방법에 대해 알려주겠습니다. 집중해서 들어주세요."라고 말한 뒤, "질문은 한 번에 받겠습니다. 궁금한 것이 있더라도 선생님이 최선을 다해 설명할 수 있도록 들어주세요."라는 멘트로 교사가 놀이에 대해 한 번에 안내할 수 있는 기회를 가져야 한다. 그렇지 않으면 아이들의 말이나 질문으로 자꾸만 집중이 깨질 수 있다.

설명은 말로만 하는 것이 아니라 교사나 학생 몇 명의 도움을 받아(쉬는 시간에 미리 약속하면 좋다) 몸과 동작으로 보여주는 것이 좋다. 아직 경험해 보지 않은 놀이라서 교사의 말을 제대로 알아듣지 못할 가능성이 있기 때문이다. 충분히 설명을 한 다음에는 "선생님 설명을 집중해 들어줘서 고맙습니다. 혹시 설명을 들으면서 궁금한 점이 있었나요?"라는 말로 질문을 받자.

질문은 '손'을 들고 기회를 얻었을 때만 하도록 하자. 이 약속은 매우 중요하다. 이게 지켜지지 않으면 집중이 흐트러지고, 엉뚱한 소리를 하는 몇 명 때문

에 분위기도 이상해진다. 질문은 충분히 받아주자. 그 질문들은 정말 궁금해서 하는 것도 있고, 각자 해석 방식이 다르기 때문에 이해가 되지 않아 물어보는 것일 수도 있다. 놀이 시간이 줄어들더라도 질문을 충분히 받아줘야 놀이 운영이 매끄럽게 된다. 충분히 이해하면 놀이도 조금 더 진지해지고 즐거워진다.

위와 같은 과정으로 진행을 하려고 했지만, 간혹 분위기를 깨거나 멋대로 말을 툭툭 던지는 학생들이 있다. 그럴 때는 ① 그 즉시 선생님의 감정이나 생각을 표현해야 한다. 물론 감정적으로 해서는 안 되고 질문을 해야 한다. "선생님이 최선을 다해서 설명하고 있었는데, 그렇게 말하니까 선생님 마음이 불편해. 혹시 선생님을 힘들게 하려고 그런 말을 한 거니?" 이런 질문을 바로 던진 뒤 눈을 바라보고 기다려야 한다. 대부분의 아이들은 "아니요!"라고 답을 하는데, "선생님이 다시 설명을 할 텐데, 그땐 어떻게 해야 할까?" 하는 식으로 ② 자신이 해야 하는 행동에 대해 제 입으로 말하도록 한다. 그러면 대부분은 집중해서 잘 듣겠다고 한다. 그런 다음 가장 중요한 것은 "그렇게 말해줘서 고마워." 또는 "그 방법을 찾아서 기쁘구나!" 등 ③ 믿음과 긍정의 피드백을 주는 것이다.

내 교실에선 '나도 좋고, 친구들도 좋고, 선생님도 좋아야 한다'라는 기준을 갖고 많은 일을 처리한다. 이런 경우에 "선생님이 최선을 다해 설명하고 있는데, 네가 중간에 말을 툭 던지면 나, 친구, 선생님 모두에게 좋은 일일까?(행복한 일일까?)"라는 질문으로 자신을 돌아보게 만들었다. 이런 방식을 강당 운동장 놀이 진행에서도 사용해 나와 모두를 생각하도록 연결했다.

때로는 조금 더 많은 시간 동안 강당과 운동장에서 놀기 위해 놀이 설명을 교실에서 미리 하고 가는 것도 요령이다. "시범은 강당이나 운동장에 가서 보여주겠지만 미리 설명해 줄게요."라는 말로 수업 쨤시간이나 놀이를 하러 밖으로 나가기 바로 직전에 칠판 또는 PPT를 이용해 설명하고, 질문을 충분히 받은 다음 밖으로 나가는 것도 좋다.

05 _ 줄 세우기, 팀 나누기 요령

1줄에서 4줄로 만드는 요령 ──

놀이를 진행할 때는 보통 키 순서대로 남자 한 줄 그리고 여자 한 줄로 선다. 고학년들 중 일부는 키 순서로 서는 것에 대해 불만이 있을 수 있다. 이때는 "선생님이 설명할 때 모두가 잘 이해하고 집중하길 바라는데 키가 큰 학생이 앞에 있다면 우리 반 모두가 제대로 된 집중을 할 수 없어. 우리 반 모두에게 도움이 되면 좋겠다는 생각에 이렇게 운영하고 있었는데, 네 생각은 어때?" 라고 이야기한다. 이 질문만으로도 어느 정도 해결이 된다. 그래도 불만이 있다

면 "그럴 수도 있겠구나. 생각을 표현해줘서 고마워. 혹시 너에게 좋은 방법이 있니? 불편하면 바꿔보는 건 당연한데 그에 대한 대안도 함께 생각한 뒤 이야기하면 좋겠구나. 대안이 없다는 것은 그냥 불평이 아닐까? 좋은 대안이 있다면 언제든지 이야기해 주렴."이라고 말해 주자.

줄을 만들기 위해서 내 경우는 호루라기와 수신호를 이용한다. 먼저 중앙 정면에서 학생들을 바라보고 한 손엔 호루라기, 한 손은 반 아이들이 잘 볼 수 있도록 머리 높이보다 살짝 올려 주먹을 가볍게 쥔다. 교사가 바라봤을 때 왼쪽에 남자, 오른쪽에 여자가 선다(이 대형을 기본으로 응용해 나간다).

호루라기를 '삐~익' 불면서 오른손을 올려 숫자 2를 표시하면 남자 2줄, 여자 2줄로 대형을 변경한다. 짝수 번째 사람이 옆으로 이동해 두 줄로 만드는데, 짝수 번째 남학생은 선생님을 바라보고 오른쪽으로 이동해 앞사람 옆에 서고, 짝수 번째 여학생은 선생님을 바라보고 왼쪽으로 이동해 앞사람 옆에 선다. 그리고 앞뒤 간격을 조절하면 남자 두 줄, 여자 두 줄이 된다(이 대형에서 릴레이 놀이를 하기 위해 같은 성별끼리 서로 마주 보고 가위바위보를 한다. 이긴 사람과 진 사람을 따로 모아 A팀과 B팀으로 만들어 놀이를 진행할 수 있다).

남자 2줄, 여자 2줄 상태에서 호루라기를 다시 '삐~익' 불면서 손가락으로 4를 표시하면 역시 짝수 번째 학생 2명이 옆으로 나와(남학생은 선생님을 바라보고 오른쪽으로, 여학생은 선생님을 바라보고 왼쪽으로 이동) 앞의 두 사람 옆으로 이동해 4명을 만든다. 뒷사람들은 조금씩 앞으로 걸어와 간격을 맞춘다(이 상태에서 양팔 간격으로 벌려 체조를 하거나 자리에 앉게 한 뒤 놀이 설명을 하면 좋다).

교실에서 앉는 대형 그대로 ─

1, 2분단 대 3, 4분단을 이용해 A팀과 B팀을 나누거나, 놀이 규칙 설명이나 이야기를 집중해서 들어야 할 때는 교실 자리 위치 그대로 줄을 서게 한다. 각 모둠별로 1~4번이 지정되어 있다면 "1모둠 1~4번, 그 뒤엔 2모둠 1~4번, 그 뒤엔 각 모둠 순서대로 한 줄로 서보세요."라고 할 수도 있다.

뽑기통 이용하기 ─

시간이 부족하고 A팀과 B팀 또는 여러 팀을 나눠 재빨리 운영해야 할 땐 아이스크림 막대를 활용한 '뽑기통'을 이용한다. 학급에서도 유용하게 사용할 수 있는 방법이 많지만, 강당 운동장 놀이에서는 팀을 나눌 때 불만을 줄이기 위해 연필꽂이 통 안에 아이들 이름이 쓰여져 있는 막대를 넣어두고 활용한다. 모두가 앉아 있는 상태에서 "어떤 결과가 나오든 동의합니다. 내 마음대로 팀을 짜고 싶은 것은 누군가를 차별하고 있다는 것이기도 합니다. 결과에 동의하겠습니다."라고 교사가 한 문장씩 이야기하면, 모두 따라서 말한 뒤 뽑기통에서 이름을 뽑아 A, B팀으로 나눈다.

팀에 생긴 불만을 줄이기 위해 ─

때론 실력의 문제로, 때론 마음 끌림의 문제로 새로 구성된 팀에 환호하기도 하지만, 불만이 생겨 찌푸리거나 화를 내는 경우도 있다(그런 감정 표현이 허락됐다는 것은 학급운영을 어떻게 해왔느냐에 대한 문제이기도 하다).

팀끼리 모이면 서로 원을 만들고 선 뒤 "우리는 한 팀입니다. 오늘 수업이 끝날 때까지 우린 한 팀입니다. 뽑는 과정과 결과에 동의하고 지금은 내 팀만 바라보겠습니다. 서로를 돕고 즐겁게 놀겠습니다."라는 말을 한 문장씩 따라서 말하도록 한다. 그런 뒤 함께 손을 모으고 '파이팅'을 외치게 하면 좋다. 뽑기통으로 팀을 나눌 때 사용했던 멘트를 따라하게 해도 좋다.

팀 인원이 맞지 않을 때 ─

간혹 A팀과 B팀의 인원이 1명 차이 날 때가 있다. 릴레이 놀이를 할 때는 인원이 부족한 팀에서 한 명이 한 번 더 참여하도록 하는데, 간혹 이런 상황에서 한두 명이 자기가 하겠다고 욕심을 부려서 전체 분위기를 깨는 경우가 있다.

이때는 상대방 팀에게 한 번 더 참여할 사람을 선택해 달라고 할 수 있다. 또는 "선택에 동의합니다."라는 말과 함께 해당 팀원들의 이름이 쓰여진 아이스크림 막대를 모아놓고 한 명을 뽑아서 선택한다. 피구 경기에서는 인원이 부족한 팀에서 가장 먼저 아웃된 학생을 1분 뒤 한 번 더 부활시켜주기도 했다.

부족하면 부족한대로 그 상황에 동의하도록 만드는 것도 하나의 방법이다. 때론 1~2명이 부족한 상태로 상대편을 이긴 축구경기 영상도 보여주면서 인원이 중요한 게 아니라 팀 분위기와 서로의 믿음이 중요하다는 것을 함께 이야기 나눈 적도 있었다. 또 놀이에 졌을 때 속상한 마음에 누군가를 탓하면 마음이 편해질 거라 생각하는데, 사실 다툼으로 이어지게 된다는 것도 함께 이야기 나누자. 무엇보다 좋은 것은 그 부족한 한 명 자리에 교사가 들어가서 함께하는 것이다.

06 _ 반 아이들 통제가 불가능할 때 정돈시키는 요령

교실 내에서 학급 내 약속과 생활 패턴이 정돈되어 있으면 강당과 운동장에서도 그 상태를 유지한 채 놀이를 할 수 있다. 하지만 이미 규칙이 깨져 있는 학급이라면 교사가 아이들을 어떻게 제어해야 할지 몰라 강당과 운동장에서 아이들과 놀이를 진행하는 것 자체가 두렵고 불가능하다고 생각한다. 이를 위해서는 학년 초에 학급운영과 관련해 아이들과 많은 이야기를 나누고 나름의 규율을 정하는 것이 좋다.

시스템을 만들어야 한다 —

교실 밖으로 나갔을 때 "자유다!"라는 생각보다 교실 내 활동이 교실 밖으로 이어진다는 자연스러움이 있어야 한다. 교실 밖에서도 학습이 이뤄지며, 집중이 필요하고, 함께 즐거움을 경험하기 위해 '정돈되어야 함'을 이야기 나누거나 설명해 주면 좋다.

① 강당이나 운동장으로 갈 때는 다른 반이나 학년에 방해되지 않도록 줄을 서서 조용히 이동하자. "우리가 열심히 수업하고 있는데, 다른 반 친구들이 밖에서 논다면서 떠들며 지나가면 너희 마음이나 생각은 어때?"라는 질문으로 분위기를 만들 수 있다.

② 강당이나 운동장에 나가면 늘 모이는 장소와 모여야 할 대형이 약속되어 있어야 한다. 준비물이 있다면 그날 임원(반장)이 쉬는 시간에 도구를 들고 가서 세팅을 하고, 반 아이들은 줄을 서서 강당으로 이동하도록 하자. 교사는 학생들의 앞이나 뒤에서 조용히 따라가며, 문제가 생기면 잠깐 멈추고 교정을 한

다. 문제가 생긴다면 따로 학생을 불러 "함께 줄 맞춰 강당으로 가는데 큰 목소리로 떠들며 남에게 방해를 주려고 한 특별한 이유가 있니?" "어떻게 하면 좋을까?" "그래, 잘 할 수 있어." 하는 순서로 대화를 주고받은 뒤 함께 강당이나 운동장으로 간다.

강당이나 운동장에 도착하면 자연스럽게 항상 모이는 자리에 (교실에서 앉는 대로 모둠을 만들어) 앉는다. 반 아이들이 조용히 앉아 있으면 가볍게 미소를 지으며 "지금부터 강당 활동을 시작하겠습니다!"라는 말과 함께 첫인사를 한다.

③ 교사에게 집중을 하도록 만든 뒤, 설명을 먼저 하고 질문은 항상 모든 설명이 끝난 뒤 한꺼번에 받는다.

④ 놀이 처음에 인사를 시작했던 것처럼 모든 활동이 끝나면 마무리 인사를 하고 줄을 맞춰 교실로 돌아가도록 한다.

이런 방식으로 강당이나 운동장에서 놀이나 수업을 할 때 기본적인 규칙이 학년 초에 약속되어야 한다. 매번 방식이 달라지고, 교사가 마음 속으로 '그래, 교실 안에서 얼마나 힘들었니. 밖에서라도 자유롭게 생활하렴.'이란 생각을 하면 아이들은 자유롭게 보일지 모르지만 사실 어떤 활동도 깊게 들어갈 수가 없다.

교사는 미리 시뮬레이션을 해봐야 한다 ──

즉흥적으로 반 아이들에게 놀이를 하게 해서는 안 된다. 안전상 문제가 생길 수 있고, 교사가 생각했던 방식이 반 아이들에게 제대로 전달되지 않을 가능성도 크다. 그래서 교사가 먼저 놀이를 경험해 보면 좋다.

내 경우엔 강당이나 운동장에서 활동을 하기 위해 전날이나 당일 아침 일찍 에라도 종이에 간단한 그림을 그리면서 어떻게 설명할지, 어떻게 놀이가 아이들에게 작동할지 그려보고, 그림 옆에 글을 덧붙이며 멘트를 생각한다. 조심해야 할 부분이나 반 아이들이 돌변할 부분들을 미리 예상해 보면서 어떻게 해야할지 마음의 준비를 한다.

기본 순서를 적으면서 가볍게 머릿속으로 그림을 그려봐도 좋고, 나처럼 종이를 두고 그림을 그려가며 반 아이들과 놀이하는 장면을 미리 예상해 보는 것도 좋다. 아니면 동학년 선생님들과 해당 놀이에 대해 해야 할 말이나 조심해야 하는 순간들을 함께 이야기 나누는 것만으로도 시뮬레이션이 된다. 그러면 안전사고도 줄어들고 놀이 진행도 조금 더 매끄러워진다.

활동을 멈추고 교실로 향한 뒤
문제를 해결해야 한다 ──

강당과 운동장에서 놀이를 하다 보면, 교실에서와 달리 간혹 돌변하는 반 아이들을 보곤 한다. 교실 속에서는 머리로 이해했지만 강당이나 운동장에서는 이성보다 본능(본성)이 앞서곤 하는데, 승부가 정해지는 활동일수록 문제 상황이 더 발생한다. 이때 놀이를 중간에 멈추고 잔소리를 하거나 화를 내는 경우가 많은데, 이런 방법은 사실 크게 도움이 되지 않는다.

내 교실은 앞에서 이야기한 것처럼 '나도 좋고, 친구도 좋고, 선생님도 좋아야 한다'는 기본 틀 속에서 강당과 운동장 놀이가 진행되는데, 교실과 달리 분위기가 바뀌는 게 느껴지면 그 즉시 멈추고 다시 교실 대형으로 모인 뒤 자리에 앉도록 한다.

"나도 좋고, 친구도 좋고, 선생님도 좋은 범위 안에서 잘 놀고 있나요? 옆에서 보는데 걱정이 됩니다. 틀림없이 다툼이 벌어지거나 문제 상황이 발생할 듯합니다. 하지만 여러분들은 불편한 것을 알아차리고, 수정할 수 있는 힘이 있다고 생각합니다. 모둠별로 어떻게 놀이를 하면 좋을지 잠깐 이야기 나눌 시간을 주겠습니다." 이렇게 이야기한 뒤, 간단하게 몇 사람의 의견을 들어보고 "여러분이 찾아낸 것처럼 잘할 수 있을 겁니다. 다시 놀이를 시작해 보겠습니다."라고 한다.

하지만 이것으로도 해결되지 않을 때, 그리고 위의 과정을 할 수 없을 정도로 주변이 소란스럽고 집중력이 떨어졌을 때는 모든 것을 멈추고 교실로 간다. 이때 절대로 화를 내지 않는다. 강당이나 운동장에서 노는 것이 행복해야 하는데 그러지 못한 것에 대한 문제를 함께 해결해야 하고, 너희들은 틀림없이 문제를 해결할 수 있는 힘이 있다고 말하면서 미소를 지으며 교실로 향한다.

교실에 도착해 모두 자리에 앉으면 포스트 잇을 한 장씩 나눠주고 강당(또는 운동장)에서 했던 놀이 안에서 느꼈던 불편함(또는 힘들었던 것)을 적어보게 한 뒤 칠판에 적도록 한다. 그것을 하나씩 읽어주는 것만으로도 반 아이들은 무엇 때문에 놀이가 힘들었는지 알아차린다. 여기에 다음과 같은 말을 덧붙인다.

"무엇을 위해서 강당이나 운동장에서 놀이를 하는 것일까?"

질문을 하고 몇 명에게 대답을 듣는다.

"맞아요. 조금 더 행복해지기 위해서 하는 것인데, 서로 싸우고 놀이 때문에 답답함이 생기는 것에 대해 함께 돌아볼 필요가 있습니다. 나도 좋고, 친구도 좋고, 선생님도 좋아야 합니다. 한두 사람을 위해 나머지 사람 모두가 존재하거나 기분을 맞춰주는 것은 잘못이지요. 자, 그러면 어떻게 하면 좋을까요?"

다시 포스트 잇을 나눠주고 어떻게 하면 모두가 행복하게 강당 운동장 놀이를 할 수 있을지 방법을 써보도록 한다. 쓴 것을 분류하고, 분류한 것을 '문장'으로 만들어 함께 읽어본다. 그런 뒤 "이런 방법을 찾아낸 여러분이 참 대견스럽습니다. 급하게 불편함을 수정하다 보니 이게 완벽하지 않을 수도 있지만, 이 과정에서 선생님은 감동받았습니다. 자, 여러분이 찾아낸 방법대로 다시 한 번 강당(또는 운동장)에서 놀 준비가 됐나요?"라고 말한다. 이렇게 규칙을 만들자.

반 아이들이 다시 "네!" 하고 답을 하면, "선생님은 언제든지 강당과 운동장에서 문제가 생기면 이 과정을 다시 해나가면서 조금 더 좋은 해결책을 만들 각오가 되어 있답니다. 하지만 조금 전 여러분이 찾아낸 방식만으로도 충분히 더 즐겁게 놀 수 있을 거라 생각해요. 여러분을 응원합니다."라는 멘트와 함께 다시 강당(또는 운동장)으로 향한다. 학년 초에 한두 번만 이 과정을 밟고, 인내하고, 믿어주고, 응원해 주면 아이들은 큰 문제 없이 잘 논다.

만약 위의 과정을 진행 중인데, 투덜대거나 교사에게 불편함을 주는 학생이 있다면, 바로 그 즉시 "조금 전 했던 말은 어떤 의미니?" "선생님이 그 말을 듣게 되면 어떤 생각이 들까?" "혹시 선생님에게 상처를 주려고 그런 말을 한 거니?" 등 그에 맞는 질문을 바로 던져 자신을 돌아보도록 해야 한다. 이 경우도 요령이 같다.

① 교사의 마음을 표현한다. ② 어떻게 하면 좋을지 물어본다. ③ 답을 들으면, 찾아낸 것에 대해 잘했다고 해주고, ④ 행동이 바뀌면 방과 후에 따로 불러 고친 것에 대해 잘했다고 피드백을 한 번 더 해준다.

위의 과정이 진행되는 동안 교사는 정중앙에서, 화를 내기보다는 단호한 표정으로 목소리를 조금 낮춘 뒤 학생들의 눈을 똑바로 바라보며 질문해야 한다는 것을 기억하자.

때론 그 즉시 놀이 밖으로 빼내야 한다 ——

한두 명이 전체 놀이를 깨고 있다면, (앞의 방법으로 함께 문제를 해결할 수도 있지만) 때로는 놀이에서 즉시 빼낸 뒤 자신의 행동을 교정할 기회를 줘야 한다. 이를 통해 아이 스스로 문제점과 해법을 찾아냈다면 놀이 안으로 복귀시켜준다.

그런데 간혹 학년 초에 시치미를 떼거나, 반항하려 하거나, 황당한 대꾸 등 버릇없는 행동을 하는 아이들이 있다. 이전 선생님에게 했던 방식을 (성공했던 경험이 있었기 때문에) 사용하는 것일 수도 있고, 공감 능력이 떨어져 자신의 말이나 행동이 상대에게 어떤 불편함을 주는지 알아차리지 못하거나 간혹 주도권을 가져오려는 시도일 수도 있다. 그런 경우를 암묵적으로 허락해 주거나 교사가 제대로 대처하지 못하면 앞으로 진행되는 모든 놀이에 이와 비슷한 일이 발생되기 때문에 그 즉시 해결해야 한다.

앞에서 이야기했던 것처럼, "네가 그렇게 말하니까 선생님이 슬프구나." 등으로 교사의 감정을 이야기하고, "혹시 최선을 다해서 이런 놀이를 준비하고 고민한 선생님에게 상처 주려는 거니?"라며 의도를 물어보고, 그렇지 않다고 하면 "선생님은 그렇게 느껴지는데, 달리 표현해 보면 좋겠구나. 어떻게 하면 좋을까?"와 같이 스스로 행동을 교정하도록 하고, 바뀌면 바뀐 것에 대해 잘했다는 피드백을 주자.

때로는 학생도 감정이 올라온 상태에서 마음과 달리 행동이나 말이 툭 튀어나올 가능성이 있다. 그런 경우에도 놀이에서 잠깐 빠지게 한 뒤, 선생님 옆에 서서 놀이를 바라보면서 '어떻게 하면 나도 좋고, 친구도 좋고, 선생님도 좋게 될지'를 고민하게 하도록 한다. "2분 뒤에 다시 물어볼 건데 그동안 조금 전 상황을 되돌아보면서 어떻게 하면 좋을지 답을 잘 찾아보면 좋겠구나." 이렇게 시간을 주고 아이들이 노는 상황을 바라보게 하자. 놀이를 정말 좋아하고, 지나

치게 잘하고 싶어서 발생되는 문제가 대부분이기 때문에 이렇게 시간을 주고 떼어놓고 생각하게 하면 '어떻게 하면 좋을지' 답을 잘 찾아내는 경우도 생기고, 놀이 안으로 들어가고 싶어서 없던 답을 찾아내기도 한다.

교사에게 반항하거나 버릇없이 행동한 경우에는 "조금 전, 어쩌다 보니 선생님에게 말을 툭 내뱉은 거라고 생각해. 이해는 되지만 선생님은 이미 상처받았단다. 지금이라도 선생님에게 죄송합니다라는 말을 공손하게 하면 좋겠구나." 라고 말하자. 학생이 몸과 자세를 바꿔 사과를 하면 "사과해 줘서 고맙구나. 이일이 너에게 교훈이 되면 좋겠어. 아직 시간이 있으니 가서 모두 행복할 수 있는 범위 안에서 다시 놀아보렴. 잘할 수 있을거야."라는 말로 마무리할 수 있다.

놀이 전, 함께 교사의 말을 따라하면 좋다 ──

내 경우는 언제나 바로 놀이에 들어가기보다 몇 마디 말을 따라하도록 함으로써 어떻게 놀이에 접근해야 하는지 알아차리도록 한다. 심리치료 활동 속에서 찾아낸 통찰을 교실로 가지고 온 것인데, 모두 내 눈을 바라보게 한 상태 또는 서로 손을 잡은 상태에서 내가 먼저 "우리는 한 반입니다."라고 말한다. 그러면 반 아이들은 의식행위를 하는 것처럼(소리 지르거나 장난스럽게 하지 않고 진지하게) "우리는 한 반입니다."라고 함께 말한다. 이런 방식으로 놀이에 필요한 말들을 내가 먼저 말하고 반 아이들에게 따라하도록 한다.

"내가 최선을 다하는 것처럼, 친구도 최선을 다하고 있습니다."

"친구에게 상처 주지 않고, 지지하고 돕겠습니다."

"놀이는 함께 즐겁기 위해 하는 것입니다."

"이런 마음으로 친구와 함께 정해진 시간 동안 놀아보겠습니다."

이런 말 뒤에 잘할 수 있을 거라는 말도 해주고 함께 파이팅도 외친다. 오랫동안 놀이를 반 아이들에게 적용하면서, 놀이를 시작하기 전에 선생님 눈을 보고 말을 따라서 하게 하거나 친구와 짝이 되어 서로 말을 주고받도록 하는 행위를 하면 놀이가 불편해지는 상황이 많이 줄어든다는 것을 경험했다.

07 _ 승부 때문에 불편함을 만들 경우 해결하는 요령

일부 남학생들은 승부에 매우 민감하다. 이기기 위해 상대방을 깔아뭉개고, 지면 속상한 마음에 다른 것으로 복수하려고 하다 보니 말다툼으로 이어지는 경우가 생긴다. 그래서 일부 선생님들은 협력과 협동 놀이만 하려는 경우도 있다. 하지만 이는 한계가 생길 수밖에 없다. 어떤 형태의 놀이든 물이 흐르듯 자연스럽게 흘러가야 하고, 상황을 있는 그대로 바라볼 수 있는 눈을 만들어야 한다. 또한 어떤 놀이든 문제는 발생할 수밖에 없다. 승부를 내는 놀이를 피하려고만 하지 말고 변형하거나 함께 해결해 나가야 한다.

승부에 동의하도록 하고 균형을 맞춰준다 ─

승부를 내야 하는 놀이라면, 놀이에 바로 들어가기보다는 승부가 있는 놀이의 특성에 대해 간단하게라도 이야기를 나누자. 이런 놀이를 진행하다 보면 이기는 사람은 우쭐해지고 지면 속상해 할 수 있는데, 때론 이기고 때론 질 수도 있는 게 놀이라는 것을 알려주자.

교사가 먼저 다음과 같은 말을 하고, 학생들이 그 말을 따라하는 진지한 시간을 가지면 좋다.

"때론 이길 때도 있고, 때론 질 때도 있습니다."
"이기면, 상대팀 덕분에 이겼다고 생각하고 고마워합니다."
"지면, 최선을 다한 나에게 괜찮다고 다독여줍니다."

이렇게 한 문장씩 따라서 말하고 놀이를 한다. 놀이가 끝나면 모두 함께 가장 중요한 다음의 말을 따라하도록 한다.

"승부에 동의합니다."
"때론 이길 때가 있고, 때론 질 때가 있습니다."

특히 이긴 팀은 진 팀에게 마음을 담아 "덕분에 이겼습니다. 감사합니다."라고 한다. 그러면 진 팀은 "그렇게 말해줘서 고맙습니다."라고 답한다. 그리고 이긴 팀에겐 항상 이 특별한 멘트를 준다. "우리가 이겼으니 뒷정리는 우리가 기쁜 마음으로 하겠습니다." 그러면 진 팀은 이렇게 돌려준다. "이긴 것을 축하합니다. 그리고 정리해 줘서 고맙습니다." 이렇게 주고받음을 통해서 균형을 맞춰보자.

승부에 집착해 친구에게 말을 함부로 한다면 ──

제 욕구를 위해 남을 깔아뭉개거나 희생시키려는 학생이 있다면, 그 즉시 해결해야 한다. 잠깐 불러 "조금 전, 친구들에게 했던 말이 어떤 의미니?" "그 말은 우리 모두에게 도움이 될까?" "누군가 너에게 그 말을 사용하면, 네 마음은 어때?" 이렇게 질문을 통해 그 즉시 자신을 돌아보게 만들거나, 놀이에서 빼낸 뒤 교사 옆에서 잠깐 숨을 고르게 한다. 2분 정도 뒤에 "잠깐 쉬면서 어떤 생각을 하게 됐니?" 하고 질문한다. 답을 하면 그 생각을 토대로 자신을 교정할 수 있도록 한다. 간혹 말이 없거나 이상한 말을 하는 경우도 있다. 그럴 땐 미소와 함께 "그래, 생각할 시간이 조금 더 필요하구나. 충분히 생각하고 선생님에

게 답을 주렴. 혹시 선생님 도움이 필요하면 이야기하렴. 넌 충분히 잘 찾아낼 거라고 믿어." 이렇게 미소 짓고 파이팅을 외쳐준 뒤 기다린다. 그리고 이 상태로 넘어가기보다는 좀 더 시간이 지난 뒤, 이 부분에 대해 "그동안 어떤 생각이 들었니?" 또는 "지금은 무엇을 알게 됐니?" 등의 질문으로 이야기 나누자. 시간이 지나 뭔가 알아차린 것에 대해 잘했다고 이야기하고, 앞으로 어떻게 해야 할지 학생의 다짐을 듣고 마무리하자. 때론 시간이 마음을 정리하고 자신을 돌아보게 만든다. 감정적으로 대하기보다는 이렇게 대화, 질문, 응원, 기다림으로 해결해 보자.

반별 대결이 끝난 뒤 생기는 불편함을 줄이기 위해서 ─

3개 반이 반별 대항으로 릴레이를 한다면, 시작하기 전 학년부장(또는 진행자)이 "때론 이길 때도 있고 질 때도 있습니다. 어떤 결과가 나오더라도 결과에 동의하겠다는 사람은 손을 들어주세요."와 같이 이야기함으로써 마음의 준비를 갖게 할 수 있다. 학년 모두가 진행자의 멘트를 따라하는 것도 좋다.

"때론 질 때도 있고, 이길 때도 있습니다. 이긴 팀은 진 팀에게 덕분입니다라고 말하겠습니다. 진 팀은 그렇게 말해줘서 고맙습니다라고 말하겠습니다."

누군가에게 심한 말을 하거나 다른 반 누군가에게 화를 내는 것은 결과 때문에 그런 것이 아니라 결과를 바라보는 각자의 마음의 성숙도가 작용한다는 것을 미리 이야기해 주면 조금 더 스스로 조절하는 모습을 볼 수 있다.

5개 반이 모여 릴레이하는 시간을 운영한다면, 학년부장(또는 진행자)이 학생들이 모여 있는 중앙에 선 다음 "박수 세 번 시작"이라고 외치면 학생들은 박수를 "짝짝짝" 하고 친 뒤 학년부장을 바라보도록 하자. 이를 몇 번 반복하고 박수가 끝나면 자연스럽게 학년부장(또는 진행자)에게 집중하도록 한다.

　내 경우엔 마이크를 내려놓고 호루라기로 "삑! 삑!" 하고 불면 모두 내 눈을 보고 박수를 박자에 맞춰 "짝짝짝" 치도록 한다. 몇 번 진행한 뒤에 마이크를 들고 "조금 더 집중해서 박자에 맞춰 박수를 치고 선생님 눈을 바라봅니다. 집중을 해야 오늘 활동에 대해 안내할 수 있습니다."라고 말한다. 그리고 마이크를 내려놓고 다시 2~3회 호루라기를 "삑! 삑!" 불고, 학생들은 박수를 "짝짝짝" 세 번 치는 과정으로 최대한 집중을 만들어놓고 하고 싶은 말을 한다. 도중에 이야기하는 학생이 있거나 방해를 받으면 "선생님이 최선을 다해서 설명을 하고 있고 모든 친구들이 집중하고 있었는데, 그렇게 말한 특별한 이유가 있나요?" 하고 잠깐 바라보며 멈춘다. 그런 뒤 "평소 습관이 있어서 자신도 모르게 지금 이 순간 그런 말이나 행동을 할 수 있습니다. 하지만 바꿀 수 있고, 다시 집중할 수 있는 힘이 있습니다. 바르게 앉아보세요."라고 말한다. 이런 방식으로 집중을 만들고 이어간다.

08 _ 음향 사용법

이동식 앰프 ──

학년 대항 놀이나 운동장에서 큰 행사를 진행할 때 마이크 시설이 필요한 경우가 있다. 그럴 때면 방송실에 요청해 스탠드에 마이크를 설치한 뒤 음악을 틀고 마이크로 말을 하곤 했다. 그런데 스피커 시설이 좋지 못하다 보니 학교 주변 가정집에 소리가 전달되어 때로는 민원이 들어오기도 했다.

이런 문제를 해결하고자 이동식 앰프를 구입해 사용하고 있다. 장점이 많아 개인용으로 따로 주문해 사용하고 있는 중이다. 30만 원대 제품이면 앰프에 무선마이크 1~2개가 연결 가능하며, 스마트폰에서 음악을 연결할 수 있고, 유선 마이크나 기타 외부입력이 가능하다. 또한 충전이 가능해서 2~3차시 수업을 진행하는 동안 불편함 없이 사용할 수 있다. 볼륨을 조절하면서 강당이나 운동장에서 목적에 맞게 사용하면 좋다. 150w면 운동장도 커버할 수 있다. 요즘엔 블루투스 연결도 가능해 훨씬 편해졌다.

나는 이동식 앰프를 구입해서 5년 넘게 강당, 운동장, 워크숍, 교실 등에서 사용하는 중이다. 금액이 부담스럽다면 학교 방송 보조용으로 구입해 놓고, 필요한 학년이나 반에서 빌려 쓸 수 있도록 하거나 학급 수가 많은 학교라면 한 학년에 하나 정도 구비해 놓으면 유용하다.

체조 음악 —

음악시간에 배웠던 음악이나 유튜브를 통해 재미있는 율동 음악을 찾아내 그 음원을 핸드폰과 앰프를 연결해 사용하는 것도 좋다. 음악을 자주 바꾸면 아이들이 덜 지루해하며 흥미도 유발할 수 있고, 특히 최신곡 중 반 아이들이 좋아하는 음악을 틀어주면 환호가 나온다.

하지만 나는 음악 한 곡을 정해 놓고 놀이 시작 전, 준비 운동을 해야 하는 상황이 오면 같은 음악을 사용한다. 아이들은 그 음악이 나오면 의식적으로든 무의식적으로든 몸을 이완시키고 준비 운동을 해야 한다는 것을 알아차리고 조금 더 집중해서 몸을 움직인다. 가사가 있는 음악보다는 드럼 비트가 가볍게 더해진 경쾌한 연주곡을 골라 사용한다. 음원 판매처 차트를 이용하거나 경쾌한 연주곡 등을 검색해 본 뒤, 음악 초반을 들어보면서 교사가 몸을 움직여본다. 교사의 몸이 기분 좋게 그리고 즐겁게 움직인다면 그 음악을 사용하자.

09 _ 놀이 전 가볍게 체조, 워밍업하는 요령

《교실놀이백과 239》의
도미노 체조(4-13) 활용하기 ──

원으로 둘러선 뒤 안쪽을 바라보게 한다. 자신의 몸을 인식하게 한 뒤, 스트레칭하고 싶은 부분을 찾아보게 하거나 간단히 몸을 움직여 이완시킬 동작을 떠올려보도록 한다. 예를 들어 음악에 맞춰 선생님이 손목을 가볍게 16박자 정도 풀어주고 왼쪽 학생에게 "패스~" 하고 보내면, 그 학생은 자신이 미리 준비했던 무릎 돌리기를 16박자 동안 진행한 뒤, 옆 친구에게 "패스~" 하고 보낸다. 음악이 있을 땐 아이들이 언제 패스를 해야 할지 잘 모르는 상황이 생길 수도 있으니 교사가 한 손을 들어 손바닥을 편 뒤 다음 학생을 가리켜주는 것도 좋다. 음악이 없어도 되는데, 교사가 호루라기를 입에 물고 8박자를 "삑, 삑, 삑, 삑, 삑, 삑, 삑, 삑" 하고 작게 불면(절대 크게 불지 말자. 작게 불어도 충분하다.) 모든 학생들이 "둘, 둘, 셋, 넷, 다섯, 여섯, 일곱, 여덟" 하고 평소 목소리로 함께 박자를 말하는 방식으로 16박자 동안 어깨를 돌려주거나, 무릎 스트레칭을 하거나, 고개를 돌리거나 좌우로 움직여주는 등 동작 하나를 하고 나머지 사람들은 그 동작을 따라하면서 원 한 바퀴만 돌아도 충분히 몸을 이완시킬 수 있다. 한 바퀴 돈 다음 교사에게 다시 돌아왔을 때 교사는 숨쉬기 운동 또는 이완이 덜 된 신체 부위를 조금 더 움직이게 할 수 있다.

체조 동작을 미리 정해 놓는 것도 좋다 ──

내 경우엔 위에서 아래로 몸을 풀어주는 방식으로 앞에서 호루라기로 8박자, 반 아이들이 입으로 소리를 내서 8박자를 구령하며 진행했다.

목 돌리기 → 어깨 앞으로 돌리기 → 어깨 뒤로 돌리기 → 손목 돌리기 → 허리 돌리기 → 무릎 돌리기 → 발목 돌리기 → 무릎 눌러 다리 스트레칭 좌/우 → 한쪽 발 펴고 다른 한쪽 발 오므리고 스트레칭 좌/우

이렇게 한 뒤 "오늘은 달리기를 활용한 놀이가 준비되어 있습니다. 그래서 조금 더 풀어줘야 할 곳이 있답니다."라고 말하고 제자리 뛰기, 발목 늘리기, 제자리에서 동서남북으로 방향 바꿔 뛰기, 제자리에서 높이뛰기 10번 등 놀이에서 사용하는 동작을 미리 생각해 뒀다가 비슷한 신체 동작 위주로 움직임을 더 해 준 뒤 숨쉬기까지 하고 나서 모인다.

교사가 항상 조금 뒤에 나가는 상황이라면 체육부장이 반 아이들과 체조를 한 뒤에 모여 있을 수 있도록, 운동장이나 강당에 가면 습관적으로 '정해진 체조를 하고 모여 앉아서 교사 기다리기'를 시스템화할 수 있다.

10 _ 놀이는 보상이 아니다

"선생님 말 잘 들으면 운동장에 나갈 수 있어!" "너희가 정말 열심히 잘했기 때문에 이렇게 놀게 해주는 거야." "왜 이렇게 떠드니? 좋아, 이번 주 강당과 운동장에 나가기로 한 것 취소하자!" "우리 반 온도계가 80도가 넘어야 놀이를 할 수 있어!" 이처럼 반 아이들에게 놀이를 '보상'의 개념이나 '협박' 도구로 사용하는 교사가 있다.

사실 이런 말은 아이들이 좋아하는 것을 이용해 교사의 말을 잘 듣도록 길들이는 것이다. 하지만 이런 말을 사용하지 않고도 잘 굴러가는 교실이 많다. 아이들은 교실이든 강당이든 운동장이든 노는 게 일상이다. 어렸을 때를 생각해 보자. 우리가 친구들과 즐겁게 놀고 소풍이나 특별한 날을 손꼽아 기다렸듯 지금의 아이들도 별반 다르지 않다. 아이들이 통제가 되지 않는다고 해서, 한두 명의 아이들이 분위기를 흐린다고 해서 아이들을 움켜쥐기 위한 도구로 놀이를 사용하는 것, 교사가 선물을 베푸는 것처럼 보상의 개념으로 놀이를 하는 것은 지양해야 한다. 놀이는 그냥 놀이다. 체육과 연계하거나 동아리처럼 교사가 진행해야 하는 시간엔 교사 주도로 놀이를 이끌어가야 하지만, 나중엔 교사가 주도하지 않아도 아이들이 즐겁게 노는 것은 당연하다는 인식이 자리해야 한다.

교사가 놀이 방법을 소개해 준 뒤 쉬는 시간이나 중간놀이, 점심시간에 마음에 맞는 친구들과 모여서 노는 것이 자연스러워야 한다. 이를 위해서는 시간을 관리하는 요령, 서로를 배려하는 학급 내 분위기, 놀이를 하다가 불편하면 서로가 중재하고 규칙을 바꿔나가면서 조금 더 재미있게 만들어볼 수 있는 요령과 더불어 싸우지 않고도 대화로 풀어갈 수 있는 분위기 등 학급운영과 많은 부분

이 연결되어 있어야 한다.

그리고 교사는 아이들 놀이 안으로 들어가야 한다. 먼저 놀아보면 반 아이들이 떠오르고 어떻게 적용해야 할지 감이 온다. 백번 책을 읽고 머리로 이해한다고 해서 아이들에게 놀이를 잘 지도할 수 있는 것은 아니다. 아이들 속에서 함께 놀다 보면 아이들을 더 이해할 수 있고, 안전과 관련해 돌아볼 수 있으며, 불편함을 개선할 수 있는 아이디어 등이 생긴다.

놀고 싶지만 학교 시스템이나 처해 있는 위치 등 여러 무기력감이 교사의 어깨 위에 자리하고 있는 것도 자주 목격하게 된다. 교사가 아이들 속에서 즐겁게 놀고, 웃을 수 있는 시스템이 빨리 자리하길 바란다.

11 _ 위험 요소가 있다면 과감히 빼자

놀이 전 시뮬레이션을 해보거나, 교사가 미리 놀이를 경험하거나, 교사들이 모여 함께 이야기를 나누다 보면 어떤 부분에서 위험할지 감이 온다. 위험 요소가 있는 놀이들은 이 책에 될 수 있으면 담지 않으려 했지만, 생각지도 못한 부분에서 사고가 나는 경우도 있다. 특히 강당과 운동장 놀이는 교실놀이보다 조금 더 위험 요소가 많다. 그래서 놀이 전에 항상 아이들과 이야기를 나누는 게 필요하다.

학생들에게 물어본다 ─

"이 놀이를 하면서 무엇을 조심해야 할까?""이 놀이 설명을 들어보니, 혹시 다치지 않도록 조심해야 하는 부분은 무엇일까?" 등의 질문으로 학생들에게 먼저 '생각'할 시간을 줘야 한다. 일방적으로 교사가 제공하는 것과 달리, 생각해 보는 행위만으로도 더 조심하게 된다.

충분히 질문과 응답을 이어간 뒤 부족한 부분은 교사가 보완해 주자. "즐겁게 노는 것도 중요하지만, 다치지 않는 것도 정말 중요하답니다. 그럼 함께 이렇게 말하고 놀이를 시작해 보겠습니다."라고 말한 뒤에 반 아이들과 함께 지켜야 할 것을 교사가 정리해 한 문장으로 이야기해 주고, 반 아이들이 따라서 말하는 방식으로 내용에 집중하고 안전에 대해 돌아볼 수 있도록 하자. 예를 들어 피구 경기를 한다면 "공을 친구 얼굴로 던지지 않습니다.""공이 근처로 굴러왔을 때 옆 친구와 다투지 않습니다.""갑작스럽게 몸을 돌리다가 충돌하지 않도록 조심합니다." 등을 안내한다.

도구들의 특성을 잘 이해하자 —

고무신을 신고 달리거나, 자루 안에 몸을 넣어 캥거루처럼 뛰는 놀이, 그물을 통과하는 놀이 등 과거에 경험했던 놀이들이 있다. 내 경험 속에서는 고무신을 신고 달리다가 신발이 벗겨져 넘어지면서 그만 팔이 접질려 체육대회 도중 경기가 중단된 사건이 있었다. 자루 안에 몸을 넣고 뛰다가 옆 친구와 충돌해 넘어졌는데 다리가 고정되어 있다 보니 다치게 됐던 사건도 있었고, 그물을 통과해야 하는데 빨리 그 안을 통과하다가 몸이 끼어 넘어져 이가 부러졌던 일, 체육창고에 있던 말 인형에 바람을 넣어 안전한지 미리 타보다가 허리가 삐끗한 적도 있었다.

이런 과거의 안전사고 경험을 이야기해 주면서 아이들에게 놀이 전에 주의를 주니 위험 요소를 피하게 만들 수 있었다. 학교에는 여러 선생님들의 다양한 경험이 있고 도구들마다 에피소드가 있다. 반 아이들의 특성과 도구의 특성 등을 고려했을 때 다칠 것 같다 싶으면 과감히 빼고 다른 놀이를 운영하는 것이 좋다.

위험한 요소를 함께 찾아본다 —

놀이하는 공간이 교실과 달리 익숙하지 않기 때문에 놀이 속에서 다칠 위험이 있다. 천천히 걸어다니면서 다칠 만한 물건은 없는지, 다칠 장소는 없는지 아이들과 함께 찾아보도록 한다. 그런 뒤 위험하다고 생각한 곳에 서보도록 한다. 반 아이들과 함께 다니면서 확인해 보고, 위험한 곳을 모두 손가락으로 가리키도록 하면서 머리뿐만 아니라 몸도 기억할 수 있도록 하자.

놀이가 끝난 뒤에도 이야기를 나눠본다 ──

교실로 돌아온 뒤에는 포스트 잇을 나눠주고 '조금 전 놀이에서 우리가 예상하지 못했던 다칠 뻔한 상황 또는 요소'를 찾아 써보도록 하자. 생각지도 못했던 것들이 툭 튀어나온다.

"재미도 좋지만, 안전도 중요합니다!"라는 멘트를 따라하는 시간도 갖자. 그리고 "이 과정을 통해서 다음 놀이를 할 때 무엇을 조심히 해야 하는지 조금 더 기억하고, 선생님 없이 여러분들끼리 놀 때도 항상 다치지 않게 조심하길 바랍니다."라는 이야기를 해주자.

실수로 친구를 다치게 했을 때 ──

놀이 속에서 실수로 누군가를 넘어뜨리거나 공에 맞아 우는 경우가 생긴다. 그럴 때 그대로 멈춰 있으면 더 다칠 수 있으니 우는 학생은 놀이에서 잠깐 빼주자. 교사가 먼저 어느 정도 다쳤는지 재빨리 확인한 뒤, (크게 다치지 않은 상황이라면) 다치게 한 사람이 우는 친구를 데리고 안전한 곳까지 이동해서 위로하고 달래주도록 하자. 다친 친구가 괜찮아지면 선생님에게 함께 돌아오도록 하자. 다친 학생이 괜찮다고 하면 두 사람 모두 놀이 안으로 들어가도록 한다. 이처럼 다친 사람과 다치게 한 사람이 함께 나갔다가 함께 들어오도록 하면 어느 정도 책임감이 생긴다.

때로는 실수로 누군가를 다치게 한 뒤에도 말똥말똥 바라보면서 그 자리에 서 있는 경우가 있다. 이는 당황하거나 어떻게 사과해야 할지 몰라서 그런 경우가 많다. 잠깐 사과를 해서 풀릴 상황이라면 그 학생과 다음과 같은 요령으로 이야기를 나눠보자.

"네가 누군가에게 공을 맞으면 네 마음이 어때?" "안 좋아요." "그럼 공 던진 친구가 너에게 뭐라고 하면 네 마음이 풀리니?" "미안하다고 하면요." "그렇구나. 저 친구는 지금 어떨까?" "마음이 안 좋아요." "그래. 너처럼 공에 맞아서 속상할 수도 있겠구나." "네가 마음이 풀렸던 것처럼 저 친구에게 뭘하면 좋을까?" "사과요." "그래. 그걸 찾아내고 이야기해서 기쁘구나." "너도 당황했다는 것 알아. 하지만 친구에게 미안한 마음이 있을 거라 생각해. 가서 사과해 볼까?" "네."

이런 식으로 이야기를 진행한 뒤, 사과를 하고 돌아오면 잘했다고 해주자. 하지만 사과를 할 때 너무 간단하게 "미안." 하고 형식적으로 말하면 사과받는 마음이 상대에게 생기지 않는다. 그럴 땐 학생이 상대의 눈을 바라보도록 한 뒤 교사가 먼저 말을 하고 따라하게 해보자. "모르고 너에게 공을 던졌어. 미안해."

이렇게 간단하게라도 꼭 사과의 말이 가야 한다. 사과를 받은 사람은 "사과해 줘서 고마워."라는 말을 꼭 돌려주도록 하자. 그래야 서로 서운함이 사라지고 마음이 풀린다.

준비는 쉽게! 즐거움은 크게!

1부

움직임 놀이

1-01 한 줄로 서기

강당 **운동장** 교실 밖 **준비물** | 접시콘(2개)

교실 밖에서 놀이를 하려면 줄을 서야 할 때가 많다. 이때 특정 주제를 주고 그에 맞춰 한 줄로 서게 하자. 경험이나 현재의 마음 상태를 자연스럽게 표현할 수도 있다.

1점 ←————— 지금 내 기분은? —————→ 10점

1월 1일 ←———— 생일이 빠른 순서대로 서기 ————→ 12월 31일

1 선생님이 제시한 주제를 듣고 한 줄로 서기로 약속한다.
  • 생일이 빠른 순서대로 서기
  • 집에서 학교까지 걸어서 걸리는 시간이 짧은 순서대로 서기
  • 현재 내 기분에 맞춰 서기
  • 조금 전 했던 활동에 대해 평가하기

2 접시콘(또는 콘)을 이용해 한 끝점과 다른 한 끝점을 정하고, 끝점의 의미를 알려준다.
  • 왼쪽 끝점은 1월 1일, 오른쪽 끝점은 12월 31일
  • 왼쪽 끝점은 집에서 학교까지 1분 이내, 오른쪽 끝점으로 갈수록 학교와 집이 멀다.
  • 왼쪽 끝점은 1점(기분 별로) ~ 오른쪽 끝점은 10점(기분 최고)
  • 왼쪽 끝점은 1점(쉽게 가능) ~ 오른쪽 끝점은 10점(어려워서 힘듦)

3 신호를 준 뒤, 천천히 걸어가 주제에 맞게 양 끝점 사이에 서도록 한다.

TIP

놀이의 팁 ———

• 아이들에게 기준이 될 주제를 이야기하도록 하면서 다양한 방법으로 활동을 시작할 수 있다.

• 교사의 마음과 반 아이들의 마음이 다를 수 있다. 손을 들고 물어보는 것보다 활동에 대해 좋고 싫음을 두 점으로 정해 놓고 그 사이에 서도록 하면 아이들 마음을 더 잘 알 수 있다.

• 4개의 꼭짓점(정사각형 형태)을 정해 놓고 각 꼭짓점의 주제에 따라 이리저리 움직이게 할 수도 있다. (예 : 공놀이, 술래잡기, 바닥놀이, 도구사용놀이 중 내가 좋아하는 것은? 4개의 방향을 모두 고려하여 서보세요.)

• 꼭 접시콘이 아니더라도 큰 콘이나 주변 도구를 이용해 기준점을 정해도 된다.

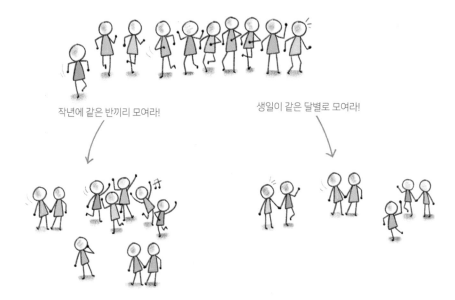

작년에 같은 반끼리 모여라!

생일이 같은 달별로 모여라!

1-02 주제별로 모여라!

준비물 | 없음

제시된 주제에 맞게 몸을 움직여 다양한 주제별로 학생들이 모이 도록 만드는 활동이다. 이 방법을 적절히 활용해 놀이를 위한 모 둠을 만들 수도 있다.

활동방법 How to play

1 한 곳에 반 아이들이 모이도록 한다.

2 선생님이 주제를 이야기하면, 그 주제에 맞게 모인다.
- 작년에 같은 반끼리 모이기
- 생일이 같은 달별로 모이기
- 좋아하는 계절별로 모이기
- 한식, 일식, 중식, 양식 중 좋아하는 곳으로 모이기
- 같은 성끼리 모이기
- 교실 모둠끼리 모이기

3 자신에게 해당하는 것을 크게 외치며 서로 한 군데로 모인다(겨울 모여라! 여름 모여라! 등).

TIP

놀이의 팁 ───

- 3명씩 모이기, 7명씩 모이기 등 숫자를 이용해도 좋다.

- 다양한 주제를 생각해 보고, 반 아이들의 생각에 따라 모일 수 있는 기회를 만들어주자.

- "술래잡기, 공놀이, 바닥놀이 중 좋아하는 놀이를 외치며 모이세요!" 등으로 반 아이들의 욕구와 마음 끌림을 확인할 수도 있다.

- 모일 곳을 지정하는 것도 좋지만, 반 아이들이 서로 자연스럽게 모이도록 하자. 다 모이면 원을 만들어 자리에 앉도록 하는 것도 좋다.

- 손 잡고 모이기, 공 하나에 모두 손 올리고 모이기, 원으로 모이기, 등이 닿도록 모이기, 어깨동무하고 모이기 등 신체 움직임을 넣어서 활동해 보자.

1-03 신호등 색깔에 따라

강당 **운동장** 교실 밖   **준비물** | 없음

신호등 색깔로 움직임 규칙을 약속해 보자. 달렸다가 멈추기, 천천히 움직였다가 빨리 달리기 등 짧은 시간 동안 아이들을 숨이 찰 정도로 움직이게 만들 수 있는 놀이다.

1 서로 부딪히지 않고 달릴 수 있는 공간을 확보한다.

2 신호등 색깔 규칙을 알려준다.
   • 빨간불 : 정지, 노란불 : 걸어다니기, 초록불 : 뛰어다니기

3 "하나-둘-셋-○○불!"이란 규칙으로 신호를 주기로 약속한다.

4 선생님이 진행자가 되어 위의 규칙에 맞게 신호를 준다.

5 선생님의 신호에 맞춰 공간 안을 자유롭게 뛰거나, 걷거나, 멈춘다.

TIP

놀이의 팁 ———

• 친구와 충돌하지 않게 앞을 잘 보며 움직이도록 한다.

• 익숙해지면 "하나-둘-셋"을 빼고, 바로 "○○불!" 하고 외치도록 변형해 보자.

• 아이들이 움직임을 주도하고 통제할 수 있도록 직접 신호등 색깔을 말할 수 있게 하자. 번호대로 말해 보기, 뽑기통 이용하기 등도 좋지만, 가장 좋은 것은 무작위로 자유롭게 말하는 것이다.

• 움직임을 추가해 신호등 색깔을 외칠 수도 있다. "손뼉 치며 노란불!"이라고 하면 양손으로 손뼉을 치며 걸어다니고, "만세 하며 초록불!" 하고 외치면 두 손을 높이 든 채 뛰어다니고, "한 손을 바닥에 빨간불!" 하면 한 손을 바닥에 붙이고 정지한다.

• 야외에서는 외치는 소리가 들리지 않을 수도 있다. "○○불!" 하고 외칠 때 눈으로도 확인할 수 있도록 수신호를 추가해 보자. (예 : 빨간불-두 손을 머리 위로 올리고 X 만들기, 노란불-두 손바닥을 머리 위로 붙이기, 초록불-두 팔을 앞으로 나란히 뻗기)

1-04 선만따라가!

강당 **운동장** **교실 밖** **준비물** | 없음

학교 강당 바닥엔 다양한 선이 그어져 있다. 배구, 배드민턴, 농구 등 경기를 하기 위해 미리 그려져 있거나 테이프로 붙여진 선 위에서도 재미있게 놀 수 있다.

활동방법 How to play

1　강당 바닥의 선들이 어떻게 그어져 있는지 살펴본다.

2　출발점을 두세 개 정해 놓는다.

3　선 위를 따라 여러 방향으로 걸어가도록 한다.

4　걷다가 누군가와 만나면 가위바위보를 한다.

5　가위바위보에서 지면 출발점으로 돌아가 다시 출발한다.

6　속도를 다르게 하면서 선 위를 탐험하도록 한다.

TIP

놀이의 팁 ───

• 선은 절벽 위의 길이고, 선에서 나가면 절벽에서 떨어지는 등 상상 놀이로 응용할 수 있다.

• 선(절벽)에서 떨어지면 작은 사각형 공간 안에서 30초간 머물렀다가 부활하기로 약속해 보자.

• 선 주변에 테이프로 점프할 수 있는 징검다리를 만들어놓으면 원활한 통행을 할 수 있다.

• 천천히 두 팔을 벌려 균형을 잡고 걸어가다가 조금씩 속도를 올려보자. 《교실놀이백과 239》의 '1-2-3-4-5 놀이'를 이 선 위에서 해보자.

• 중간에 콘 몇 개를 놓아두고, 출발선에서 콘을 모두 거쳐 도착점까지 오는 놀이로 응용할 수도 있다.

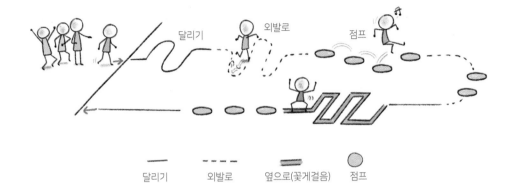

달리기   외발로   점프

달리기   외발로   옆으로(꽃게걸음)   점프

1-05 지그재그 선 탐험

(강당)　(**운동장**)　(교실 밖)　**준비물** | 라인기

운동장에 다양한 선을 크게 그려놓고, 걷거나 뛰면서 탐험해 보자. 평소와 다른 근육을 사용하게 되어 다양한 몸 움직임이 만들어진다. 개인별 탐험이 끝나면 팀을 나눠 릴레이 게임도 해보자.

1 달리기, 외발로, 옆으로, 점프 등 선에 대한 규칙을 안내한다.
 • 선 : 달리기, 점선 : 외발로, 쌍선 : 옆으로, 원 : 점프로 이동

2 정한 규칙에 맞게 운동장에 선을 긋는다.

3 교사(또는 미리 약속한 학생)가 시범을 보인다.

4 돌아가면서 선에 따라 정해진 규칙에 맞게 이동해 본다.

5 팀을 나눠서 규칙에 맞춰 달리기 시합을 해본다.

6 그 외의 규칙을 만들어보고, 처음과 다른 응용된 선을 그어가며 달리기를 해본다.

TIP

놀이의 팁 ———

• 위의 움직임 규칙은 예시이니 사정에 맞게 응용해서 사용해 보자.

• 몸이 너무 틀어지거나 걸려서 넘어질 만한 요소의 선은 사용하지 않는다.

• 초반에는 앉아서 걷기, 한 발로 가기 등으로 시작하고, 복잡한 선은 뒷부분에 사용하면 좋다.

• 뒤로 가는 규칙을 추가할 수 있지만 신중히 사용하자.

• 선에서 놀기에 익숙해지고 충분히 활동 가능하다면, 물건 들고 가기, 백팩 메고 가기, 시간 재면서 기록 갱신하기 등의 놀이로 발전시켜보자.

• 라인기 대신 물 주전자를 이용해 운동장에 그림을 그려놓고 놀이를 진행해 보자.

출발   도착

1-06 먼저 도착하기

강당 **운동장** **교실 밖**   **준비물** | 없음

친구들끼리 운동장에서 짬시간 동안 할 수 있는 놀이다. 구령대
나 나무 등 출발할 곳과 도착할 곳을 정하고, 가위바위보에서 이
기면 모둠발로 뛰어 먼저 도착한 사람이 이기는 간단하면서도 재
미있는 놀이다.

활동방법 How to play

1 2~4명이 모인다.

2 근처 나무나 구령대 등 출발할 장소를 정한다.

3 함께 이야기를 나누어 시소, 나무 등 도착할 곳을 정한다.

4 가위바위보를 해서 이긴 사람은 두 발을 모으고 한 번 크게 뛴다.

5 다시 가위바위보를 해서 이긴 사람이 크게 한 번 뛰는 것을 반복한다.

6 도착할 곳에 손이 먼저 닿으면 이긴다.

TIP

놀이의 팁 ━━━━━

- 강당에서는 한쪽 벽에서 다른 한쪽 벽까지 가보자.

- 커다란 콘이 있다면 한쪽 콘에서 다른 한쪽 콘까지 가보자.

- 한 번 뛰기에서 두 번 뛰기, 큰 걸음으로 한 번씩 가기 등 방법을 변화시킬 수 있다.

- 2명이 손 잡고 함께하는 방식으로 변형할 수도 있다.

- 소풍 가서 넓은 장소가 있다면 함께할 수 있다.

1-07 서로 다른 가위바위보

(강당) (운동장) (교실 밖)   **준비물** | 없음

함께 정한 가위바위보 규칙에 따라 걷는 걸음 수가 달라진다. 다 이긴 듯하다가도 한순간에 질 수 있고, 지고 있다가도 어느 순간 추월할 수 있는 재미 만점 놀이다.

1 2~4명이 모인다.

2 가위바위보 규칙을 함께 정한다.
   • 가위 : 손가락이 두 개니까 두 걸음
   • 바위 : 손가락이 없으니까 한 걸음
   • 보 : 손가락이 다섯 개니까 다섯 걸음

3 출발 지점과 도착 지점을 함께 정한다.

4 가위바위보를 해서, 이긴 사람은 무엇을 내서 이겼는지에 따라 '가위바위
   보 규칙'을 적용해 큰 걸음으로 도착 지점을 향해 걸어간다.

5 먼저 도착한 사람이 이긴다.

TIP

놀이의 팁 ───

• 크게 발을 떼다가 간혹 중심이 흔들려 손이 바닥에 닿는 경우가 있다. 그럴 땐 뒤로 한 걸음 가
  기로 미리 약속하자.

• 큰 걸음으로 걸어가기에서 뜀뛰기로 응용할 수 있다.

• 가위바위보 규칙을 다시 정해서 놀 수 있다. '바위는 뒤로 한 걸음' 등 반대로 돌아가기, 비겼을
  때 먼저 "비겼다!" 외친 사람이 한 걸음 걸어가기 등의 규칙을 추가할 수 있다.

• 걸음 수가 많아 의외로 빨리 놀이가 끝나기도 한다. 그럴 때면 도착지를 몇 개 정해서 차례로
  가도록 한다(예 : 구령대 → 음수대 → 철봉).

1-08 30초 바운스

강당 **운동장** 교실 밖   **준비물** | 접시콘(3개)

스피드 바운스로 알려져 있는 육상 훈련 겸 체력 측정 활동이다.
아이들의 균형 감각을 키울 수 있다. 규칙을 조금씩 변형해 가며
반 아이들과 함께해 보자.

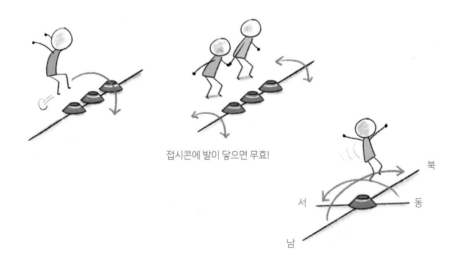

접시콘에 발이 닿으면 무효!

북

서   동

남

활동방법 How to play

1 접시콘 한 개를 놓고(또는 두세 개를 나란히 놓고) 한쪽에 선다.

2 신호가 떨어지면 모둠발을 한 채 접시콘 좌우로 뛴다. 이때 발이 접시콘에 닿지 않도록 해야 한다.

3 30초 동안 몇 번을 모둠발로 뛸 수 있는지 세어본다.

TIP

놀이의 팁 ─────

• 두 발이 동시에 땅에 닿도록 하자.

• 접시콘에 발이 닿아 움직이면 그때의 숫자만 무효로 하거나 접시콘이 움직이기 전까지만 숫자 인정하기 등 상황에 맞게 규칙을 적용하자.

• 접시콘 외에도 뛰어넘을 수 있는 도구가 있다면 활용해 보자.

• 2명이 바통을 함께 잡고 동시에 좌우로 뛰어넘는 방식으로 응용할 수 있다.

• 접시콘 하나를 가운데 놓고 '동-서-남-북'으로 뛰는 것으로 응용할 수 있다.

1-09 몰래 발 바꿔!

 강당 운동장 교실 밖 **준비물** | 없음

한 발로 주변을 뛰어다니며 웃다가 괴로워하다 소리를 지르기도 하는 등 아이들의 재미있는 모습을 볼 수 있다. 술래가 보지 않을 때 몰래 발을 바꾸는 스릴 넘치는 놀이를 진행해 보자.

활동방법 How to play

1 6~10명이 모인다.

2 술래를 정하고 술래가 서 있을 곳을 선이나 원으로 지정해 준다.

3 술래가 "시작!"이라고 외치면 모두 외발로 뛰어다닌다.

4 다리가 아프면 술래 몰래 발을 바꿔가며 외발로 뛰어다닌다.

5 발을 바꾸는 사람을 발견하면 술래는 "스톱!" 하고 이름을 부른다.

6 이름이 불려진 사람이 다음 번 술래가 된다.

TIP

놀이의 팁 ────

• 어느 정도 인원이 있어야 재미있다.

• 다리가 아파서 이 놀이로 오랫동안 놀 수는 없다. 다른 놀이와 연계해 놀아보자.

• 술래가 지정된 곳에 머무르지 않고 천천히 걸어다니도록 응용할 수 있다.

• 외발로 다니는 모양을 자유롭게 할 수도 있고 통일할 수도 있다(예 : 닭싸움 모양으로 다니기, 한 다리만 살짝 올리고 다니기, 한 다리를 뒤로 보내고 잡고 다니기). 하지만 편하게 한 다리를 살짝 들고 뛰는 것이 중심 잡기에 무리가 없다. 닭싸움 하듯 잡으면 중심을 잃고 두 발이 땅에 닿아 술래 가 자주 바뀐다.

• 외발로 다닐 수 있는 영역을 정해 주자. 라인기로 그려도 좋지만, 큰 콘을 두고 넘어가지 않는 방식으로 운영해 보자.

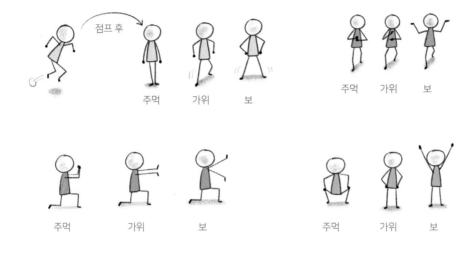

점프 후

주먹　가위　보

주먹　가위　보

주먹　가위　보

주먹　가위　보

1-10 액션 가위바위보

준비물 | 없음

교실 밖으로 나왔다면 가위바위보 동작을 확장시켜 활동해 보자.
몇 걸음 달리다가 점프를 해서 몸으로 가위바위보 동작을 보여주
는 것만으로도 재미있고 역동적인 놀이가 된다.

1 가위바위보 동작을 알려준다.

　　• 주먹은 다리를 모으고 선다.

　　• 가위는 한 발은 앞으로, 다른 한 발은 뒤로 벌리고 선다.

　　• 보는 다리를 양 옆으로 벌리고 선다.

2 함께 "가위바위보!"를 외치고 마지막 "보"에서 점프한다.

3 내려와 발이 바닥에 닿을 때 동작을 만들고 선다.

TIP

놀이의 팁 ————

• 그냥 서서 동작을 바꾸기보다는 한 번 점프하면서 하도록 하면 분쟁이 줄어든다. 바닥에 발이 닿으면 동작을 바꿀 수 없다.

• 큰 소리로 '가위바위보'를 외치며 서로를 향해 뛰어오다가 보에서 점프하여 가위바위보를 하거나, 몸으로 만든 가위바위보 동작을 보여주기로 하면 더 큰 액션을 취할 수 있다. (이때 충돌하지 않도록 조심하자!)

• 변형된 동작을 다양하게 만들 수 있다.
　– 주먹(바닥에 앉는다), 가위(말 타듯 앉는다), 보(두 팔과 두 발을 벌리고 선다)
　– 디비디비딥 동작을 응용해 주먹(두 손을 앞으로 모은다), 가위(한 손은 손목을 꺾어 세우고 다른 한 손은 아래에 받친다), 보(양팔을 벌린다)
　– 한쪽 무릎을 바닥에 대고 주먹(두 손을 모은다), 가위(두 손을 붙여서 앞으로 뻗는다), 보(손바닥을 펴고 팔을 30cm 이상 벌린다)

준비는 쉽게! 즐거움은 크게!

2부

릴레이 놀이

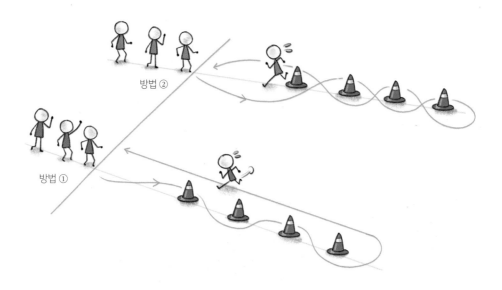

방법 ②

방법 ①

2-01 지그재그 달리기

(강당) (운동장) (교실 밖) **준비물** | 콘(8개)

민첩성이 필요한 놀이다. 진행 방향으로 콘을 놓고 그 사이를 지
그재그 달려 돌아오는 놀이를 함께해 보자. 콘과 콘 사이의 거리
조절만으로도 다양한 역동을 만날 수 있다.

1 반 아이들을 두 팀으로 나눈다.

2 출발선을 그리고 콘을 2~3m 간격으로 세워둔다.

3 달리는 방식을 정한다.
   • 그림의 방법①처럼 지그재그로 간 뒤 직선으로 달려온다.
   • 그림의 방법②처럼 모든 콘을 지그재그로 달려 돌아온다.

4 신호에 맞춰 1명씩 달려 돌아온다.

5 모두가 먼저 돌아온 팀이 이긴다.

TIP

놀이의 팁 ——

• 직선으로 달려갔다가 지그재그로 돌아오기로 응용할 수 있다.

• 콘의 개수를 줄이거나 늘려가며 난이도를 조절해 보자.

• 콘의 간격을 넓히거나 좁히는 것으로도 난이도 조절이 가능하다.

• 콘을 여섯 개 놓고, 출발선에서 차례로 1~6까지 숫자를 지정한 뒤 주사위를 던져 그 숫자에 해당하는 번호까지 지그재그로 달려 돌아오는 것으로 응용할 수 있다.

• 공을 드리블해서 다녀오는 것으로 응용할 수 있다.

2-02 ABC 달리기

(강당) (운동장) (교실 밖) **준비물** | 라인기, 접시콘(팀당 1개)

기존의 달리기에 약간의 규칙을 더해 조금 더 특별한 활동으로
만들 수 있다. 다양한 방향과 요소를 첨가해서 활동해 보자.

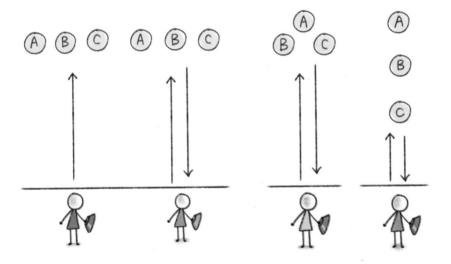

1 반 아이들을 두세 팀으로 나눈다.

2 팀별로 색을 지정해 주고, 팀 색에 해당하는 접시콘을 한 개씩 나눠준다.

3 각 팀의 출발선으로부터 같은 거리의 위치에 원을 세 개씩 그려놓고, 각각 A, B, C라고 약속하자.

4 신호와 함께 첫 번째 사람이 접시콘을 들고 가 A에 놓고 돌아온다.

5 다음 사람은 A에 있는 콘을 B로 옮긴 뒤 돌아오고, 그다음 사람은 B에 있는 콘을 C로, 그다음 사람은 A로 옮기고 돌아온다.

6 차례로 콘을 옮기다가 마지막 사람은 콘을 가지고 출발점으로 돌아온다.

7 먼저 도착한 팀이 이긴다.

TIP

놀이의 팁 ———

• A, B, C의 위치를 처음엔 가로로, 나중엔 삼각형이나 세로로 응용할 수 있다.

• A, B, C의 순서를 바꾸면 혼동이 생기고 이 변수를 이용하면 놀이가 더 재미있어진다.

• 접시콘 외에 다른 물건으로 바꿔서 해보자(팀 조끼, 콩주머니, 럭비공 등).

• 강당에서는 바닥에 그어져 있는 선을 출발선으로, 훌라후프를 원으로 활용하는 것도 좋다.

• 원을 그리기 힘들 때 '원마커'를 바닥에 놓아두면 수월하다. 또는 큰 콘을 세워놓고 접시콘을 꽂아두고 오는 것으로 바꿀 수 있다.

• 때론 접시콘을 뒤집어 놓고 접시콘에 콩주머니나 공을 놓고 오는 형식으로 바꿀 수도 있다.

 선풍기 달리기

강당 운동장 교실 밖 **준비물** | 라인기(또는 접시콘), 바통(4개), 콘(1개)

좁은 공간에서도 신나게 달리기 놀이를 할 수 있다. 선풍기 날개처럼 빙글빙글 뛸 수 있는 역동적이면서 재미있는 달리기를 함께 해 보자.

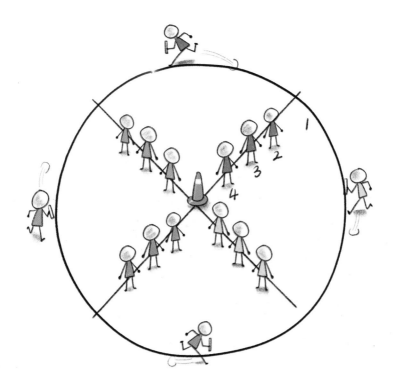

1 가운데 놓인 콘 하나를 중심으로 커다란 원을 그린다.

2 원 안에 지름에 해당하는 두 개의 선을 사분면이 되게 90도로 맞춰 긋는다.

3 반 아이들을 4팀으로 나눈 뒤, 각 팀별로 차례를 정한다.

4 신호에 맞춰 각 팀의 1번이 원의 가장자리를 따라 달려 자기 자리로 돌아
   온 뒤, 다음 번호에게 바통을 전달하고 자기 팀 줄의 맨 뒤로 이동한다.

5 다음 사람도 원을 따라 달려 돌아온 뒤, 다음 사람에게 바통을 전달한다.

6 모두 원을 다 돈 뒤, 자리에 차례를 맞춰 먼저 앉는 팀이 승리한다.

TIP

놀이의 팁 ───

• 강당에서는 바닥이 미끄러울 수 있으니 다치지 않도록 안내하자.

• 달리는 순서를 정할 시간을 주자.

• 앞사람이 달리면, 원 가장자리 쪽으로 번호대로 잘 맞춰 서도록 하자.

• 한 바퀴를 기본으로 하지만, 각자 두 바퀴씩 뛰는 등 조금 더 응용해서 진행해 보자.

• 반 아이들에게 접시콘을 하나씩 나눠주고 선생님이 중앙에 선 뒤 아이들에게 손을 잡고 커다
  란 원을 만들도록 하여 발 아래에 접시콘을 놓으면 원 모양이 만들어진다.

• 다음 사람이 원 가장자리에 서 있다가 바통을 이어받아 달리도록 할 수 있지만, 자리를 유지한
  채 1번이 앉아 있는 2번에게, 돌아온 2번이 앉아 있던 3번에게 전달하는 식으로 해도 좋다.

• 바통을 받기 위해 서 있다가 달려오는 사람과 충돌할 수 있으니 조심하도록 하자. 바통 전달하
  는 연습을 한 뒤 해도 좋다. 달리다가 앞쪽에 사람이 보이면 오른쪽으로 피하기 등을 약속하자.

 2-04 유리불리 달리기

(강당) (운동장) (교실 밖) **준비물** | 바통(2개)

우리 팀에겐 유리하게, 상대팀에겐 매우 불리하게 조건을 만들며
달리기 놀이를 할 수 있다. 손을 잡고 선 아이들이 간격을 좁혔다
넓혔다 하며 환호를 지를 수밖에 없는 놀이다.

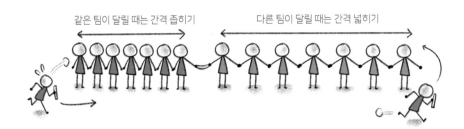

같은 팀이 달릴 때는 간격 좁히기 — 다른 팀이 달릴 때는 간격 넓히기

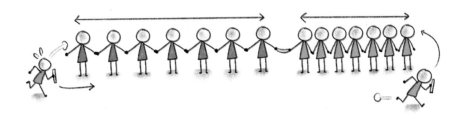

1 반 아이들을 두 팀으로 나눈다.

2 모두가 손을 잡고 한 줄로 선다(팀과 팀도 연결한다).

3 각 팀의 가장 끝에 있는 사람이 먼저 달리기를 시작한다.

4 친구들이 만든 기다란 줄을 돌아 달려온 뒤, 내 앞사람에게 바통을 전달한
   다. 이때 서 있는 사람들은 같은 팀이 달릴 땐 간격을 좁게, 다른 팀이 달릴
   땐 간격을 넓게 해 차이를 만든다.

5 정해진 순서대로 모두 달리기가 먼저 끝난 팀이 이긴다.

TIP

놀이의 팁 ──────

• 처음부터 바로 달리기 시합을 하기보다는 한두 번 서서히 좁히고 넓히는 연습을 한 뒤 요령이
  생기면 놀이로 들어가자.

• 간격을 좁히거나 넓힐 때 손이 떨어지지 않도록 약속하고, 떨어진 부분이 있다면 상대방 팀은
  그 사이로 달려 지나갈 수 있다(같은 팀은 제외).

• 바통이 없으면 손으로 쥘 수 있는 작은 공 등을 사용해도 좋다.

• 운동장에서는 간격을 더 넓힐 수 있다는 장점이 있다.

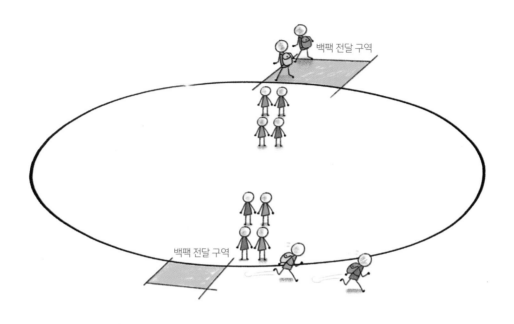

백팩 전달 구역

백팩 전달 구역

2-05 백팩 이어달리기

강당　(운동장)　교실 밖　　**준비물** | 라인기, 백팩(2개)

이어달리기 때 사용하는 바통 대신 다른 물건을 활용해 보자. 달리고 때론 넘어졌을 때 다치지 않을 만한 물건들을 이용해 색다른 이어달리기를 해보자.

1 라인기를 이용해 운동장 트랙을 그린 뒤, 반 아이들을 두 팀으로 나눈다.

2 달리기 순서를 정한 뒤 운동장 양쪽에 순서에 맞춰 서도록 하자.

3 출발 신호와 함께 바통 대신 백팩을 메고 트랙을 돌아 달린다.

4 반대쪽에 도착하면 메고 있던 백팩을 벗어 같은 팀 친구에게 전달한다. 전달받은 친구는 백팩을 양 어깨에 멘 뒤 다시 트랙을 달린다.

5 이렇게 모두가 백팩을 메고 달리며 전달해 나간 뒤, 마지막 사람이 도착선에 먼저 도착한 팀이 승리한다.

TIP

놀이의 팁 ────

• 백팩을 전달할 장소를 따로 지정해 주자.

• 백팩을 제대로 메지 않거나 라인 안으로 달려가지 않도록 미리 안내하자.

• 백팩은 너무 무겁지 않게 하고, 같은 크기와 같은 모양으로 하자.

• 바통을 백팩으로 바꾼 것처럼, 다양한 도구를 이용해 이어달리기를 운영해 보자.
  - 팀 조끼를 입고 달려가서 벗고 전달하기
  - 큰 고무신을 구해서 고무신 안에 발을 넣고 끌고 가서 전달하기
  - 태권도 띠를 허리에 묶고 달려간 뒤, 풀어서 상대방 허리에 묶어주기
  - 모자 쓰고 달려가서 다음 주자 머리에 모자 씌워주기

• 라인기가 없다면 접시콘을 이용하자.

2-06 보디가드 달리기

강당 운동장 교실 밖 **준비물** | 라인기, 콘(2개)

손을 잡고 함께 달리는 릴레이 놀이다. 다양하게 손을 잡고 달릴 수 있도록 명칭과 방법을 조금씩 변형해 가며 반 아이들과 함께 해보자.

1 반 아이들을 두 팀으로 나눈다.

2 출발선을 그린 뒤 20~30m 정도 거리에 콘을 놓고 반환점을 만든다.

3 각 팀별로 4명씩 한 모둠을 만들고, 1명을 중심으로 3명이 보디가드가 되어 손을 잡고 원을 만들어 선다.

4 출발 신호에 맞춰 손이 떼어지지 않도록 조심히 반환점을 돌고 들어오면 다음 모둠이 출발한다.

5 손이 떼어지면 그 자리에서 멈춘 뒤 다시 손을 연결하여 계속 달려간다.

6 모두 반환점을 돌고 먼저 들어온 팀이 이긴다.

TIP

놀이의 팁 ────

• 급하게 달리면 넘어져 다칠 수 있으니 다치지 않게 천천히 움직이도록 한다. 손을 잡아 원을 만들 때 공간이 너무 좁지 않도록 하고, 손이 떨어지지 않은 상태에서 반환점을 돌도록 하자.

• 손을 너무 꽉 잡거나 깍지를 끼면 넘어질 때 크게 다칠 수 있으니 손을 느슨하게 잡도록 하자.

• 보디가드 수를 늘려서 1명을 한 팀 전부가 보호하면서 반환점을 돌고 올 수 있도록 발전시켜 보자. 3명이 한 모둠으로 놀이를 진행할 때는 손을 잡거나 팔짱을 끼고 진행할 수 있다.

• 중간에 손이 풀렸을 때 출발점에서 다시 출발하기로 변형할 수 있다.

• 중간에 라인기로 선 2개를 그리고, 그 선을 강이라 약속하자. 그곳을 지날 때 가운데 사람은 다른 사람에게 매달려서 통과해야 한다는 등의 규칙을 더해 응용해 보자.

2-07 더하기 1명

(강당) (운동장) (교실 밖)　**준비물** | 라인기, 콘(2개)

처음 1명이 나중엔 친구 모두와 손을 잡고 달리게 되는, 그래서
'빨리'보다 '함께'라는 의미를 돌아볼 수 있는 활동이다. 손이 떨
어지면 '괜찮아'라고 한 뒤 함께 달리도록 하자.

활동방법 How to play

1 반 아이들을 두 팀으로 나눈다.

2 출발선을 그린 뒤 20m 정도 앞에 반환점이 될 콘을 놓는다.

3 각 팀별로 한 줄로 서도록 한 뒤, 출발 신호에 맞춰 첫 번째 사람이 달려 반환점을 돌아온다.

4 돌아온 뒤, 다음 친구와 손을 잡고 함께 반환점을 돌아온다.

5 그다음 친구와 손을 연결해 3명이 함께 반환점을 돌아온다.

6 이렇게 1명씩 추가해 팀원 모두가 반환점을 먼저 돌아온 팀이 이긴다.

TIP

놀이의 팁 ────

• 여러 명이 함께 뛰기 때문에 반환점과 반환점 사이의 거리를 충분히 두자.

• 처음에 뛰는 사람이 가장 지친다. 체력적인 부분을 고려하여 순서를 정하도록 하자.

• 공간이 부족하거나 모두 함께 달리기가 어려울 때는 숫자를 늘려갔다가 다시 새롭게 1명이 뛰어가는 등(1-2-3-4-1-2-3-4) 중간 숫자 규칙을 바꿔보자.

• 2명이 짝이 되어 달리기, 3명이 짝이 되어 달리기 등 짝 달리기 다음에 해보자.

• 혼자만 빨리 달려가면 손이 떨어질 수밖에 없다. 모두의 속도가 다르기 때문에 서로를 위해 배려해야 함을, 함께해야 함을 이야기 나누도록 하자.

• 손을 잡고 갈 수도 있지만, 앞사람 허리를 잡고 1열로 이어지는 기차놀이로 진행할 수 있다.

2-08 친구 사이

강당 운동장 교실 밖　　**준비물** | 라인기, 콘(2개)

가운데 1명이 양쪽 친구 어깨 위에 손을 올리고 발이 바닥에 닿지 않도록 3명이 하나가 되어 반환점을 돌고 들어오는 역동 가득한 놀이다. '함께'라는 의미에 대해 돌아볼 수 있다.

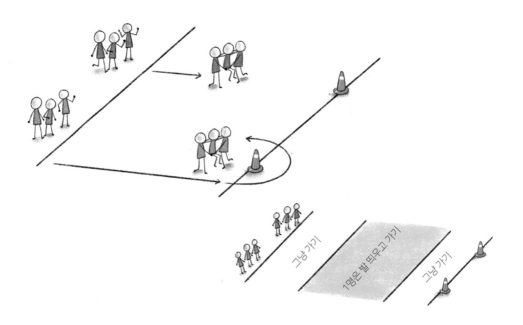

1 반 아이들을 두 팀으로 나눈다.

2 출발선을 그린 뒤 10m 정도 떨어진 곳에 콘을 놓고 반환점을 만든다.

3 각 팀은 3명씩 한 모둠을 구성해 한 줄로 선다.

4 신호에 맞춰 각 모둠이 출발하는데, 가운데 사람은 손을 양쪽 친구 어깨 위에 올리고 발을 바닥에서 띄운다.

5 발이 바닥에 닿지 않도록 반환점을 돌고 들어오면 다음 모둠이 출발한다.

6 모두가 반환점을 먼저 돌고 들어오는 팀이 이긴다.

TIP

놀이의 팁 ———

• 처음에는 출발선에서 반환점까지의 거리를 10m 정도로 두고 시작하자. 익숙해지면 조금씩 거리를 늘리고 중간에 장애물 등을 놓고 진행해 보자.

• 반환점 근처에 도착하면 발을 내리고 걸어서 함께 반환점을 돈 뒤, 다시 발을 들고 출발선으로 돌아오도록 하는 규칙을 넣어도 좋다.

• 반환점까지는 함께 손을 잡고 달려가고, 반환점을 돈 뒤엔 가운데 사람이 발 들기로 운영할 수 있다.

• 손 힘이 약한 아이들이 많은 경우에는 옆의 응용 그림에서처럼, 처음엔 함께 달려가다가 가운데 부분에서 1명이 발을 띄우고 건너가기로 응용해 진행해 보자(놀이 이름 : 강 건너가기).

• 3명이 한 모둠이 되었을 때, 누가 가운데에 서면 조금 더 유리할지 미리 이야기를 나누고 정하도록 하자.

가위바위보 릴레이

 강당 운동장 교실 밖 **준비물** | 라인기, 훌라후프(2개), 콘(6개)

가위바위보 결과에 따라 각기 다른 반환점을 돌고 와야 하는 놀이다. 콘을 어떻게 배치시키느냐에 따라, 중간에 있는 상대팀과의 가위바위보 결과에 따라 놀이의 승패가 갈리는 재미가 있다.

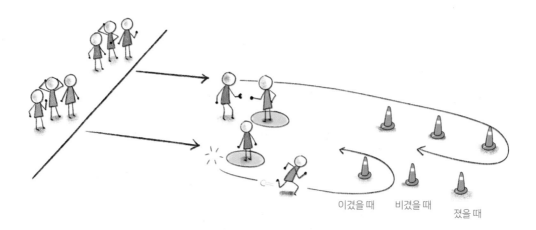

이겼을 때   비겼을 때   졌을 때

활동방법 How to play

1 반 아이들을 두 팀으로 나눈다.

2 출발선을 그린 뒤 반환점 3개를 놓는다.

3 각 팀 대표를 1명씩 뽑아, 출발선과 반환점 중간 정도에 훌라후프를 하나 놓고 상대방 팀 진행 방향 사이에 세운다.

4 신호에 따라 각 팀은 달리기를 하고 중간에 상대방 팀 대표와 가위바위보를 한다.

5 이기면 가장 가까운 반환점을, 비기면 중간의 반환점, 지면 가장 먼 곳의 반환점을 돌고 출발선으로 돌아온다.

6 이 과정을 거쳐 모두 출발선에 먼저 돌아온 팀이 이긴다.

TIP

놀이의 팁 ─────

• 훌라후프 대신 라인기나 접시콘으로 표시하고 가위바위보할 사람을 위치시켜도 좋다.

• 가위바위보에 따라 여러 조합을 만들 수 있다. 상황에 맞게 다양하게 응용해 보자.
  – 콘을 하나 놓고, 가위바위보에서 이기면 통과해 반환점을 돌고 돌아오기, 비기면 가위바위보 다시 하기, 지면 출발선으로 돌아갔다가 반환점 돌고 돌아오기
  – 콘을 하나 놓고, 이기면 그냥 뒤돌아 출발선으로 돌아가기, 비기면 가위바위보 다시 하기, 지면 반환점 돌고 돌아오기

• 콘 위치를 상황에 맞게 변경해 보자.

• 콘을 사용하지 않고, 이겼을 때 철봉, 비기면 구령대, 지면 구름사다리 터치하고 오기 등으로 응용할 수 있다.

2-10 텔레파시 달리기

준비물 | 같은 물건 3개씩 3쌍, 콘(2개), 라인기

내가 고른 물건이 무엇인지에 따라 환호와 탄식이 바뀌는 재미있는 놀이다. 교실이나 교구실에서 구할 수 있는 몇 가지 물건을 이용해 앞서 진행했던 여러 달리기 놀이에 변화를 만들어보자.

- '서준호 선생님의 교실놀이백과' 원격연수를 듣고 유곡초 이선호 선생님께서 과제로 제출하신 놀이에서 아이디어를 얻었습니다.

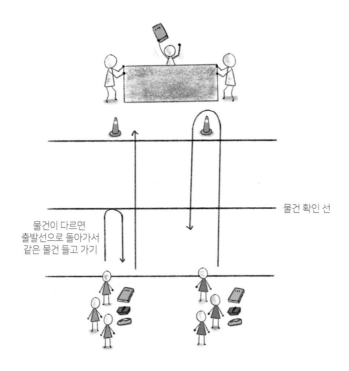

물건 확인 선

물건이 다르면
출발선으로 돌아가서
같은 물건 들고 가기

1 똑같은 물건을 3개씩 3쌍 준비한다(예 : 칠판지우개, 교과서, 실내화 한 짝 등).

2 반 아이들을 두 팀으로 나눈다.

3 출발선과 물건 확인 선을 정하고 일정한 거리에 콘을 세워 반환점을 만든다.

4 각 팀에 물건을 하나씩, 콘 뒤쪽에 서 있을 사람에게도 물건을 하나씩 준다.

5 신호가 울리면 각 팀의 한 사람이 세 가지 물건 가운데 하나를 들고 달려간다.

6 물건 확인 선을 지날 때, 콘 뒤에 있는 사람이 한 가지 물건을 번쩍 든다.

7 같은 물건이면 계속 달려가 반환점을 돌고 들어온다.

8 다른 물건을 들었을 땐 출발선으로 돌아가서 같은 물건을 들고 뛰어간다.

9 먼저 들어온 사람 수를 센 뒤 점수를 낸다.

TIP

놀이의 팁 ———

• 아이들에게 '왕' 또는 '파워맨' 등으로 콘 뒤에 있는 사람의 이름을 지어보라고 하자.

• 콘 뒤에 있는 사람은 물건을 미리 골라 놓아야 하며, 달려오는 사람이 '물건 확인 선'을 지났을 때 자신의 물건을 보여줘야 한다. 이때 천으로 물건을 가려주는 도우미가 있어도 좋고, 재활용 바구니 안에 미리 물건을 넣었다가 보여줄 수도 있다.

• 출발선 옆에 작은 사각형을 그려놓거나 물건을 넣을 상자가 있으면 물건이 잘 정돈된다.

• 많은 아이들이 콘 뒤의 역할을 하고 싶어 한다. 텔레파시 가위바위보 등으로 잘 선정해 보자.

• 물건 확인 선의 위치를 조절하면 또 다른 변수가 생긴다.

2-11 숫자카드 달리기

  준비물 | 1~8까지의 숫자카드(2벌), 라인기

숫자라는 변수를 이용해 즐거움을 만드는 놀이다. 교재연구실에 남은 하드보드지나 도화지가 있다면 숫자를 크게 써넣고 반 아이들과 재미있게 놀아보자.

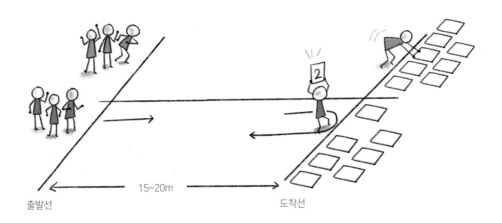

출발선   ←——— 15~20m ———→   도착선

활동방법 How to play

1 반 아이들을 두 팀으로 나눈다.

2 출발선과 도착선을 정한 뒤 도착선에 각 팀의 숫자카드 1벌을 잘 섞어 뒤집어놓는다.

3 숫자카드에 대한 기준을 알려준다(예 : 1부터 8까지 차례로 놓기).

4 시작 신호와 함께 첫 번째 사람이 도착선으로 달려가 숫자카드 하나를 골라 높게 들어 확인한다.

5 필요한 숫자라면 숫자가 하늘을 향하게 놓고, 그렇지 않으면 다시 뒤집어놓고 돌아간다.

6 번갈아가며 정해진 규칙에 맞게 숫자카드를 먼저 배열하고 돌아오면 이긴다.

TIP

놀이의 팁 ———

• 놀이 시작 전, 각 팀의 대표 1명이 상대방 팀 숫자카드를 마구 섞도록 해보자.

• 숫자카드를 확인할 때 다른 친구들이 위치를 기억할 수 있도록 번쩍 들어 보여주고, 다시 그 자리에 뒤집어 놓자.

• 처음엔 숫자카드 5개 정도로 시작해서 조금씩 숫자카드를 늘려 진행해 보자.

• 특정 숫자를 먼저 배열하게 하거나 수학 문제에 대한 답을 찾도록 진행해 보자.

• 두 팀의 숫자카드를 모두 뒤집어 놓고 섞은 뒤, 같은 숫자 3쌍을 먼저 찾기로 응용해 보자.

• 서로 큰 소리로 코칭하게 할 수 있고, 침묵 속에서 손짓만 사용해 난이도를 높여 진행할 수도 있다.

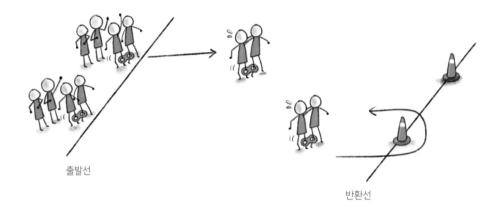

출발선

반환선

2-12 2인3각릴레이

준비물 | 2인 3각 교구(또는 천, 4개), 콘(2개), 라인기

반 아이들과 다양하게 변형해 활동할 수 있고 체육대회에서도 운영할 수 있는, 기본 중의 기본인 릴레이 놀이다.

1 반 아이들을 두 팀으로 나눈 뒤, 각 팀별로 두 줄로 서도록 한다.

2 출발선과 반환선을 그리고, 반환선에 콘 2개를 세워놓자.

3 2인 3각 교구를 2개씩 각 팀에 나눠주고, 가장 앞의 2명과 그 뒤의 2명이 착용하도록 한다.

4 출발 신호에 맞춰 앞 모둠부터 반환점을 돌아 출발선으로 돌아온다.

5 앞 모둠이 출발선에 도착하면, 그다음 모둠이 반환점을 향해 출발한다.

6 도착한 모둠은 2인 3각 교구를 대기 중인 모둠에게 전달하여, 착용하도록 한다.

7 모두가 먼저 반환점을 돌아온 팀이 승리한다.

TIP

놀이의 팁 ———

- 바로 릴레이 놀이를 하기보다는 2명씩 연습할 시간을 충분히 준 뒤에 진행하자. 사고도 줄이고 아이들 또한 요령을 찾아 역동적인 릴레이 놀이가 될 수 있다.

- 중간에 발이 빠지거나 묶었던 끈이 풀리면 그 자리에 멈춰서 다시 연결한 뒤 출발하도록 하자.

- 놀이 한 번으로 끝내는 것이 아니라, 짝을 바꿔가며 여러 번 놀이를 진행하자.

- 접시콘 등을 이용해 출발선과 반환선 사이에 여러 장애물을 놓고 그곳을 빠져 나오는 방식으로 응용해 보자.

- 모둠 인원을 늘려 3인 4각 등 다양한 조합을 만들어 운영해 보자.

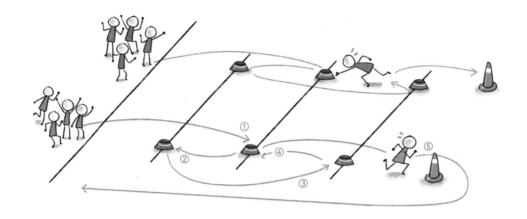

2-13 고(go) 백(back) 달리기

 **준비물** | 라인기, 접시콘(6개), 콘(2개)

순간적으로 달리기와 멈추기를 사용해야 하는 높은 강도의 신체
움직임, 순발력이 필요한 놀이다. 숫자와 순서의 조합으로 다양
한 선과 선 사이를 오고 갈 수 있는 릴레이 놀이다.

1 반 아이들을 두 팀으로 나눈다.

2 출발선을 그린 뒤 일정한 간격으로 출발선과 수평하게 선을 3개 긋고, 그 너머에 반환점에 해당하는 콘을 하나씩 놓는다.

3 출발선과 반환점 사이 선들에 접시콘을 놓고 번호를 지정한다.

4 차례로 정해진 규칙에 따라 달린다(출발선 → 2번 → 1번 → 3번 → 2번 → 반환 점 → 출발선).

5 팀 모두가 먼저 출발선에 돌아온 팀이 승리한다.

TIP

놀이의 팁 ────

- 다양한 규칙으로 달리기를 운영해보자.
  - 출발선 → 3번 → 1번 → 3번 → 2번 → 반환점 → 출발선
  - 출발선 → 3번 → 1번 → 반환점 → 1번 → 3번 → 출발선

- 출발선과 반환점 사이의 선 간격을 조절하거나 칸이 늘어나면 역동이 달라진다.

- 반환점을 돌아오지 않고 한 방향으로 달려가는 '도착선'을 만들어놓고 1:1 달리기 또는 시간 재기 등으로 진행할 수 있다.

- 갑작스럽게 멈춰야 하는 순간들이 있으므로 발목이 다치지 않도록 미리 안내하자.

- 접시콘에 손을 터치하도록 해도 좋고, 해당 선을 넘어갔다가 돌아오는 등 상황에 맞게 규칙을 정해 운영하자.

2-14 빗자루질 릴레이

(강당) (운동장) (교실 밖) **준비물** | 콘(2개), 공(2개), 빗자루(4개)

강당으로 놀이를 하러 갈 때 실내용 빗자루를 챙기자. 빗자루로
공을 쓸면서 반환점을 돌아오는, 쉬운 듯하면서도 난이도가 있는
빗자루 활용 놀이를 해보자.

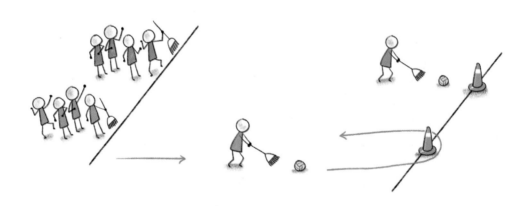

활동방법 How to play

1 출발선을 정하고 콘을 이용해 반환점을 만든다.

2 반 아이들을 두 팀으로 나눈 뒤 각 팀에 빗자루를 2개씩 나눠준다.

3 공을 출발선 위에 놓고 신호에 맞춰 빗자루로 공을 쓸어 앞으로 보내면서 반환점을 지나 출발선으로 돌아온다.

4 출발선에 도착해 다음 사람 빗자루에 공을 전달해 주면, 다음 사람이 공을 쓸며 반환점을 돌아온다.

5 이렇게 빗자루를 이용해 공과 함께 반환점을 돌고 모두가 먼저 출발선으로 들어온 팀이 이긴다.

TIP

놀이의 팁 ────

- 빗자루의 종류에 따라 공을 쓸어 앞으로 보내는 강도가 다르다. 단단한 플라스틱 빗자루가 좋다.

- 공의 종류를 달리해 보면서 운영해 보자. 테니스공으로 시작했다면 배구공, 농구공 등 조금씩 크고 무거워지도록 응용해 가자.

- 출발선과 반환점 사이에 접시콘을 이용해 여러 장애물을 만들어놓자. 공이 접시콘에 닿아 방향이 달라지는 변수가 생긴다.

- 빗자루질을 혼자 할 수도 있지만, 공이 커지고 무거워지면 2~3명이 함께 빗자루질을 하도록 응용할 수 있다. 이때 빗자루로 옆 친구를 치지 않도록 조심하자.

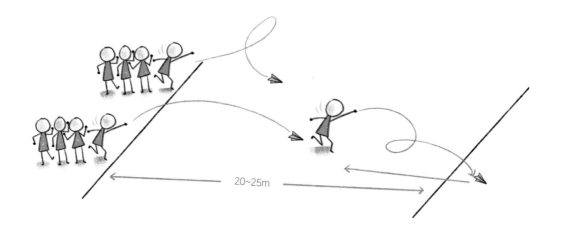

20~25m

2-15 종이비행기 릴레이

강당　운동장　교실 밖　　**준비물** | 종이비행기(1인당 1개), 라인기

종이비행기를 날리면 생각만큼 내가 원하는 곳으로 가지 않는 경우가 많다. 이 변수를 이용해 재미있는 릴레이 놀이를 해보자. 비행기가 멋대로 날아가도, 아니면 똑바로 멀리 날아가도 환호와 탄식이 생기는 놀이다.

1 반 아이들을 두 팀으로 나눈다.

2 출발선에서 20~25m 떨어진 곳에 도착선을 그린다(강당은 바닥선 이용).

3 각자 종이비행기를 하나씩 준비한 뒤, 순서를 정해 출발선 뒤에 선다.

4 출발 신호가 떨어지면 앞사람이 먼저 종이비행기를 날린다.

5 도착선 너머로 비행기가 날아가면 달려가서 착륙한 비행기를 들고 출발선으로 돌아오고, 다음 사람이 비행기를 날린다.

6 비행기가 도착선 전에 착륙하면, 날린 사람이 달려가서 그 자리에서 다시 비행기를 날리면 된다.

7 모두가 비행기를 도착선 너머로 날려보내고 먼저 돌아온 팀이 승리한다.

TIP

놀이의 팁 ——

• 비행기는 교실에서 접고 가도록 하자. 릴레이라는 활동이 뒤에 진행된다는 것을 말하면 비행기를 뾰족하게 접지만, 그렇게 말하지 않을 경우엔 묘기 비행기를 접는 아이들이 많다. 묘기 비행기가 섞여 있으면, 경기가 재미있어지고 때론 웃음이 가득해진다.

• 놀이를 두세 번 하고 난 뒤 각 팀별로 대표 비행기 1개를 선정해 바통으로 사용하자. 비행기를 날려 도착선 너머로 착륙시키고 달려가 비행기를 집어 다음 사람에게 건네주는 방식으로 진행하면 된다.

• A4 용지 사이즈보다 더 큰 종이로 비행기를 접어 날리는 등 비행기 크기를 조절하거나 출발선과 도착선 사이의 거리를 조절해 난이도를 바꿀 수 있다.

• 훌라후프를 놓고 비행기를 날려 훌라후프 안에 넣고 오기로 응용해 진행할 수 있다.

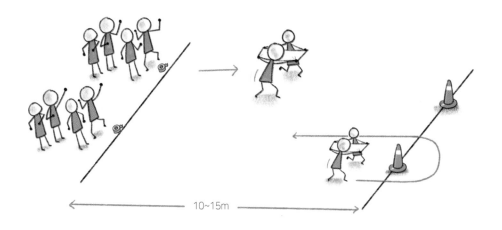

10~15m

2-16 신문지 릴레이

강당 **운동장** 교실 밖   **준비물** | 신문지(2장), 콘(2개), 라인기, 물레방아 테이프(2개)

바통 대신 신문지를 이용해 할 수 있는 릴레이 활동이다. 신문지
를 어떻게 사용하느냐에 따라 릴레이 놀이 분위기가 달라질 수
있으니 여러 응용 방법으로 놀이를 진행해 보자.

1 반 아이들을 두 팀으로 나눈 뒤, 각 팀의 릴레이 순서를 정한다.

2 출발선을 그리고 10~15m 떨어진 곳에 큰 콘으로 반환점을 만든다.

3 2명이 서로 마주 보고 신문지를 잡고 반환점을 돌아온 뒤, 뒤의 2명에게 신문지를 건네준다.

4 신문지를 전달받은 사람들도 서로 마주 보고 신문지를 잡고 반환점을 돌아 출발선으로 돌아온다.

5 중간에 신문지가 찢어지면 출발선으로 돌아와 물레방아 테이프를 이용해 신문지를 붙인 뒤 다시 출발한다.

6 모두가 반환점을 돌고 출발선으로 먼저 돌아온 팀이 승리한다.

TIP

놀이의 팁 ───

• 사용할 수 있는 테이프 조각을 미리 정해 놓는 것도 좋다(예 : 신문지가 찢어지면 돌아와서 테이프 3조각을 사용해 연결하기 등).

• 신문지를 접어가며 릴레이를 해도 재미있다. 처음엔 쫙 펼쳐서 반환점을 돌아온 뒤, 뒤의 2명에게 전달하면 신문지를 한 번 접어 마주 보고 잡고 반환점을 돌아오고, 다음 사람들은 다시 절반을 접어 마주 보고 잡고 돌아오도록 하자. 가장 마지막엔 조그마한 신문지 조각을 서로 잡고 오는 모습을 볼 수 있다.

• 신문지를 펼친 상태에서 가위로 구멍을 두 개 만들고 그곳에 머리를 집어넣고 신문지를 잡고 돌아오기로 운영할 수 있다. 역시 신문지가 찢어지면 돌아와서 테이프로 붙이고 다시 가야 한다.

• 신문지를 두 번 접고, 그 위에 작은 공이나 물이 절반 정도 담긴 종이컵을 운반하는 방식으로 응용할 수 있다.

2-17 도형 만들기 릴레이

 준비물 | 콩주머니(30~40개 정도), 접시콘(20개 정도), 라인기

도형을 만드는 행위가 변수로 작용해 승부가 어떻게 될지 모르는 릴레이 놀이다. 콩주머니를 일정한 간격으로 가득 깔아놓고 도형 놀이를 교실 밖에서도 즐겨보자.

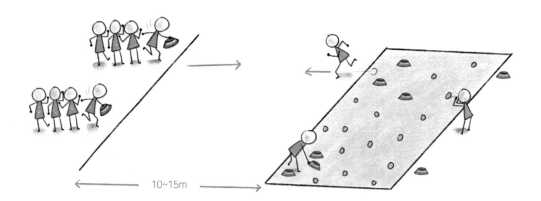

10~15m

1 반 아이들을 두 팀으로 나눈다.

2 라인기로 출발선을 그리고, 출발선에서 10~15m 정도 떨어진 거리에 콩주머니를 놓을 영역을 직사각형 모양으로 그린 뒤, 그 안에 콩주머니를 일정한 간격으로 놓는다.

3 진행자가 삼각형, 사각형 중 하나를 크게 외치면 각 팀에서 1명씩 손에 접시콘을 들고 달려가 콩주머니 위에 접시콘을 하나씩 떨어뜨려 해당 도형을 만들고 출발선으로 돌아온다.

4 먼저 도형을 만들고 돌아온 팀이 1점을 획득한다.

5 모두가 놀이에 참여한 뒤 최종 점수를 확인해 점수가 더 높은 팀이 승리한다.

TIP

놀이의 팁 ──────

- 콩주머니를 일정한 간격으로 줄을 맞춰 놓아두면 좋다.

- 접시콘을 콩주머니 영역 뒤쪽에 뿌려놓거나 겹쳐 놓아두고, 그곳에 가서 주사위를 던져 나온 수만큼 콩주머니 영역에 들고가 도형을 만들도록 변형할 수 있다.

- 1명은 콩주머니에 접시콘을 덮어 도형을 만들고 다음 사람은 그 접시콘을 가져오는 방식으로 응용할 수 있다.

- 앞사람이 놓은 접시콘을 그대로 놓고 남은 콩주머니에 도형을 만들도록 하면 난이도가 올라간다.

- 도형 만들기와 별개로, 주사위를 던지면 나온 수만큼 접시콘을 콩주머니 위에 덮고 돌아오는 방식으로 응용할 수 있다.

- 각 팀의 속도가 너무 다르면 진행자가 외치는 타이밍이 애매할 때가 있다. 진행자가 있어서 애매한 경우가 생긴다면, 진행자 없이 모두가 특정 도형을 만들고 돌아오는 형식으로 진행해 보자.

2-18 매트 위 릴레이

강당 운동장 교실 밖

준비물 | 매트(2개)

매트를 놓고 할 수 있는 다양한 릴레이 방식을 생각해 보자. 아래 방법을 기반으로 다양하게 응용하고, 반 아이들과 규칙을 고민하고 바꿔가며 재미있는 릴레이 놀이를 운영해 보자.

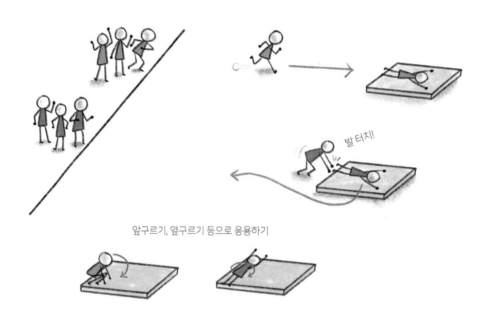

발 터치!

앞구르기, 옆구르기 등으로 응용하기

1 반 아이들을 두 팀으로 나눈 뒤, 출발선에서 10~15m 떨어진 위치에 매트를 각 팀당 하나씩 깔아놓는다.

2 출발 신호에 맞춰 각 팀의 첫 번째 사람이 매트로 달려가 엎드리면 다음 사람이 달려가 매트 위 앞사람 발을 터치한다.

3 이런 방식으로 뒷사람은 매트로 달려가 앞사람 발을 터치하고, 앞사람은 일어나 출발선으로 돌아온다.

4 각 팀의 마지막 사람이 매트에 엎드리고 앞사람이 출발선에 도착하면 다 함께 '출발!'이라고 외친다. 그 소리에 맞춰 마지막 사람은 매트에서 일어나 출발선으로 돌아온다.

5 마지막 사람이 먼저 출발선에 돌아온 팀이 승리한다.

TIP

놀이의 팁 ──────

• 매트에 엎드릴 때 다이빙을 하는 경우가 많다. 다치지 않도록 미리 주의를 주자.

• 출발선과 매트 사이에 선을 긋거나 훌라후프 터널 등 다양한 장애물을 놓아 응용해 보자.

• 첫 번째 사람이 매트 앞에 쪼그려 앉으면, 다음 사람이 등을 터치해 주고, 앞사람은 앞구르기를 한 뒤 출발선으로 돌아오기로 응용해 보자.

• 앞구르기 대신 옆으로 누워 있다가 터치 후, 데굴데굴 옆으로 두 바퀴 돌고 오기 등으로 응용해 보자.

• 친구를 밀거나 터치 대신 때리는 방식으로 놀이하지 않도록 주의사항을 이야기하자.

2-19 틱택토 달리기

강당 운동장 교실 밖
준비물 | 라인기(또는 훌라후프 9개), 색 접시콘(팀별로 인원수에 맞게)

빙고 달리기로 알려져 있는 놀이다. 3×3칸을 이용한 틱택토 놀이를 달리기와 결합해 즐겁게 놀 수 있다.

1 반 아이들을 두 팀으로 나눈다.

2 팀별로 색을 지정해 주고, 팀 색에 해당하는 접시콘을 1인당 1개씩 나누어 준다.

3 출발선을 정해 놓고, 거리를 두고 라인기로 3×3칸을 긋는다.

4 신호와 함께 각 팀에서 1명씩 달리기를 하고, 칸 안에 접시콘을 하나씩 놓고 온다.

5 가로, 세로, 혹은 대각선으로 자신의 팀에 해당하는 색을 먼저 한 줄 만들면 이긴다.

TIP

놀이의 팁 ───

• 접시콘 대신 팀 조끼 또는 색깔 아대 등 색이 구별되는 것이면 무엇이든 좋다.

• 놀이가 익숙해지면 4×4칸으로 늘려 난이도를 높일 수 있다.

• 거리를 늘리거나 중간에 앞구르기 등 장애물을 더할 수 있다.

• 팀별로 작전을 짠 뒤 놀이를 시작해도 좋다.

• 출발선에 앞사람이 도착해야 다음 사람이 출발할 수 있다.

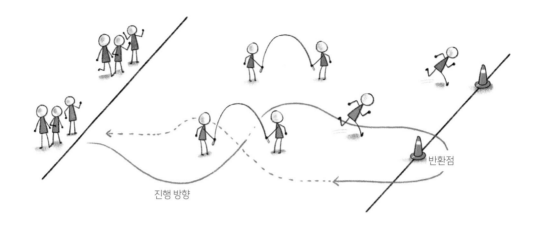

진행 방향

반환점

2-20 긴줄통과 릴레이

강당 **운동장** 교실 밖   **준비물** | 라인기, 콘(2개), 긴 줄(2개)

반 아이들이 긴 줄을 넘거나 통과하는 것에 익숙해졌다면, 기존 릴레이 놀이들에 긴 줄넘기를 포함시켜보자. 그리고 긴 줄과 함께했던 여러 연습 동작을 이곳에 결합시켜 응용된 놀이로 발전시켜보자.

1 반 아이들을 두 팀으로 나눈다.

2 출발선을 그린 뒤, 10m 정도 되는 곳에 콘을 놓고 반환점을 만든다.

3 각 팀의 2명이 출발선과 반환선 사이에서 긴 줄을 돌린다.

4 출발 신호와 함께 첫 번째 사람이 달려가 긴 줄을 통과해 바로 빠져 나온 뒤, 반환점을 돌아 출발선으로 가면 다음 사람이 출발한다.

5 중간에 줄에 걸리면, 양쪽 2명이 가운데 사람을 둔 채로 긴 줄을 돌리고 가운데 사람은 한 번 뛴 다음 빠져나간다.

6 모두가 반환점을 돌고 출발선에 먼저 도착한 팀이 승리한다.

TIP

놀이의 팁 ────

• 긴 줄넘기가 익숙해진 다음에 이 활동을 하자.

• 출발선을 지나 긴 줄을 통과한 뒤 반환점을 돌았다면, 돌아갈 때에도 긴 줄을 한 번 통과하고 출발선으로 돌아가도록 하는 규칙을 더해 보자.

• 긴 줄 안에 들어가면 세 번 뛰고 빠져나가기 등 '뜀뛰기' 규칙을 추가할 수 있다.

• 위의 규칙 외에 바닥 한 번 짚기, 만세하기, 뒤로 돌아 한 번 뛰고 다시 뒤로 돌아 나가기 등 다양하게 규칙을 추가할 수 있다.

• 1명이 긴 줄 안에 들어가 넘고 있으면 다음 사람이 출발선에서 출발해 긴 줄 안으로 들어간다. 그러면 앞서 줄 안에 있던 사람은 빠져나가 반환점을 돌고 바로 출발선으로 돌아오는 방식으로 응용할 수 있다.

2-21 기차 릴레이

강당 **운동장** 교실 밖   **준비물** | 줄넘기(2개), 라인기, 콘(2개)

앞뒤로 줄넘기를 잡고 기차 모양을 만들어서 정해진 반환점을 돌아오자. 2인이 함께해야 하기 때문에 협동과 집중, 격려가 필요한 놀이다.

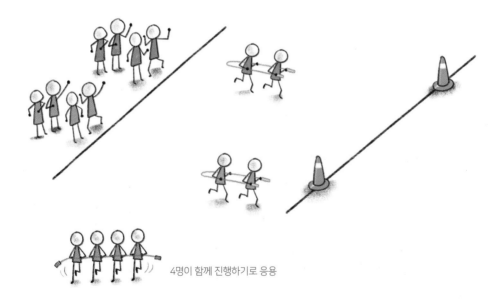

4명이 함께 진행하기로 응용

1 반 아이들을 두 팀으로 나눈 뒤, 2명씩 짝이 되어 선다.

2 바통 대신 줄넘기를 사용하는데, 앞사람이 줄넘기 손잡이를 쥐고 줄을 뒤로 보내고 뒷 사람은 줄 안에 들어가 양손으로 줄을 잡아 기차 모양을 만든다.

3 기차 형태로 반환점을 돌고 출발선으로 돌아온 뒤, 줄넘기를 다음 팀에게 전달한다.

4 줄넘기를 전달받은 2명도 기차 형태를 만들고 반환점으로 출발한다.

5 중간에 줄넘기를 놓치거나 기차 형태가 풀어지면 그 자리에 멈춰서서 교정한 뒤 다시 반환점으로 향한다.

6 모두가 반환점을 돌고 출발선으로 먼저 들어온 팀이 승리한다.

TIP

놀이의 팁 ─────

· 앞뒤로 선 뒤 줄넘기 줄을 접어 왼손으로 함께 잡고 뛰는 방식으로 해보자.

· 3명이나 4명이 기차 형태를 만들어 놀이할 수도 있다. 서로 발이 걸려 넘어지지 않도록 속도를 낮추고 조심히 놀이에 참여하도록 안내하자.

· 줄넘기를 한 번 겹친 뒤 4명이 앞을 바라보고 나란히 선 상태에서 줄넘기를 잡고 앞으로 달려가 반환점을 돌고 돌아오는 형태로 진행할 수 있다.

· 콘 6개에 1~6까지의 숫자를 지정해서 출발선 너머에 랜덤으로 놓고, 천 주사위를 굴려 나온 숫자에 해당하는 콘을 돌고 오는 '주사위 달리기' 형태를 더해 보자.

· 출발선과 반환점 사이의 거리를 조절하거나 줄넘기 잡는 형태를 바꿔가며 난이도를 조절해 보자.

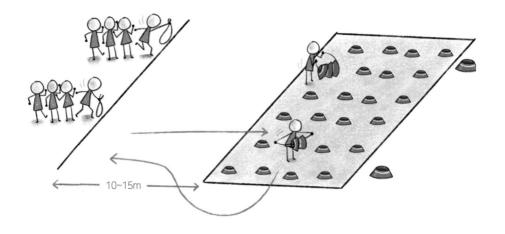

10~15m

2-22 엽전 꿰기

강당 운동장 교실 밖   **준비물** | 줄넘기(1인당 1개), 접시콘(최대한 많이), 라인기

줄에 엽전을 꿰듯, 줄넘기에 접시콘을 주어진 조건에 따라 꿰어
돌아오는 놀이다. 줄넘기와 구멍이 뚫려 있는 접시콘을 이용해
다양한 방법으로 함께해 보자.

활동방법 H o w   t o   p l a y

1 반 아이들을 두 팀으로 나눈 뒤, 각 팀은 릴레이 순서를 정한다.

2 출발선을 그리고 10~15m 떨어진 곳에 커다란 직사각형을 그린다. 그 공간을 '엽전밭'이라 약속하고 안에 접시콘을 겹치지 않게 가득 놓아둔다.

3 시작 신호에 맞춰 한 손에 줄넘기를 겹쳐 쥔 뒤 엽전밭으로 달려간다.

4 엽전밭 안에서 엽전(접시콘) 3개를 줄넘기에 꿰어 담은 뒤, 출발선으로 돌아온다. 이때 줄넘기 안에 엽전을 모두 넣고 줄넘기가 바닥에 끌리지 않도록 들어야만 엽전밭 밖으로 나갈 수 있다.

5 이렇게 돌아가며 엽전(접시콘)을 3개씩 꿰어 오고, 모두가 출발선으로 먼저 돌아온 팀이 이긴다.

TIP

놀이의 팁 ———

- 줄넘기를 바닥에 끌고 가면, 뒤에 오는 사람이 걸려 넘어질 수 있다. 항상 줄넘기는 겹쳐 한 손에 쥐고 움직일 수 있도록 하자.

- 2명이 한 조가 될 때는 앞뒤로 선 상태에서 줄넘기 하나를 오른손으로 함께 잡고 달려가 한 사람은 줄넘기를 잡고 다른 한 사람은 줄넘기에 엽전을 꿴 다음 다시 앞뒤로 서서 오른손으로 줄넘기를 잡고 돌아오도록 놀이 방법을 확장할 수 있다.

- 중간에 직사각형을 하나 더 그려놓고 줄넘기 10회를 성공하면 엽전밭에 들어가 엽전을 꿸 수 있는 등 미션을 추가할 수 있다.

- '넓게-좁게-좁게-넓게' 총 4개 꿰어오기 등 접시콘의 방향을 지정해 놀이를 응용할 수 있다.

- 갈 때는 줄넘기 달리기로, 올 때는 엽전을 꿰고 달려서 돌아오기로 응용할 수 있다.

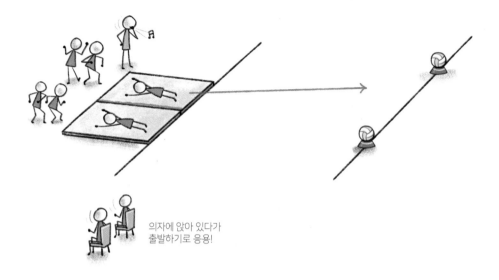

의자에 앉아 있다가
출발하기로 응용!

2-23 순발력 달리기

강당 운동장 교실 밖   **준비물** | 매트(2개), 접시콘(2개), 공(2개), 라인기

선생님의 호루라기 소리를 잘 들어야 하기에 집중력과 순발력이
함께 필요한 놀이다. 간단한 세팅만으로 짧은 시간 동안 재미있
게 놀아볼 수 있다. 다양한 응용을 만들어보자.

1 반 아이들을 두 팀으로 나눈다.

2 시작선과 반환선을 그린 뒤 출발선 안쪽에는 매트를 깔고, 반환선에는 접시콘 위에 공을 올려놓는다.

3 1명씩 매트에 엎드리고, 선생님의 호루라기 소리에 맞춰 재빨리 일어나 반환선의 공을 들고 먼저 출발선으로 돌아오면 1점을 얻는다.

4 각 팀의 점수를 모두 더해 점수가 더 높은 모둠이 이긴다.

TIP

놀이의 팁 ────

- 서로 비슷한 체격과 달리기 실력을 가진 친구끼리 짝이 되도록 하자.

- 매트 깔기가 번거로우면, 의자를 놓고 앉아 있다가 출발하거나 바닥에 앉아 있다가 출발하는 등 다양하게 응용해 보자.

- 짝을 지어 할 수도 있으며, 콘에 꽂힌 깃발이나 투호용 화살을 뽑아오는 방식으로 응용할 수 있다.

- 한 번에 끝내지 말고 약간의 변형을 해가며 놀아보자.

- 운동장에서는 출발선을 긋고 쪼그려 앉거나 아빠다리로 앉아 공과 반대쪽을 바라보고 있다가 호루라기 소리에 출발하는 방식으로 운영해 보자.

2-24 조심히 올려줘!

준비물 | 접시콘(4개), 공(2개), 라인기

복잡한 준비물 없이 접시콘과 공만으로 릴레이 놀이를 할 수 있다. 접시콘 위에 공을 올려야 하는데, 서두르면 공이 굴러떨어지기 때문에 집중이 필요한 놀이다.

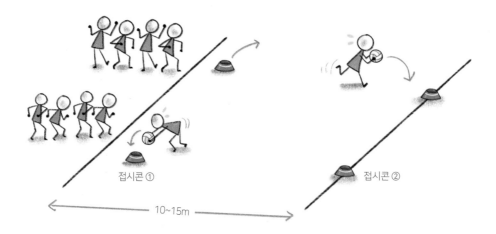

접시콘 ①

접시콘 ②

←——— 10~15m ———→

1 반 아이들을 두 팀으로 나눈다.

2 출발선 바로 앞에 접시콘①을 놓고 그 위에 공을 하나 올려놓는다.

3 출발선에서 10~15m 정도 되는 거리에 양팀 모두 접시콘②를 하나씩 둔다.

4 시작 신호에 맞춰 첫 번째 사람은 출발선 앞 접시콘① 위의 공을 들고 뛰어
가 접시콘② 위에 조심히 올려놓고 출발선으로 돌아와 다음 사람과 터치한
다. 중간에 공이 떨어지면 다시 접시콘 위에 올려야 한다.

5 다음 사람은 접시콘②로 뛰어가 위에 놓인 공을 들고 돌아와 접시콘① 위
에 올려 놓고 출발선으로 돌아와 다음 사람과 터치한다.

6 공을 모두 옮기고 출발선에 먼저 돌아온 팀이 승리한다.

TIP

놀이의 팁 ———

• 출발선 바로 앞에 접시콘①을 놓아도 되지만, 2~3m 떨어진 곳에 두고 시작하는 등 거리는 상
황에 맞게 조절하자.

• 접시콘①과 ② 사이의 거리 또는 올리는 공의 종류 등으로 난이도를 조절할 수 있다.

• 접시콘①과 ② 사이에 장애물을 놓거나 라인기로 선을 그어 한 발로 뛰기, 쪼그려 건너기 등의
영역을 만들어 난이도를 조절할 수 있다.

• 2명이 한 팔씩 뻗어 공을 들거나 나르고 놓기 등 짝모둠 놀이로 변형할 수 있다.

2-25 공3개 옮기기

(강당) (운동장) (교실 밖) **준비물** | 배구공(6개), 콘(2개), 라인기

바통 대신 공 3개를 운반하는 놀이다. 공이 하나라도 바닥에 떨어지면 통통 튀다 굴러가 변수가 생긴다. 출발선에서 다음 친구에게 공을 전달할 때도 변수가 생겨 승부를 예측하기 어려운 긴 장감 넘치는 놀이다.

1 반 아이들을 두 팀으로 나눈다.

2 출발선을 그린 뒤, 10m 정도 되는 곳에 콘을 놓고 반환점을 만든다.

3 출발 신호에 맞춰 공 3개를 안고 반환점을 돌아온 뒤, 다음 사람 품 안에 공 3개를 전달해 준다.

4 중간에 공을 떨어뜨리면 공을 모아 다시 안은 뒤 반환점을 돌아온다.

5 모두가 반환점을 돌아 출발선에 먼저 도착한 팀이 승리한다.

TIP

놀이의 팁 ──────

• 공이 떨어지면 간혹 발로 차면서 돌아오려는 경우가 있다. 발을 사용하지 않고, 공을 주워서 안고 가도록 하자.

• 공 3개를 운반하는 방법은 다양하다. 처음부터 바로 놀이를 진행하기보다는 각 팀별로 공을 나르는 방법에 대해 회의하도록 시간을 주는 것이 좋다. 또는 놀이 한 판은 그냥 해보고 회의를 하도록 한 뒤 다음 한 판을 진행해 보자.

• 거리를 조절하거나 중간에 장애물을 놓고 변수를 만들 수 있다.

• 친구가 실수하면 비난보다는 "할 수 있어!"라고 응원하도록 하자.

• 배구공 3개를 다른 공으로 바꿔 보자. 피구공 3개, 축구공 3개, 농구공 3개, 테니스공 3개 등 나이와 상황에 따라 바꿔서 진행해 보자.

2-26 탁구공을 옮겨라!

준비물 | 탁구채(4개), 탁구공(여러 개), 탁구공을 담을 통(4개), 라인기

탁구채 위에 탁구공을 올리고 탁구공이 떨어지지 않도록 중심을
잡아보는 놀이다. 거리를 조절하거나 도구를 바꿔가며 다양하게
놀이를 진행해 보자.

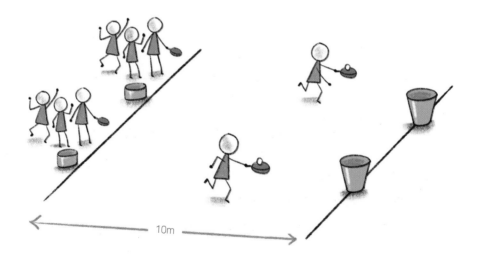

1 반 아이들을 두 팀으로 나눈다.

2 출발선과 도착선을 그린 뒤 출발선과 도착선에 공을 담을 만한 상자나 통을 하나씩 놓는다.

3 출발 신호와 함께 탁구채 위에 탁구공을 올리고 떨어지지 않도록 조심하며 자기 팀 통 안에 공을 넣고 돌아온다.

4 다음 사람은 탁구채 위에 공을 올리고 대기하고 있다가 앞사람이 출발선 안으로 돌아오면 뒤이어 출발해 공을 나른다.

5 공이 떨어지면 그 자리에서 바로 줍고, 다시 탁구채 위에 올리고 이동한다.

6 정해진 시간 동안 더 많이 탁구공을 옮긴 팀이 승리한다.

TIP

놀이의 팁 ───

· 탁구채 또는 책 위에 탁구공을 올리고 이리저리 중심을 잡아보는 연습을 한 뒤, 놀이를 하면 좋다.

· 배드민턴채가 있다면 활용하자. 조금 더 넓어서 중심 잡기가 편해 놀이가 무리 없이 진행된다 (배드민턴채 위에 테니스공이나 야구공을 올리는 것으로 응용할 수 있다).

· 탁구공이 많지 않다면 출발선과 도착선 사이의 거리를 줄이고, 통 대신 반환점을 세워 반환점을 돌고 돌아와 탁구공을 다음 사람에게 전달하는 방식으로 진행해 보자.

· 스푼(일회용) 위에 탁구공을 올리고 통에 넣어보는 놀이로 응용해 진행해 보자.

· 교과서, 신문지, 천 등 면이 조금 더 넓은 도구를 친구 여러 명이 함께 잡고 그 위에 공을 올리고 운반하는 등의 방법으로 응용해 보자.

2-27 판자로 공을 운반해!

 **준비물** | 판자(2개), 공(2개), 콘(2개), 라인기

체육대회 때 소리지르며 반 아이들과 신나게 놀았던 기억이 있
다. 속도보다 균형과 신중함이 필요한 협동놀이로, 판자가 없다
면 다양한 방법으로 응용해서 진행해 보자.

활동방법 How to play

1 반 아이들을 두 팀으로 나눈다. 각 팀은 2명 또는 4명으로 구성한다.

2 출발선에서 10~15m 떨어진 곳에 콘을 놓고 반환점을 만든다.

3 첫 번째 모둠이 판자 위에 공을 올리고 출발선에서 반환점으로 출발한다.

4 판자 위에서 공이 떨어지지 않도록 균형을 잡으며 조심히 반환점을 돌아와야 한다. 공이 떨어지면 그 자리에 멈추고, 1명이 공을 주워 판자 위에 올린 뒤 다시 출발한다.

5 출발선에 도착하면 공이 떨어지지 않도록 조심히 다음 모둠에게 전달한다.

6 모든 팀원이 먼저 반환점을 돌아 출발선으로 돌아온 팀이 승리한다.

TIP

놀이의 팁 ———

- 균형잡기가 쉽지 않으므로 시합하기 전, 판자 위에 공을 올리고 다녀보는 연습 시간을 주는 것이 좋다. 어떻게 하면 잘 될 수 있을지 이야기를 나눠보도록 하자.

- 판자 구하기가 쉽지 않다면 미술시간 등에 수업 재료로 사용했던 '우드락'을 활용하자. 이때 2명이 한 모둠이 되면 좋다.

- 교과서 위에 테니스공을 올리고 반환점을 돌아오는 방식으로 응용할 수 있다.

- 출발선에서 반환점까지 거리를 조절해 난이도를 바꿀 수 있고, 출발선에서 반환점 사이에 장애물들을 놓을 수 있다.

- 때론 위에 올리는 공의 크기나 형태로 난이도를 조절할 수 있다.

- 공이 떨어지면 주워줄 사람을 미리 정하는 것이 좋다.

2-28 멋대로 튀지마!

준비물 | 콘(2개), 럭비공(2개), 라인기

평소에 했던 달리기에 럭비공을 추가하여 진행해 보자. 이리저리
튀어 오르는 공의 특성 때문에 색다른 놀이를 즐길 수 있다.

1 반 아이들을 두 팀으로 나눈다.

2 출발선을 정하고 일정한 거리에 콘을 세워 반환점을 만든다.

3 출발 신호에 맞춰 럭비공을 발로 드리블해서 반환점을 돌아온다.

4 앞사람이 출발선 안에 공을 드리블해서 들어오면 다음 사람이 공을 받아 출발한다.

5 모두가 반환점을 돌고 먼저 들어온 팀이 승리한다.

TIP

놀이의 팁 ———

• 공을 세게 차지 않도록 하자. 특히 반환점을 돌아올 때 공을 세게 차서 패스하지 않도록 하자. 반환점을 돈 뒤 손으로 잡고 달려 들어올 수 있는 지점을 정해도 좋다.

• 공을 반환점 쪽으로 한 번 던진 뒤에 드리블 하기로 응용하면 또 다른 변수가 생긴다.

• 누가 잘하냐 못하냐에 상관없이 공의 특성 때문에 승부가 달라질 수 있다는 것을 놀이 전에 충분히 이야기 나누고 활동에 들어가자.

2-29 후프 릴레이

준비물 | 콘(2개), 훌라후프(2개), 라인기

훌라후프를 이용해 릴레이 놀이를 할 수 있다. 바통을 주고받는 대신 훌라후프 안에 들어가거나 밖에서 여럿이 잡고 이동할 수 있다.

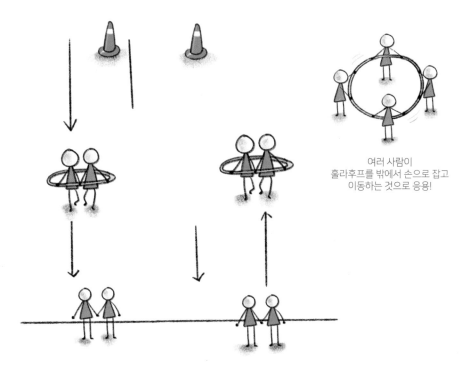

여러 사람이
훌라후프를 밖에서 손으로 잡고
이동하는 것으로 응용!

활동방법 How to play

1 반 아이들을 두 팀으로 나눈다.

2 팀별로 2명씩 짝이 되도록 두 줄로 선다.

3 출발 신호와 함께 홀라후프 안에 2명이 들어간 뒤, 홀라후프를 잡고 반환점을 돌아온다.

4 출발선으로 돌아오면 뒷사람들에게 홀라후프를 넘긴다.

5 모두가 반환점을 돌아 먼저 들어온 팀이 승리한다.

TIP

놀이의 팁 ───

- 2명이 짝이 되도록 했지만, 1명이 홀라후프를 몸에 두른 뒤 반환점을 돌아오는 놀이를 먼저 해도 좋다.

- 반환점을 돌아온 사람이 출발선 안에 있는 사람에게 홀라후프를 씌워주도록 하자.

- 인원을 늘려서 해도 좋다. 하지만 여러 명이 홀라후프 안에 들어가 있다가 넘어지면 크게 다칠 수 있으니, 홀라후프 바깥쪽에서 한 손(또는 두 손)으로 잡고 갈 수 있도록 하자.

- 출발선과 반환점 사이의 거리를 조절해 가면서 할 수 있다.

- 홀라후프가 많으면 기차놀이처럼 응용해 진행할 수 있다.

2-30 작은 구멍으로 바라봐

준비물 | 공깃돌(최대한 많이), 고깔(2개), 라인기

생일 축하 고깔을 머리 위가 아닌 얼굴 앞으로 쓰면 구멍 끝으로 세상이 좁게 보인다. 좁은 틈으로 보이는 시야를 이용해 할 수 있는 놀이다. 다양하게 응용해 진행해 보자.

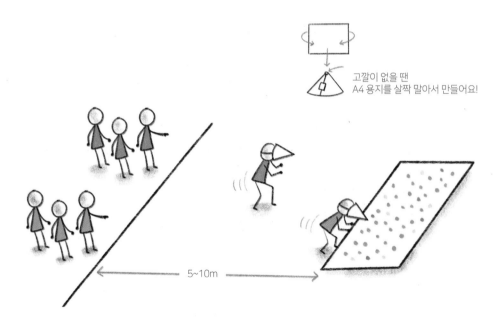

고깔이 없을 땐
A4 용지를 살짝 말아서 만들어요!

5~10m

활동방법 How to play

1 반 아이들을 두 팀으로 나눈다.

2 출발선을 그린 뒤 5~10m 떨어진 곳에 라인기로 직사각형을 그리고 공깃돌을 뿌려놓는다.

3 바통 대신 고깔을 이용하는데, 고깔을 머리 위가 아니라 얼굴 앞쪽으로 쓴다.

4 공깃돌을 들고 올 규칙을 정한다(예 : 1번 주자 빨간색 3개 → 2번 주자 파란색 3개 → 3번 주자 녹색 3개 → …).

5 좁은 틈으로 보면서 앞으로 걸어가 주어진 규칙에 맞게 공깃돌을 가져온다.

6 정해진 규칙에 맞게 모두 출발선으로 먼저 돌아온 팀이 승리한다.

TIP

놀이의 팁 ───

- 넘어지면 다칠 수 있으니, 뛰지 말고 걸어서 놀이에 참여하도록 하자. 잘 보이지 않기 때문에 라인기로 바닥에 걸어가야 하는 길을 선으로 그려주는 것도 좋다.

- 1:1 대결로 진행할 수 있다. 진행자가 먼저 가지고 와야 하는 공깃돌(예 : 파란색 2개, 녹색 1개)을 말하고, 호루라기를 불어 출발하도록 한다. 먼저 도착한 팀에게 1점을 부여하고, 각각의 점수를 모두 더해 팀 점수를 비교하는 것으로 진행할 수 있다.

- 모아야 하는 공깃돌 개수를 먼저 이야기해 주고(빨강 6개, 파랑 7개, 녹색 5개) 1명씩 출발해 공깃돌을 가지고 오게 하는데 '한 번에 2개만 들고 올 수 있기' 등의 약속을 정하면 색다른 릴레이 놀이가 될 수 있다.

- 숫자카드를 놓고 해당 숫자 가지고 오기, 물건을 여러 개 놓고 해당 물건 가지고 오기, 선을 그어놓고 그곳에서 콩주머니를 던져 바구니 안에 넣고 오기 등 여러 방식으로 응용이 가능하다.

2-31 풍선 터뜨리기 릴레이

준비물 | 풍선(1인당 1개), 라인기

매트 위에 놓인 풍선을 엉덩이로 깔고 앉아 터뜨리는 놀이는 골반을 다치게 할 수 있고 풍선이 잘 터지지도 않는다. 발로 밟아서 터뜨릴 수 있도록 규칙을 바꿔서 진행해 보자.

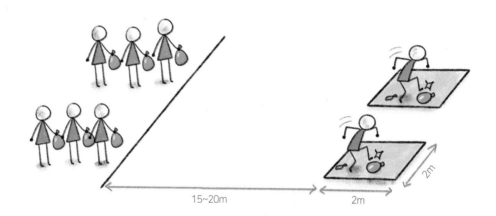

15~20m   2m   2m

활동방법 How to play

1 반 아이들을 두 팀으로 나눈다.

2 출발선과 풍선을 터뜨리는 영역을 만들고 풍선을 하나씩 나눠준다.

3 풍선을 불어 묶은 뒤 손에 들게 하고 순서대로 세운다.

4 출발 신호에 맞춰 풍선을 터뜨리는 영역까지 달려간 뒤, 풍선을 바닥에 내려놓고 밟아 터뜨린다.

5 풍선이 터지면 출발선으로 돌아오고, 다음 사람이 출발한다.

6 모두가 풍선을 터뜨리고 출발선에 먼저 돌아온 팀이 이긴다.

TIP

놀이의 팁 ———

• 매트에 풍선을 놓고 엉덩이로 터뜨리면 골반을 다치거나 꼬리뼈에 실금이 가는 경우도 있다.

• 풍선에 바람이 충분하지 않으면 잘 터지지 않는다. 팽팽한 느낌이 들 정도로 바람을 채워넣게 하자.

• 풍선을 불기 힘들어하는 학생들을 위해 바람 넣는 도구를 준비하거나, 묶지 못하는 학생들은 주변 친구들의 도움을 받도록 하자.

• 영역을 그리기 힘든 상황이라면 훌라후프를 놓고 그곳에서 풍선을 터뜨리도록 하자.

• 여분의 풍선을 몇 개 더 준비하도록 하자.

• 영역 밖으로 풍선이 나가면, 손으로 들고 영역 안으로 돌아온 뒤 풍선을 터뜨리도록 하자.

• 터진 풍선 조각들은 이긴 팀이 기분 좋게 치우도록 하자.

준비는 쉽게! 즐거움은 크게!

3부

술래잡기 놀이

3-01 잡고 잡히고

강당 **운동장** **교실 밖** **준비물** | 없음

짧은 시간 안에 아이들을 모두 지치게 만들고 싶다면 특별한 술래잡기를 해보자. 모두가 참여해 잡거나 도망가는 역동 가득한 특별한 술래잡기를 소개한다.

활동방법 How to play

1 2명이 한 조가 된다.

2 가위바위보로 잡는 사람(술래)과 잡히는 사람(도망자)을 나눈다.

3 신호와 함께 술래는 1~5까지 큰 소리로 숫자를 센 뒤, 짝을 잡으러 간다.

4 도망가다 잡히게 되면 역할을 바꾸어 도망자가 술래가 되어 숫자를 세고 잡는다.

5 이렇게 잡고 잡히면서 2명이 술래잡기를 계속 반복한다.

TIP

놀이의 팁 ────

· 숨이 많이 차는 역동적인 활동이므로 길게 진행하지 않도록 하자.

· 술래잡기가 끝나면 충분히 쉬게 하고, 짝을 바꾸어 다시 하자.

· 체력이 너무 차이가 나지 않도록 짝을 지어주는 것이 좋다.

· 강당에서는 미끄러져 넘어질 수 있으니 활동 전에 꼭 안전에 대한 이야기를 나누자.

· 운동장에서 하면 더욱 역동적이다.

3-02 초스피드 술래잡기

 **준비물** | 없음

지쳐 쓰러질 정도로 운동량이 많은 술래잡기다. 여러 놀이 전 워밍업 활동으로도 좋다. 반 아이들의 얼굴에 홍조가 필요할 때 운영해 보자.

1 술래잡기할 공간을 정한다.

2 술래 1명을 정한다.

3 시작 신호가 떨어지면 술래는 1~5까지 크게 센 뒤, 누군가를 붙잡으러 간다.

4 술래에게 붙잡힌 사람은 다음 술래가 되어 1~5까지 세고 누군가를 잡으러 간다. 이때 바로 전 술래는 잡을 수 없다.

5 정해진 시간 동안 술래잡기를 한다.

TIP

놀이의 팁 ────

• 술래가 자꾸 바뀌기 위해서는 공간이 제한되어 있어야 한다. 공간 크기는 강당 절반 정도가 좋다.

• 일정 시간이 지나면 공간을 조금씩 줄여가면서 해보자. 역동이 커진다.

• 공간 줄이기 대신 술래의 숫자를 늘려 2~3명으로 운영할 수 있다. 단, 1명의 술래를 보다가 다른 술래로 인해 피하는 사람과 충돌할 수 있기 때문에 미리 안내하고 주변을 잘 살펴볼 수 있도록 하자.

• 술래가 외치는 숫자는 조절할 수 있다. 숫자를 줄이면 역동이 더 커진다. 1~3까지만 외치기로 변형해 보자.

• 술래잡기를 한 뒤 충분히 쉴 수 있도록 하자.

3-03 변수가 있는 술래잡기

 **준비물** | 없음

술래에게 잡혀도 술래가 되지 않을 변수가 있기 때문에 마음의 부담을 조금 덜어놓고 친구들과 함께 놀 수 있는 술래잡기 방법이다.

1 술래 1명을 선정한다.

2 도망갈 수 있는 영역을 함께 정한다.

3 신호가 떨어지면 술래는 1~10까지 세고 다른 친구들을 잡으러 간다.

4 술래에게 잡히면 술래와 가위바위보를 한다. 이기면 다시 도망갈 수 있고, 지면 술래가 되어 친구를 잡으러 간다.

5 모두가 술래가 되면 놀이가 끝나고, 다시 하거나 규칙을 변형해서 진행한다.

TIP

놀이의 팁 ———

• 너무 넓은 공간에서 술래잡기를 하면 술래가 지쳐버리거나 놀이 역동이 떨어진다. 강당 절반 정도의 공간이 적당하다.

• 가위바위보를 손에서 몸으로 바꿔 진행해 보자.

• 참참참, 쌍권총, 묵찌빠, 디비디비딥 등 규칙을 바꿔가며 술래잡기를 할 수 있다.

• 처음에는 선생님이 술래가 됐다가 나중에 빠져 나오는 것도 좋다.

• 술래가 색깔이 있는 바통 등을 들고 다니도록 하면 혼동이 줄어든다.

• 발목이 다치지 않도록 스트레칭을 충분히 하고, 안전에 대한 이야기도 미리 나누고 하자.

• 술래잡기의 특성상 다칠 만한 장애물이 없는 곳에서 진행하자.

3-04 얼음땡 술래잡기

 **준비물** | 없음

우리가 익히 알고 있는 기본적인 얼음땡 술래잡기를 반 아이들과 여러 방법으로 변형해 가며 즐겨보자. 규칙이 조금 변하는 것만으로도 놀이 성격이 달라진다.

활동방법 How to play

1 10~20명을 모으고 놀이 영역을 정한다.

2 술래를 정한 뒤 술래는 1~10까지 세고 친구를 잡으러 다닌다.

3 도망가던 사람이 '얼음'을 크게 외치고 정지하면, 술래가 잡을 수 없다. 술래는 남아 있는 다른 사람을 잡으러 가고, '얼음'으로 정지되어 있는 사람을 누군가 술래 몰래 '땡'을 크게 외치며 터치하면 다시 몸을 움직여 술래잡기에 계속 참여할 수 있다.

4 술래에게 터치당하면, 새로운 술래가 되어 1~10까지 수를 세고 친구를 잡으러 간다.

5 모두가 '얼음'이 되면, 새로운 술래를 뽑는다.

TIP

놀이의 팁 ———

• 공간을 정하는 것이 중요하다. 공간을 어떻게 정하느냐에 따라 놀이 역동이 달라진다.

• '얼음' 하고 멈출 때, 자세를 함께 정하는 것도 좋다.

• '땡' 규칙을 변형하면 새로운 놀이가 된다.
  - 얼음이 된 친구 등 쓸어주기 : 얼음 미끄럼 놀이
  - 얼음이 된 친구 가랑이 통과하기 : 가랑이 통과 술래잡기
  - 얼음이 된 친구를 양쪽에서 손 잡아주기 : 양손 부활 술래잡기
  - 얼음이 된 친구 손을 위에서 아래로 내려주기 : 바나나 술래잡기
  - 얼음이 된 친구를 두 바퀴 돌기 : 회전 술래잡기

3-05 피난처 술래잡기

준비물 | 라인기(운동장에서 할 때), 훌라후프(5개, 강당에서 할 때)

술래잡기 도중 잠깐 쉬거나 피할 수 있는 피난처를 만들어보자.
이것만으로도 평소와 다른 역동이 생겨 아이들에게 웃음을 만들
수 있다. 생각지도 못하게 술래가 될 수 있는 놀이를 함께해 보자!

1 술래잡기를 할 운동장에 라인기로 사람이 들어갈 만한 원을 5개 정도 그
   려 놓는다. 그 원을 피난처라고 약속하고 그곳에 들어가면 술래가 잡을 수
   없다.

2 누군가 피난처에 들어오면, 그 안에 있던 사람은 나가야 한다.

3 술래를 뽑고, 술래는 1~10까지 세고 친구를 잡으러 간다.

4 술래에게 잡힌 사람이 술래가 되어 1~10까지 숫자를 크게 세고 친구를 잡
   으러 간다.

TIP

놀이의 팁 ————

- 피난처에서 나가면 그 피난처로 바로 다시 들어가지 않도록 하자.

- 피난처는 2~3명이 들어갈 정도의 크기로 만들고, 모양은 꼭 원이 아니어도 된다.

- 피난처에 들어갈 때 "인투(into)" "잠시 휴식!" 등 말 규칙을 만들면 좋다.

- 한 손을 들게 하는 등 술래가 누구인지 쉽게 알아볼 수 있도록 하자.

- 강당에서는 훌라후프로 해도 좋지만, 발에 걸리지 않도록 조심해야 한다. 강당 바닥에 그어진
  선을 이용해 특별한 공간을 만들어도 좋다.

- 뛰거나 방향을 바꾸면서 다칠 수 있으니 시작 전 안전지도를 꼭 하자.

3-06 메딕 술래잡기

(강당) (운동장) (교실 밖)　**준비물 |** 훌라후프(5개)

얼음땡 놀이를 발전시켜 특별한 술래잡기로 변형시킬 수 있다. 부활할 수 있는 방법을 더 근사하게 변형해 가며 친구들과 접촉을 늘리고, 땀을 흘리면서 즐겁게 놀 수 있는 시간을 만들어주자.

1 강당 절반 정도 크기로 술래잡기할 장소를 정한다.

2 훌라후프를 이곳저곳에 놓고 안에 들어갈 5명을 뽑아 '메딕(의사)'이라고 정하자.

3 술래를 뽑은 뒤, 술래는 1~10까지 수를 세고 다른 친구들을 잡으러 간다.

4 도망가는 친구들은 술래에게 잡힐 듯하면 '얼음' 하고 정지한다.

5 주변의 친구들이 얼음이 된 친구를 업고 메딕에게 가서 등에 업힌 친구와 메딕이 하이파이브를 하면 다시 부활할 수 있다.

6 술래에게 잡힌 사람은 추가로 술래가 되어 함께 친구를 잡으러 다니거나, 잡힌 사람이 새로운 술래가 되는 등 상황에 맞게 운영해 보자.

TIP

놀이의 팁 ─────

• 모두가 '얼음'인 상태가 되면 새로운 술래를 뽑는다.

• 친구를 업고 메딕에게 가는 도중에는 술래가 그 두 사람을 터치할 수 없다.

• 병원(훌라후프) 옆에서 대기하는 술래가 꼭 있다. 따라서 부활하는 사람을 술래가 잡을 때는 1~5까지 센 뒤에 부활한 사람 또는 친구를 업고 온 사람을 잡을 수 있다는 규칙을 추가하자.

• 업기를 힘들어하는 경우, 기차로 연결해 가기 등으로 규칙을 상황에 맞게 변경하자.

• 선생님도 메딕이 되어 하이파이브로 부활시켜주는 일에 참여해 보자.

• 훌라후프 대신 매트를 2~4장 깔고, 4명이 친구의 발과 다리를 들어 나른 뒤 매트 위에 살살 내려놓으면 부활하는 방식으로 변경할 수 있다.

3-07 맹꽁이자물쇠 술래잡기

강당 · 운동장 · 교실 밖 **준비물** | 라인기

도망가다가 누군가의 손을 잡으면 반대쪽 사람이 나 대신 도망가게 되는 재미난 술래잡기! 나중엔 술래도 누군가의 손을 잡고 술래까지 바뀌는 난이도 높은 술래잡기로 변형해 보자!

– 맹꽁이자물쇠는 반타원형의 고리와 몸통으로 이루어져, 열쇠로 열면 고리의 한쪽 다리가 몸통에서 떨어져나오는 자물쇠를 말해요.

찰칵!

옆에 있던 사람이
도망가기

술래

1 운동장에 커다란 원을 그린다.

2 그 선을 따라 모두 2명씩 손을 잡고 선다.

3 술래와 도망가는 사람 1명을 정한다.

4 술래는 1~5까지 세고 도망가는 사람을 잡으러 간다.

5 도망가는 사람은 잡힐 듯하면 서 있는 아무에게나 가서 "찰칵"이라 외치고 손을 잡는다. 그러면 반대쪽 사람이 도망가야 한다.

6 술래에게 잡히면 새로운 술래가 된다.

TIP

놀이의 팁 ———

• 원이 작으면 동선이 복잡해지고 다칠 수 있으니 크게 그리자.

• 강당에서는 원을 그릴 필요 없이 바닥선을 활용하자.

• 선 밖으로 나가도 술래가 된다.

• 처음엔 원을 따라 2명씩 손을 잡고 서지만, 나중엔 원 안에 자유롭게 서도록 해보자.

• 술래도 누군가의 손을 잡으면 반대쪽 사람이 술래가 된다는 규칙을 나중에(또는 몇 번 한 뒤에) 더해 보자.

• 순식간에 찰칵 소리와 함께 도망가는 사람이 바뀌기 때문에 집중하도록 하고, 도망가는 사람 이 바뀌면 교사가 이름을 불러서 알려주는 것도 좋다.

3-08 3색 술래잡기

강당 **운동장** 교실 밖 **준비물** | 라인기

운동장에 큰 원 세 개를 그려놓으면, 재미있는 술래잡기를 할 수
있다. 색깔을 구별할 수 있는 도구가 있으면 놀이가 한층 더 재미
있어진다.

빨강!

1 여러 명이 들어갈 수 있는 커다란 원 세 개를 삼각형 형태로 거리를 두고 그린다. 그리고 세 원의 중앙에 술래가 있을 곳을 정한다.

2 아이들에게 1명당 색깔 하나씩을 지정해 준다(예 : 빨강, 파랑, 노랑).

3 다양한 색깔이 고루 섞이도록 아이들을 원 안으로 들어가게 하고 술래를 뽑는다.

4 모두 "하나-둘-셋" 하고 외치면 술래는 색깔 하나를 크게 말한다.

5 술래가 외친 색깔에 해당하는 아이들은 자신의 원에서 나와 다른 원으로 달려가야 한다.

6 술래는 이동하는 아이들 중 1명을 붙잡는다.

7 붙잡힌 사람은 새로운 술래가 된다.

TIP

놀이의 팁 ─────

• 술래가 색깔을 말하면 그 색깔을 모두 함께 크게 외치도록 하자.

• 원과 원 사이의 거리를 조절해 보자. 거리에 따라 술래 바뀌는 정도가 달라진다.

• 처음엔 색깔 하나만 말하지만, 나중엔 2개 또는 3개의 색깔을 말하도록 응용하자.

• 손 잡고 이동, 외발로 이동 등 놀이 상황에 맞게 난이도를 조절할 수 있다.

• 색깔 조끼나 아대가 있다면 사용해 보자.

3-09 수건 돌리기

(강당) (**운동장**) (교실 밖) **준비물** | 손수건(1개)

모두 경험해 봤을 수건돌리기를 기본 놀이부터 아이들과 함께해 보자. 응용 놀이도 함께 발전시켜 수건 돌리기만의 특별한 즐거움을 만나보자.

1 반 아이들 모두 원을 만들어 앉고, 술래 1명을 정한다.

2 술래는 손수건을 들고 원을 천천히 걸어다니다가 누군가의 등 뒤에 손수건을 놓는다.

3 등 뒤에 손수건이 있는 사람은 재빨리 일어나 술래를 잡으러 달린다.

4 수건이 있는데 모르고 앉아 있는 경우 술래가 한 바퀴 돌아온 뒤 등을 태그하면 술래가 된다.

5 술래가 손수건을 놓고 친구들을 돌아 빈자리에 앉기 전에 잡히면 다시 술래가 된다.

6 술래가 잡히기 전에 빈자리에 앉으면 손수건을 들고 있던 사람이 새로운 술래가 되어 다시 놀이를 시작한다.

TIP

놀이의 팁 ──────

• 보통은 술래가 수건을 놓은 곳에 한 바퀴 돌고 앉도록 하지만, 두 바퀴째부터 앉을 수 있도록 규칙을 정하면 훨씬 역동적이다.

• 손수건 대신 손으로 쥘 수 있는 다른 물건으로 바꿔도 좋다. (예 : 칠판지우개, 모자, 천 주사위 등)

• 노래를 부르며 해도 좋고, 손뼉을 치면서 리듬박자 속에서 놀이를 진행해도 좋다.

• 응용 놀이 : 모두 둥그렇게 앉고 술래는 원 가운데 선다. 누군가 몰래 등 뒤로 손수건을 전달하기 시작한다. 등 뒤로 손수건을 전달해 가는 도중, 술래가 누구에게 손수건이 있는지 확신이 들면 "스톱!!" 하고 외치고 친구의 이름을 말한다. 맞으면 그 친구는 새로운 술래가 되고 술래는 그 친구와 자리를 바꿔 앉는다.

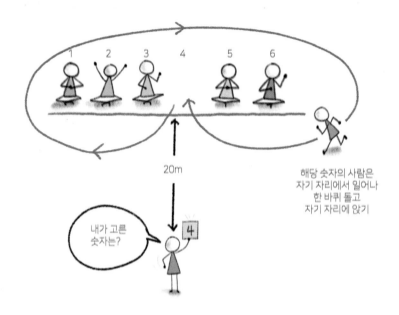

20m

내가 고른
숫자는?

해당 숫자의 사람은
자기 자리에서 일어나
한 바퀴 돌고
자기 자리에 앉기

3-10 내가 고른 숫자는

강당 운동장 교실 밖 **준비물** | 라인기(또는 접시콘 6개), 숫자카드

한 사람이 벌떡 일어나 빠른 속도로 친구들을 돌거나, 멍하니 앉아 있다가 친구들을 웃게 만드는 재미있는 놀이다. 천 주사위가 있다면 7명이 짝을 지어서 놀아보자.

1 라인기로 선을 그린다. (또는 접시콘 6개를 일정한 간격으로 놓는다.)

2 7명을 모아 술래를 1명 뽑고, 나머지 6명은 일정한 간격으로 앉아 1~6까지 각각 번호를 부여받는다.

3 술래는 20m 정도 떨어진 곳에서 "내가 고른 숫자는"이란 말 뒤에 숫자카드 하나를 들고 말한다.

4 숫자에 해당되는 사람은 자리에서 일어나 친구들을 한 바퀴 돌아 자기 자리로 돌아온다.

5 술래는 1~5까지 세고 비어 있는 자리로 달려가 앉는다.

6 술래가 먼저 앉으면 숫자에 해당된 사람이 다음 술래가 되고, 앉지 못하면 다시 술래가 된다.

TIP

놀이의 팁 ───

- 술래가 유리하면 앉아서 숫자를 보여주고 1~5까지 센 뒤 달려가거나, 술래와의 거리를 조금 더 멀게 만들거나, 앉는 간격을 좁게 또는 멀게 하거나, 숫자를 1~10까지 세는 등 난이도를 다양하게 조절하자.

- 숫자카드 없이 손가락으로 숫자를 표시하면서 큰 소리로 외쳐도 된다.

- 처음엔 숫자 하나를 말하지만, 나중엔 숫자 2~3개를 말하도록 응용하자.

- 서로 앉으려다가 충돌이 생길 수 있다. 다치지 않도록 미리 안내하자.

- 술래가 천 주사위를 굴려 나온 숫자를 이용해 놀이를 진행해도 좋다.

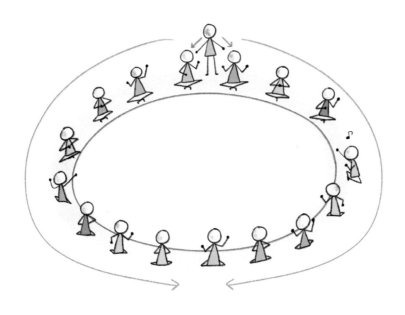

3-11 어깨치기 술래잡기

준비물 | 없음

순발력도 필요하지만, 달리기도 열심히 해야 하는 활동이다. 편한 마음으로 친구 어깨만 툭 치면 되니 술래가 되는 것도 부담 없다. 수건 돌리기 형태의 놀이 다음에 해도 좋다.

활동방법 How to play

1 반 아이들 모두 안쪽을 바라보고 원으로 둘러앉는다.

2 술래를 1명 정하고, 술래는 원 밖에서 천천히 걸어 다니다가(서로 붙어 있는) 친구 2명의 어깨를 동시에 툭 친다.

3 술래가 툭 친 2명은 재빨리 일어나 서로 반대되는 방향으로 달린다.

4 그사이 술래는 빈자리 중 한 곳에 앉는다.

5 원을 돌던 2명 중 남은 빈자리에 앉지 못한 1명이 다음 술래가 된다.

TIP

놀이의 팁 ———

• 서로 원 밖을 돌다가 충돌할 수 있다. 달리다 친구를 만나면 서로 오른쪽으로 비켜가기로 미리 약속한다. 충돌 상황을 가상으로 보여주면서 인지시키자.

• 원으로 모인 뒤, 접시콘으로 자리 표시를 하고 앉는 것도 좋다.

• 공평한 놀이를 위해 술래는 어깨를 툭 칠 때 동시에 하도록 한다.

• 술래는 일어나는 두 친구와 부딪혀 다칠 수 있으니 어깨를 툭 치고 뒤로 한 걸음 물러나 있는다.

• 자리에 앉을 때 충돌이 일어나지 않도록 하고, 비슷한 일이 반복되면 한 바퀴가 아니라 두 바퀴 돌기로 한다.

• 소풍 가서 수건 돌리기 뒤에 연속으로 이어서 해도 좋다.

3-12 선 따라 술래잡기

준비물 | 없음

특별한 도구가 없어도 강당 바닥에 그어져 있는 선 위에서 특별한 술래잡기를 할 수 있다. 선 위에서 달리고 피하면서 짜릿함을 느끼게 되는 술래잡기를 해보자.

1 강당 바닥의 선들이 어떻게 그어져 있는지 살펴보고 선 위로만 다니기로 약속한다.

2 반 아이들 중 술래를 1명 정한다.

3 술래는 큰 소리로 1~10까지 수를 센 뒤 다른 친구들을 잡으러 간다.

4 술래에게 잡히거나 선 위를 벗어나는 사람이 새로운 술래가 된다.

5 새로운 술래는 큰 소리로 1~10까지 수를 세고 술래잡기를 다시 시작한다.

6 새로운 술래는 바로 전 술래를 잡을 수 없다.

TIP

놀이의 팁 ———

• 술래를 2~3명으로 늘리고 정해진 시간 안에 살아남는 서바이벌 놀이로 응용할 수 있다. 이때 술래에게 잡히거나 선 밖으로 나간 학생은 강당 한쪽에 앉아 있을 수 있도록 공간을 정해 놓는다.

• 술래가 누구인지 알 수 있도록 머리띠나 색깔 아대 등을 착용해도 좋다.

• 선이 90도로 꺾여 있는 부분이 많아 발목에 무리가 있을 수 있으니 발목 스트레칭을 충분히 하고 다치지 않도록 미리 안내하자.

• 술래를 너무 많이 늘리면 충돌 위험이 있으니 주의하자.

• 선이 없는 몇 군데 공간에 테이프로 표시를 해서 피난처라고 약속하자. 그곳에 들어가면 술래가 잡을 수 없다는 등의 새로운 규칙을 더해 보자.

3-13 한칸술래잡기

 교실 밖 **준비물** | 라인기(운동장에서 할 때), 훌라후프(20개, 강당에서 할 때)

선택과 우연성이 더해지면서 반 아이들을 즐겁게 만드는 재미있는 술래잡기다. 달리거나 심하게 잡아끌지 않아도 긴장감이 생기는 술래잡기를 함께해 보자.

1 5×4칸, 총 20칸을 만든다. 한 칸은 2~3명이 들어갈 정도의 크기가 좋다.

2 골고루 칸 안에 들어가 선 뒤, 술래는 10~20 사이의 숫자 하나를 크게 외친다(예 : 10칸!).

3 모두 "하나-둘-셋" 신호와 함께 가로 또는 세로로 붙어 있는 칸으로 술래가 부른 숫자만큼 1칸씩 이동한다. 술래는 8개 방향 중 어느 방향으로든 1칸씩 이동할 수 있다.

4 술래가 외친 횟수(10)만큼 이동이 끝나면 술래와 같은 칸에 있는 사람이 다음 술래가 된다.

TIP

놀이의 팁 ———

- 한 칸 안에 많은 학생이 들어가지 않도록 숫자를 제한하면 좋다. 3명 이상인 경우엔 모두 공간 밖으로 나오거나, 그 자리에 앉아 있거나, 한 번 이동하지 못하기 등 다양한 규칙을 적용할 수 있다.

- '하나-둘-셋!'을 함께 외친 뒤 동시에 1칸씩 이동하도록 하면 좋다.

- 처음엔 선생님이 술래가 되어 시작해 보자.

- 상황에 따라 칸의 개수를 늘리거나 줄일 수 있다. 2칸씩 이동하는 것으로 응용할 수도 있다.

- 강당에서는 훌라후프를 놓고 조심히 건너가도록 하고, 훌라후프를 건드리지 않도록 하자.

- 같은 칸 안에 1명 이상이 술래와 함께 있을 땐 가위바위보로 다음 술래를 정할 수 있다.

- 바로 전 술래는 잡을 수 없다는 규칙도 넣어보자.

3-14 매미 술래잡기

강당 운동장 교실 밖 **준비물** | 없음

학교 운동장에 있는 기구를 이용한 술래잡기다. 철봉이나 구름사다리에 매달려 크게 숫자를 세는 재미있는 장면들을 볼 수 있는 술래잡기다.

1 6~10명 정도가 모여 함께 놀이 영역을 정한다(예 : 철봉에서 미끄럼틀까지).

2 가위바위보로 술래를 정한 뒤, 모두 술래에게 손을 대고 선다.

3 술래가 숫자를 세기 시작하면 모두 도망가고, 술래는 1~10까지 세고 친구를 잡으러 간다.

4 어딘가에 매달리거나 올라서면 술래에게 잡히지 않고, 큰 소리로 1~10까지 세면 다시 바닥으로 내려와야 한다.

5 바닥에 있는 사람 중 1명이 술래에게 터치가 되면 새로운 술래가 된다.

6 모두 모여 술래에게 손을 대고 선 뒤, 다시 놀이를 시작한다.

TIP

놀이의 팁 ———

• 어딘가에 매달릴 때 1~10까지 세기 등으로 제한을 두지 않으면 술래가 잘 바뀌지 않는다.

• 매달렸다가 바닥에 재빨리 발만 대고 다시 매달리는 경우가 있다. 매달려서 10까지 숫자를 세고 바닥에 내려온 뒤, 다시 매달리려면 10까지 숫자를 다시 세야 한다는 규칙을 추가할 수 있다.

• 술래는 어딘가에 매달려 있는 친구 아래에서 기다릴 수도 있다.

• 놀이 공간이 광범위하면 술래가 잘 바뀌지 않으므로 제한된 공간에서 하자.

• 정신없이 뛰다 보면 다칠 수 있다. 앞을 잘 보고 달리도록 하고, 넘어지지 않도록 주의하자.

• 구름사다리와 철봉, 두 곳을 기반으로 놀면 가장 좋다.

• 술래가 잘 바뀌지 않는다면, 한 번 매달린 곳에 다시 매달릴 수 없다는 규칙으로 응용할 수 있다.

3-15 무지개 술래잡기

준비물 | 없음

학교 건물 사이엔 빨강, 녹색, 노랑 등 다양한 색깔이 자리하고 있다. 학교 안에 자리한 색을 이용한 술래잡기다.

1 5~10명을 모으고 술래를 정한다.

2 술래가 눈으로 볼 수 있는 곳 등으로 놀이 영역을 정한다.

3 술래는 색깔 하나를 골라 다섯 번을 크게 외친 다음, 친구를 잡으러 간다.

4 친구들은 술래가 말한 색깔을 찾아 달려가 손을 대면 술래에게 잡히지 않는다.

5 술래는 색깔을 찾아 손을 대지 못한 사람을 쫓아가 잡는다. 잡히는 사람이 새로운 술래가 된다.

6 모두가 술래가 말한 색깔에 손을 대고 있으면, 술래가 다시 술래를 한다.

TIP

놀이의 팁 ————

• 건물, 친구 옷, 꽃, 나무, 게시판, 자기 옷에 있는 액세서리 등 술래가 말한 색깔이면 어떤 것이든 상관없다. 하지만 같은 곳에 2명이 손을 댈 수는 없다.

• 일정 색깔을 정해 놓고 해도 좋다.

• 삼각형, 사각형 등 색깔 대신 도형으로 해도 좋다.

• 사람이 많은 곳에선 충돌하거나 넘어져 다치지 않도록 조심하자.

• 너무 멀리 달려가지 않도록 영역을 정해 놓은 뒤, 그 안에서 술래잡기를 하도록 하자.

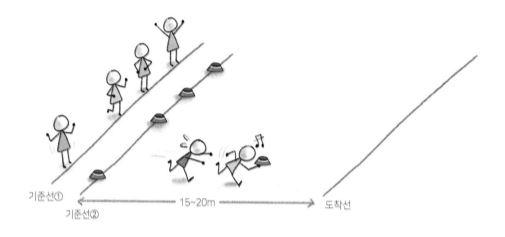

기준선①

기준선②

15~20m

도착선

3-16 접시콘 술래잡기

(강당) (운동장) (교실 밖) **준비물** | 라인기, 접시콘(술래를 제외한 1인당 1개씩)

순발력이 필요한 술래잡기다. 접시콘을 집어드는 순간에도, 접시콘을 들고 도망가는 순간에도 스릴이 있어 반 아이들끼리 신나게 놀 수 있는 간단한 놀이다.

1 5~10명을 모은 뒤 술래를 정한다.

2 라인기를 이용해 기준선①, 기준선②, 도착선을 그린다.

3 모두 기준선①에 1m 간격으로 서고 각자의 접시콘을 바로 앞 기준선②에 놓는다.

4 술래는 기준선②에서 왔다갔다 하면서 접시콘 중 하나를 선택해 집어 들고 도착선 쪽으로 달린다. 접시콘 주인은 재빨리 술래를 잡으러 달린다.

5 술래가 접시콘 주인에게 잡히면 다시 술래가 되야 하며, 잡히지 않고 도착선까지 가면 접시콘 주인이 새로운 술래가 된다.

TIP

놀이의 팁 ───

· 기준선①과 기준선②의 거리를 좁히거나, 기준선에서 도착선까지의 거리로 난이도를 조절하자. 기준선①과 기준선② 사이의 거리가 좁아질수록 스릴이 넘친다.

· 기준선을 하나만 그린 뒤 손 위에 접시콘을 올려놓으면 술래는 손 위의 접시콘을 들고 도망갈 수 있다. 이때는 사람과 사람 사이의 간격을 조금 더 좁혀야 한다.

· 접시콘이 없으면 손을 앞으로 내밀고 있고, 술래가 손바닥을 터치하는 것으로 바꿀 수 있다.

· 접시콘의 위치와 기준선①에 서 있는 사람의 포즈를 다양하게 변형해 놀이를 응용해 보자(기준선①에 앉아 있기, 한쪽 무릎 꿇고 있기 등).

3-17 분리-합체 술래잡기

  교실 밖 **준비물** | 라인기, 콘(4개)

순간적으로 술래가 사람을 선택해야 하며, 짝과 헤어졌다가 만나
는 즐거움이 더해지고, 스릴까지 함께하는 재미있는 술래잡기다.

1 그림과 같이 동서남북 위치에 서로 마주 보는 거리가 약 15~20m 정도 되도록 시작선을 긋고, 3m 전방에 콘을 하나씩 놓는다.

2 2명씩 짝이 되어 동서남북 각 시작선 뒤에 서고, 술래 1명을 정한다.

3 선생님이 호루라기를 불면 마주 보는 곳으로 짝과 손을 잡고 달려가다가 콘이 있는 곳에서 분리해 달려가 다시 콘이 보이면 만나서 손을 잡아 반대쪽 출발선에 도착하면 된다. 이때 술래는 콘과 콘 사이의 공간에서 손이 떨어진 사람을 아무나 1명 잡을 수 있다.

4 술래에게 잡힌 사람은 새로운 술래가 되고, 반대편에 무사히 도착한 사람은 그 줄 가장 뒤로 간다(기존 술래는 새로운 술래가 있었던 자리로 들어간다).

5 선생님의 호루라기 소리에 맞춰 정해진 시간 동안 놀이를 계속한다.

TIP

놀이의 팁 ———

• 처음엔 모두 서쪽에 2줄로 서고 동쪽으로 분리 합체하면서 달려가도록 하자. 이것만으로도 충분히 재미있다. 이 방법이 성공하면 두 팀으로 나눠 한 팀은 동쪽에서 서쪽으로, 다른 한 팀은 서쪽에서 동쪽으로 가도록 하고 그 사이에 술래를 둔다. 여기까지도 충분히 잘 되면 동서남북 네 방향에서 오갈 수 있도록 하자.

• 네 방향의 거리가 충분히 확보되어야 한다. 너무 좁으면 놀이가 원활하게 진행되지 않는다.

• 분리할 지점을 위해 콘을 놓았지만, 출발해서 세 걸음 뒤 분리하기 등으로 응용해서 진행할 수 있다.

3-18 3-6걸음 술래잡기

강당   운동장   교실 밖   **준비물** | 안대(모둠별 1개)

술래가 누구에게 어떻게 올지 모르는 긴장감이 있어 색다르게 할 수 있는 술래잡기다. 놀이 규칙을 이해시킨 뒤 모둠끼리 놀 수 있는 시간을 만들어보자.

나 여기 있어!

나 여기 있어!

술래 몸에 손을 대고 있다가
세 걸음 도망가기

세 걸음 후 한 번 더
"나 여기 있어!" 듣기

1 4~5명을 모으고, 가위바위보로 술래를 정한다.

2 술래는 안대를 쓰고 나머지 사람들은 술래의 몸에 손을 살짝 대고 선다.

3 술래가 "세 걸음!" 하고 외치면, 나머지 사람들은 술래로부터 세 걸음 떨어져 선다.

4 모두 움직임이 멈추면, 술래가 "어디 있니?"라고 물어본다. 그러면 나머지 사람들은 "나 여기 있어!" 하고 크게 대답한다.

5 술래는 목소리가 들리는 방향으로 세 걸음 더 이동한 뒤, 다시 "어디 있니?" 하고 물어본다. 다시 나머지 사람들이 "나 여기 있어!"라고 대답한다.

6 술래가 남은 세 걸음을 이용해 소리가 들리는 곳에 가서 누군가를 터치하면 그 사람이 새로운 술래가 된다.

7 술래가 터치하지 못하면 놀이를 한 번 더 반복한다.

TIP

놀이의 팁 ──

- 술래를 제외한 나머지 사람들은 세 걸음 도망간 뒤에는 움직이지 못한다. 술래가 다가왔을 때 앉거나 몸을 숙여 피할 수도 없다.

- "나 여기 있어!" 하고 크게 대답하도록 하자. 크게 말해도 술래는 어려워한다.

- 술래가 힘들어하면 걸음 수를 늘려주거나 마지막 걸음 전에 친구들이 한 번 더 대답하도록 하자.

- 이동할 때 뛰는 아이들이 있다. 발을 스케이트 타는 것처럼 미끄러지듯 이동하도록 하자.

준비는 쉽게! 즐거움은 크게!

4부

공 놀이

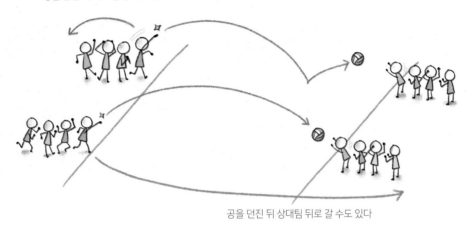

공을 던진 뒤 자기 팀 맨 뒤로 간다

공을 던진 뒤 상대팀 뒤로 갈 수도 있다

4-01 공주고받기 변형 놀이

강당 　운동장 　교실 밖 　**준비물** | 라인기, 공(2팀당 1개)

공을 가지고 하는 모든 놀이 전에 공에 익숙해지도록 만드는 방
법이다. 던지고 받거나 차고 받는 등 모든 연습을 이 놀이 안에서
응용해 진행해 보자.

1 4명이 한 줄로 선 뒤, 다른 팀과 10m 정도 떨어져 마주 보고 선다.

2 맨 앞사람은 정해진 규칙에 따라 공을 상대방에게 전달한다.
   • 공을 굴려서 전달하기
   • 공을 언더로(무릎 아래로) 던져 전달하기
   • 공을 하이로(머리 위로) 던져 전달하기
   • 공을 한 번 바운드시켜 전달하기

3 공을 던진 사람은 자기 팀의 맨 뒤로 간다(운동량을 늘리고 싶으면 상대팀 맨 뒤로).

4 일정 시간이 지난 뒤, 새롭게 부여받은 규칙에 따라 공을 상대방에게 전달한다.

TIP

놀이의 팁 ─────

• 강당에서는 바닥의 선을 이용해 놀이를 진행한다.

• 처음엔 10m 정도 떨어진 거리에서 가볍게 주고받다가 점차 거리를 늘려가도록 하자.

• 드리블, 인사이드로 차기 등 놀이 이후에 진행할 활동이 있다면 그에 맞는 특성을 넣어보자.

• 인원을 더 늘려도 좋고, 공의 크기, 종류를 바꿔가며 해도 좋다.

• 승부가 없어도 충분히 아이들이 즐길 수 있다.

4-02 공 가로채기

준비물 | 공(팀당 1개)

공을 서로에게 던지거나 차는 등 패스 연습을 할 때 운영할 수 있는 놀이다. 다양한 형태로 변형하며 놀이를 해보자.

1 8~15명 정도가 한 팀이 되어 원형으로 선다.

2 가운데에 한 사람이 들어간다.

3 가장자리에 있는 사람들끼리 미리 약속한 방식으로 공을 패스한다(예 : 머리 위로 던지기, 발 안쪽으로만 차기 등).

4 가운데 사람이 공을 가로채면, 공을 패스한 사람이 들어가 술래가 된다.

5 술래 너머의 친구에게 공을 던질 때, 엉뚱하게 던지거나 잘못된 방향으로 던져 공이 바닥에 떨어져도 (공을 던진 사람이) 술래가 된다.

TIP

놀이의 팁 ────

- 활동 전 규칙대로 서로 충분히 공을 주고받은 뒤 술래를 선정하고 놀이를 하자.

- 가운데 사람이 다치지 않도록 공을 패스한다.

- 처음엔 가운데 술래가 1명이지만, 2~3명으로 늘려도 좋다.

- 놀이를 하다 보면 원이 틀어질 수 있으니 라인기를 이용해 원을 그려놓거나, 접시콘을 이용해 원을 잘 표시해 놓자.

- 피구나 축구를 위한 워밍업 활동으로 하면 좋다.

- 처음에 큰 원에서 시작했다면, 조금씩 원의 크기를 줄여도 좋다.

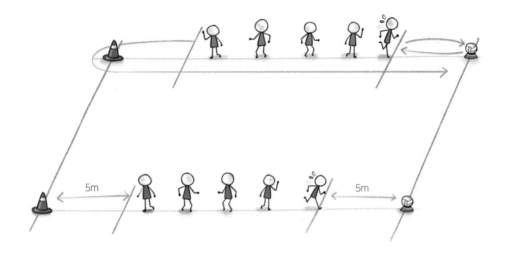

5m

5m

4-03 한줄로 공 전달하기

강당　운동장　교실 밖　　**준비물** | 접시콘(2개), 콘(2개), 공(2개)

공으로 할 수 있는 기본적인 전달 놀이다. 다양한 방법으로 변화를 만들어가며 조금씩 난이도와 재미를 높여 반 아이들과 즐거운 시간을 만들어보자.

1 반 아이들을 두 팀으로 나눈 뒤, 옆줄을 맞춰 서도록 하자.

2 가장 앞사람의 5m 전방엔 접시콘 위에 공을 하나 올려놓고, 가장 뒷사람의
   5m 후방에도 큰 콘 하나를 놓자.

3 신호가 떨어지면, 가장 앞사람이 공을 가지고 돌아와 정해진 규칙에 따라
   공을 뒤로 전달한다.
   • 다리 사이로 전달
   • 공을 오른쪽으로, 공을 왼쪽으로, 공을 오른쪽 왼쪽 번갈아가며 전달
   • 공을 머리 위로 전달
   • 공을 한 손으로만 전달

4 공을 받은 가장 뒷사람은 뒤에 있는 콘을 한 바퀴 돌고 처음 공이 있었던
   접시콘 위에 다시 놓는다.

5 먼저 도착하면 이기고, 다른 규칙으로 놀이를 계속 한다.

TIP

놀이의 팁 ──

• 간격이 너무 가까우면 충돌 위험이 있다. 서로 떨어져 안전하게 놀이할 수 있도록 조절하자.

• 다양한 규칙을 추가해 보자(예 : 맨 뒷사람이 반환점을 도는 동안 모두 뒤로 돌아 공을 반대로 전달하기,
  한 줄로 서지 않고 지그재그로 서서 하기 등).

• 피구공이나 배구공이 놀이하기에 좋다. 때론 크고 작은 공으로 바꿔가며 해보자.

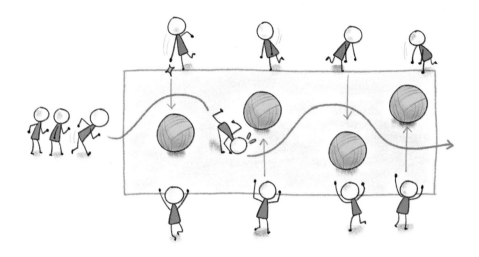

4-04 함정 탈출 놀이

 (교실 밖) **준비물** | 짐볼(3~5개), 라인기

학년 연구실, 체육물품 보관실에 가보면 크기가 다양한 물품들이 많이 있다. 짐볼, 훌라후프 등을 모두 모아서 영화 속 인디애나존 스가 여러 함정과 장애물을 피하듯 스릴 만점인 놀이를 진행해 보자.

활동방법 How to play

1 반 아이들을 탐험가팀, 함정팀 두 팀으로 나눈다.

2 바닥에 직사각형이 그려진 강당 한 곳을 놀이 장소로 정한다(운동장에서는 적당한 위치에 라인기로 그리자).

3 함정팀은 2명씩 짝이 되어 평행한 면에서 마주 보고 짐볼 등을 굴리면서 함정을 만든다.

4 탐험가팀은 남은 다른 면에서 반대쪽 면으로 1명씩 이동한다. 이때 함정에 몸이 닿지 않고 몇 명이 반대쪽 면까지 도착하는지 세어본다.

5 역할을 바꿔 한 뒤, 무사히 도달한 사람 수를 비교해 본다.

TIP

놀이의 팁 ───

• 함정팀은 탐험가팀이 오기를 기다렸다가 공을 굴리거나 던지는 것이 아니라 일정한 속도로 굴리고 받도록 하자.

• 직사각형의 너비를 조절하면 난이도가 조절된다(거리가 좁아지면 난이도가 올라간다).

• 짐볼 외에 피구공, 홀라후프 굴리기 등을 이용해 창의적으로 운영해 보자.

4-05 통과 볼링 놀이

강당 운동장 교실 밖 **준비물** | 같은 크기의 공(모둠당 3개), 콘(모둠당 4개)

볼링 핀이나 페트병으로 만든 핀을 쓰러뜨리지 않고도 볼링과 유사한 놀이를 즐길 수 있다. 콘을 세워놓고 통과해서 점수를 얻는 방식만으로도 재미있는 놀이가 된다.

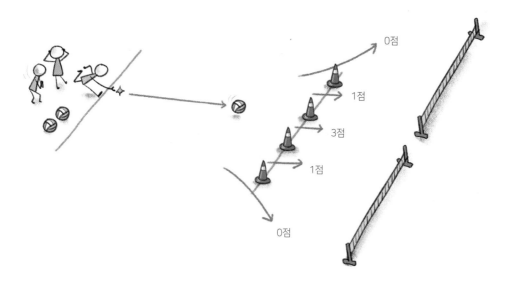

1 3~6명이 한 모둠이 되어 모인다.

2 시작선을 정하고, 10~15m 정도 되는 곳에 콘을 놓는다. 가운데 두 개는 조금 좁게, 나머지 두 개는 양쪽으로 같은 길이만큼 놓는다.

3 가운데는 3점, 양쪽은 1점, 그 외엔 무조건 0점으로 정한다.

4 순서대로 공을 세 번 굴린다.

5 각자 통과시킨 곳의 점수를 더해 최종 승부를 낸다.

TIP

놀이의 팁 ———

· 강당에서는 굴리기, 운동장에서는 발 안쪽으로 공을 차면서 놀자.

· 콘 간격을 좁히거나 늘려가며 난이도를 조절할 수 있다.

· 시작선과 콘과의 거리를 늘리거나 줄여가며 난이도를 조절할 수 있다.

· 굴러온 공에 맞아도 쓰러지지 않을 정도의 단단한 콘으로 진행하자.

· 모둠끼리 모여 어떻게 점수를 부여할지 의논한 뒤 놀아도 좋다.

· 공이 굴러가면 주워오는 것이 일이다. 뒤에 한두 명이 서 있거나 벽 앞에서 놀자.

· 팀 대항으로 진행해도 좋다.

4-06 그라운드 다트

강당 | 운동장 | 교실 밖 **준비물** | 라인기, 같은 크기의 공(1인당 1개)

원형 다트판을 네 개의 선을 이용해 운동장에 구현했다. 컬링처럼 서로의 공을 쳐낼 수 있는 방식까지 더해져 더 재미있게 놀 수 있는 방법을 소개한다.

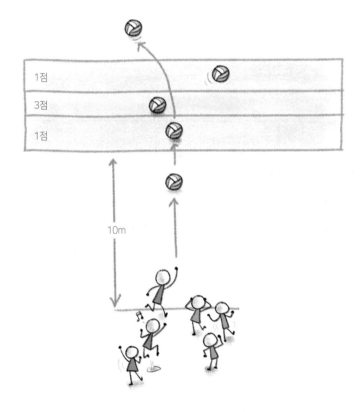

1점

3점

1점

10m

1 6~10명을 모아 두 팀으로 나눈다.

2 운동장에 라인기를 이용해 4개의 선을 그어 세 개의 영역을 만든다. 이때 가운데 영역을 조금 좁게 만들어 3점, 양쪽은 1점으로 약속하자.

3 10m 정도 떨어진 곳에서 서로 돌아가면서 공을 굴린다(공을 굴려 상대방 공을 밀어낼 수도 있다).

4 공을 모두 굴린 뒤, 굴러간 자리 안의 점수를 파악해 총점수가 많은 팀이 한 판을 이긴다.

5 3판 2승제 또는 5판 3승제로 놀이를 진행한다.

TIP

놀이의 팁 ——

- 자기 공 위치를 서로 잘 기억하고 있어서 혼동할 일은 크지 않지만, 걱정이 된다면 공에 매직으로 점을 그려 서로 구분하도록 하자.

- 더 많은 선을 그어 점수를 다양하게 해도 좋다.

- 선 중앙에 걸려 있으면 더 높은 점수를 적용하기로 하자. 서로 싸우게 될 정도의 일이 벌어지면 다시 던지기 등 미리 약속을 정한 뒤 놀이를 진행하자.

- 진행하는 교사가 번거롭지 않도록 4개의 선으로 했지만, 원형이나 다른 특별한 모양으로 발전시켜 놀이를 진행해도 좋다.

- 점수판과 공을 굴리는 곳 사이의 거리를 짧게 또는 길게 해서 난이도를 조절하자.

- 두 팀이 아닌 세 팀이 진행하면 색다른 느낌의 놀이가 된다.

30~40m

숫 담당

숫 담당

인간 골대

숫 담당

4-07 패스-슛 놀이

강당　운동장　교실 밖　**준비물** | 라인기, 훌라후프(8개), 피구공(또는 배구공, 1개)

공을 가지고 놀이를 하다 보면 우르르 몰려다니는 아이들을 보게 된다. 패스와 슛을 제대로 배우기 전에 이 놀이를 함께해 보자. 역할을 바꾸거나 배치를 바꿔가며 다양하게 놀 수 있다.

활동방법 How to play

1 반 아이들을 두 팀으로 나눈 뒤, 팀별로 '인간 골대' 1명, '슛 담당' 3명을 선정한다. 그 외의 사람은 모두 '패스 담당'이다.

2 양쪽 끝에 인간 골대를 중심으로 4m 정도 거리에 슛 담당 3명을 배치한다.

3 인간 골대는 정해진 공간 안에서 슛 담당이 던지는 공만 받을 수 있다. 슛 담당만 인간 골대에 슛을 할 수 있으며, 패스 담당에게 패스하는 것은 가능하다.

4 패스 담당은 패스만 가능하고, 공을 잡으면 세 걸음 안에 패스해야 한다.

5 먼저 공격할 팀을 정한 뒤, 시작점에서 공을 패스하며 놀이를 시작한다. 첫 번째 패스는 상대팀이 빼앗을 수 없다.

6 슛 담당에게 패스해 슛 담당이 인간 골대에게 공을 보내면 1점을 얻는다.

7 정해진 시간 동안 놀이를 진행하고 최종 점수로 승부를 낸다.

TIP

놀이의 팁 ───

• 인간 골대와 슛 담당의 자리에 패스 담당은 들어갈 수 없도록 하자.

• 안전하게 하고 싶다면 인간 골대와 슛 담당의 공간을 조금 크게 그리자.

• 공간이 넓다면 패스 담당이 세 걸음이 아닌, 다섯 걸음 안에 패스하는 것으로 바꿔보자.

• 원활한 진행을 위해 경기장 옆 아웃 선을 없애고 자유롭게 오가며 패스와 슛을 해보자.

• 공은 다치지 않을 정도의 말랑함이 있으면 좋고, 플라잉 디스크로 변형해 진행하는 것도 좋다.

• 서로 역할을 바꿔가며 참여할 수 있도록 놀이 시간을 5분씩 4회 등으로 끊는 것도 좋다.

4-08 오버 패스 놀이

준비물 | 라인기, 피구공(또는 배구공, 1개)

패스를 중심으로 진행할 수 있는 놀이다. 놀이 장소는 상황에 따라 달리 운영할 수 있는 장점이 있다. 머리 위로 공을 높게 던지는 오버 패스 위주로 놀이를 즐겨보자.

1 반 아이들을 두 팀으로 나눈다.

2 라인기 또는 접시콘을 이용해 4칸의 영역을 만들고, 팀을 절반씩 나눠서 각 칸에 번갈아 들어가게 한다.

3 처음 시작할 팀이 한 칸 너머의 같은 팀에게 공을 오버 패스로 던져준다.

4 공을 받으면 다시 한 칸 너머의 같은 팀에게 공을 던져 주고받는다.

5 다섯 번 주고받기를 성공하면 1점을 얻고, 공은 상대팀에게 넘어간다.

6 중간에 공을 빼앗기거나 공이 바닥에 떨어지거나 선 밖으로 넘어가면 아웃이 되고, 공은 상대팀에게 넘어간다.

7 15분 동안 더 많은 점수 얻기 또는 5점 먼저 만들기 등 상황에 맞게 놀이를 운영한다.

TIP

놀이의 팁

• 같은 칸 안에서 패스하는 것은 가능하나 카운팅에 포함하지는 않는다. 미리 같은 칸 안에서 할 수 있는 패스 횟수를 정해 놓자.

• 가운데 두 칸의 거리를 조절해 보자. 거리를 늘리면 더 높고 멀리 패스하게 된다.

• 공을 주고받는 횟수를 늘리거나 굴려서 패스할 수 있음 등 규칙을 상황에 따라 수정해 보자.

• 두 손으로 패스하기, 한 손으로 패스하기 등으로 놀이에 조금씩 변화를 줄 수 있다.

4-09 네 이름을 불러줄게

강당 **운동장** 교실 밖 **준비물** | 피구공(1개)

비싼 스캐터볼이 없어도 이와 비슷하게 친구들과 놀 수 있다. 달려 도망가고, 공을 던지고 피하고, 술래가 있는 복합적이면서 재미있는 놀이다.

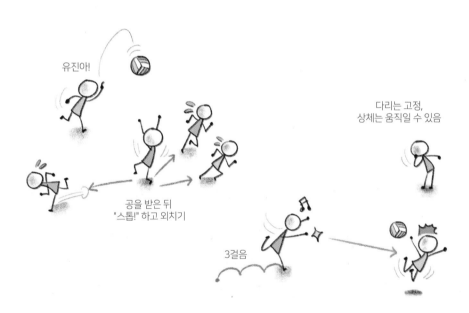

유진아!

다리는 고정,
상체는 움직일 수 있음

공을 받은 뒤
"스톱!" 하고 외치기

3걸음

1 4~6명이 모여 손을 잡고 선다.

2 공을 들고 있던 사람이 친구 1명의 이름을 부르고 공을 머리 위로 던진다.

3 이름이 불린 사람은 공을 잡고 크게 "스톱!" 하고 소리친다.

4 이름이 불리지 않은 사람은 여섯 걸음 도망갈 수 있는데, "스톱"이란 소리가 들리면 여섯 걸음이 되지 않았어도 그 자리에 서야 한다.

5 공을 든 사람은 원하는 방향으로 세 걸음을 걸어간 뒤, 공으로 누군가를 맞힌다.

6 공에 맞은 사람이 다음 술래가 된다. 공에 맞은 사람이 없으면 한 번 더 술래를 한다.

TIP

놀이의 팁 ──

• 이름을 먼저 부른 뒤, 공을 던지게 하는 규칙을 지키도록 하면 놀이 진행이 더 매끄러워진다.

• "스톱"이란 말에 멈춰야 하는 것을 꼭 지켜야 하며, 두 발은 움직일 수 없으나 상체를 움직일 수 있는 등 공을 피하는 규칙도 지정해 주자.

• 세 걸음 걸어간 뒤, 누군가를 맞히기가 힘들다면 다섯 걸음 정도로 규칙을 변경해 보자.

• 총 10번을 해서 누가 가장 공에 많이 맞았나, 또는 공에 가장 적게 맞은 사람은 누구인가 등으로 운영할 수 있다. 시간을 정해 놓고 해도 좋다.

• 공은 맞았을 때 아프지 않은 피구공이 좋다.

4-10 이름을 불러줘!

강당 운동장 교실 밖 **준비물** | 피구공(1개), 고무줄(1인당 5개)

공 하나만 있으면 친구들과 재미있게 놀 수 있는 추억의 벽치기 놀이다. 반 아이들에게 맞게 변형된 놀이를 함께해 보자.

1 5~8명이 모여 모두 손목에 고무줄을 5개씩 찬 뒤 술래를 1명 뽑는다.

2 벽 하나를 정하고, 벽에서 4~5m 떨어진 곳에 모두 한 줄로 선다.

3 술래는 친구 1명의 이름을 크게 부른 뒤 벽에 공을 던진다. 이때 자기 키보다 높게 던져야 한다. 나머지는 모두 다섯 걸음을 도망간다.

4 이름이 불린 사람은 벽에 튄 공을 바로 받으면 방어에 성공했기 때문에 술래에게 고무줄 1개를 받고, 술래는 다시 벽에 공을 던지며 다른 친구의 이름을 말한다.

5 이름이 불린 사람이 벽에 튄 공을 바로 받지 못하면 뛰어가 공을 줍고 "스톱!"이라고 외친 뒤 세 걸음 이동하여 친구 중 아무나 1명을 맞힌다. 맞히면 상대방 고무줄 1개를 가져오고, 공에 맞은 사람이 새로운 술래가 된다. 만약 못 맞히면 공을 던진 사람이 새로운 술래가 된다.

6 정해진 시간이 지난 뒤, 고무줄을 가장 많이 갖고 있는 사람이 승리한다.

TIP

놀이의 팁 ─────

• 공을 던질 때 자기 키보다 높은 곳에 던지도록 하자. 그래야 상대방이 공을 받기 쉽다.

• 술래가 친구 이름을 부르고 공을 벽에 던졌을 때 바로 받으면 나머지 친구 모두에게 고무줄을 하나씩 받는 것으로 응용해 보자.

• 고무줄이 없으면 주머니 속에 공깃돌 5개를 넣고 놀이를 진행하자.

• 고무줄이나 공깃돌 없이 술래만 바뀌는 형태로 놀이를 해도 충분하다.

4-11 도너츠 놀이

(강당) (운동장) 교실 밖 **준비물** | 라인기, 피구공(1개)

원을 두 개만 그려도 재미있게 놀 수 있는 방법을 소개한다. 중간 놀이 시간이나 점심시간에 반 아이들끼리도 할 수 있는 놀이다.

1 5~7명씩 두 팀(공격팀과 수비팀)을 만든다.

2 커다란 원의 중앙에 작은 원을 그린다.

3 공격팀은 한 사람이 중앙의 작은 원 안에 들어가고, 나머지는 큰 원 바깥쪽에 선다.

4 공격팀은 중앙에 있는 친구에게 패스를 성공하면 1점을 얻는다.

5 수비팀은 원과 원 사이에 서서 공격팀의 패스를 가로챈 뒤 빼앗은 공은 바깥 원 너머로 멀리 던진다.

6 정해진 시간이 지나면 역할을 바꿔 놀이한다.

TIP

놀이의 팁 ———

• 원의 크기에 따라 난이도가 달라진다. 바깥 원의 크기를 키우면 난이도가 높아진다.

• 가운데 원은 한 사람이 충분히 움직일 수 있는 크기(반지름이 성인 한 걸음 정도)로 만들자.

• 전반, 후반으로 나누어도 좋고, 5분 정도로 끊어 1~4쿼터로 운영해도 좋다.

• 던지고 뺏는 과정에서 다치지 않도록 부드러운 재질의 공을 이용하자.

• 더 많은 인원으로 진행할 때는 원을 크게 그려서 중앙의 원에 공격팀을 2명 들어가게 한다.

• 강당에서는 접시콘을 이용해 원을 만들어 활동해 보자.

• 운동장에서는 축구공을 사용해 중앙의 친구에게 인사이드 패스를 하는 것으로 응용할 수 있다.

4-12 핸드콘

 교실 밖 **준비물** | 피구공(1개), 콘(6개), 라인기

핸드볼 경기 규칙을 이용해 놀이를 해보자. 놀이가 애매하게 진행될 수 있는 요소들을 조금씩 수정해 가면서 더 즐겁게 할 수 있도록 안내해 보자(이 놀이는 골키퍼가 없는 핸드볼인 '추크볼'과 유사하다).

1 반 아이들을 두 팀으로 나눈다.

2 라인기를 이용해 커다란 직사각형을 그리고 둘로 나눈다.

3 그림과 같이 양쪽 끝 선 중앙에 콘 3개를 일정한 간격으로 세워놓고 반원 모양의 보호 영역을 그린 뒤 그 앞에는 놀이 시작점을 그려놓는다.

4 공을 들고 세 걸음 이상 이동할 수 없고, 그 안에 친구에게 패스를 해야 한다.

5 패스로 공을 연결해 상대방 콘으로 공을 던져 콘이 넘어지면 1점을 얻는다.

6 정해진 시간 동안 얻은 점수로 승부를 낸다.

TIP

놀이의 팁 ───

- 공을 잡은 사람에게서 1~2m 떨어지기 등 규칙을 정해 서로 붙지 않도록 하는 것이 안전하다.

- 각 팀에서 공격과 수비의 활동 영역을 나눠서 정하면 우르르 몰려다니는 상황을 막을 수 있다.

- 보통 콘을 1개로 하는데 콘을 3개 정도 놓았을 때 놀이가 재미있다. 5개까지 늘려도 좋고, 콘을 따닥따닥 붙여서 세워놓고 동시에 2개가 넘어지면 바로 2점 득점으로 해도 좋다.

- 콘을 둘러싼 보호 영역을 어느 정도 확보해야 놀이가 재미있다. 공격도 수비도 그 안에 들어갈 수 없도록 하자.

- 공이 밖으로 나가거나 바닥에 떨어지면 아웃이고 상대편에게 공격 기회가 주어진다. 선 밖에서 패스해서 진행한다.

- 강당에서는 바닥 라인을 이용하고, 접시콘으로 놀이 시작점과 보호 영역을 만들자.

- 공을 바닥에 한 번 튕겨서 패스할 수 있다는 규칙을 넣어 응용할 수도 있다.

4-13 세번안에

(강당) (운동장) (교실 밖) **준비물** | 배구공(1개), 라인기

손을 이용해 경기하는 배구와 발을 이용해 경기하는 족구가 혼합
된 놀이다. 잘 튀는 공만 있으면 공간을 그려놓고 친구들과 재미
있게 놀 수 있다.

1 직사각형 모양의 놀이 공간을 그리고, 중앙에 폭이 1m 정도 되는 중심선을 그린다.

2 각 영역 안 쪽에 공을 처음 던질 수 있는 시작점을 중심선에서 2~3m 떨어진 곳에 그린다.

3 3~6명이 한 팀이 되어 각 팀의 공간 안에 들어간다.

4 상대팀이 시작점에서 공을 던지면, 한 번 바운드한 공을 손, 발, 머리를 이용해 공중으로 띄운다. 다시 손, 발, 머리를 이용해 패스하거나 상대방 영역으로 세 번 안에 넘기면 된다.

5 중심선에 닿거나 가장자리를 넘어가면 아웃이 된다.

6 정해진 시간 동안 확보한 점수 또는 15점 3세트 등으로 진행할 수 있다.

TIP

놀이의 팁 ────

- 중심선 대신 높이가 있는 콘이나 족구용 네트를 사용해도 좋다.
- 아이들은 공을 바로 넘기려는 경향이 있다. 한 번 바운드한 뒤 패스하거나 넘기도록 하자.
- 공은 피구공보다 잘 튈 수 있는 배구공이 좋다.
- 공을 스파이크로 세게 치기보다 위로 던져 넘기도록 하자.
- 발로 친구를 때리는 일이 없도록 누군가 옆에 있을 땐 발을 사용하지 않기로 약속하자.

4-14 공을 들고 뛰어랏!

 강당 운동장 교실 밖 **준비물** | 접시콘(5개), 공(5개), 라인기, 팀 조끼, 공 넣을 바구니

정해진 시간 안에 더 많은 공을 가지고 와야 하기에 달리기 실력과 순발력이 필요하지만 같은 팀끼리 작전을 잘 세워야 하는 놀이다. 시간이 뚝딱 지나가는 역동적인 놀이다.

1 반 아이들을 두 팀으로 나눈다. 라인기를 이용해 운동장 절반 정도 크기의
   경기장을 그린 뒤 동서남북에 너비 3m 정도의 입구를 그린다.

2 경기장 안에 접시콘 5개를 서로 떨어진 위치에 놓고, 그 위에 공을 하나씩
   올려놓는다.

3 공격은 동서남북 문을 통해 안으로 들어갈 수 있고, 공을 들고 밖으로 나올
   때까지 수비에게 터치당하지 않으면 1점을 획득한다. 수비는 문 안으로 들
   어온 공격자를 터치할 수 있지만 경기장 밖으로 나갈 수는 없다.

4 터치당한 공격자는 경기장 밖의 대기 장소로 가야 한다.

5 정해진 시간(5~10분)이 지나면 공수 교대를 한다.

6 최종 점수가 더 높은 팀이 승리한다.

TIP

놀이의 팁 ────

• 수비는 접시콘 바로 옆에 서 있으면 다칠 수 있으니 1m 정도 떨어진 곳에 서도록 하자.

• 공을 들고 나가는 도중에 터치당하면 공을 바로 수비에게 건네주고 대기 장소로 이동한다.

• 대기 장소에 경기가 끝날 때까지 있는 게 기본이지만, 시간을 재서 1분 뒤 경기장 안으로 들어
  갈 수 있는 규칙을 추가할 수 있다.

• 접시콘 위의 공을 발로 차는 것으로 응용할 수 있다. 동서남북 입구로 들어와 수비를 피해 공
  을 차서 선 밖으로 내보내면 1점을 얻는 것으로 하자.

• 접시콘 대신 큰 콘을 두고 그곳에 깃발을 꽂아둔 다음 깃발 뽑아오기로 응용할 수 있다.

4-15 배구공 운반놀이

준비물 | 배구공(1개), 2~3mm 두께의 긴 줄(4개), 접시콘(1개), 큰 콘(1개)

모두가 힘을 모아 함께해야 하는 놀이다. 뒤집어진 접시콘 위에 공을 올려놓고 주어진 미션을 달성하는 놀이로 팀워크가 필요하다.

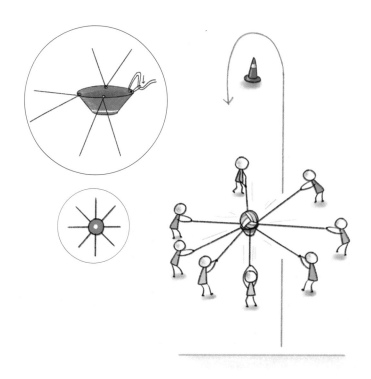

1 접시콘 1개를 뒤집어 동서남북 네 방향으로 구멍을 낸다.

2 긴 줄을 절반으로 접어 접혀진 부분을 구멍 안에 조금 넣은 뒤 다시 줄 끝 부분을 넣어 매듭을 만들어 8명이 긴 줄을 잡아당길 수 있도록 만든다.

3 출발선 안쪽에 모두가 줄을 잡고 서 있으면, 그 위에 배구공을 올린다.

4 공을 떨어뜨리지 않고 반환점을 돌아오면 된다.

TIP

놀이의 팁 ──────

• 접시콘 대신 고리던지기용 고리에 끈을 묶어서 할 수 있다.

• 배구공이 바닥에 떨어지면 바닥에 접시콘(고리)을 내려놓고 공을 올린 뒤 천천히 다시 이동하도록 하자.

• 특정 아이가 비난받지 않도록 서로를 응원하면서 하도록 하자.

• 네 방향으로 구멍을 뚫지 않고 세 방향만 해도 된다.

• 반환점을 돌고 왔다면 정해진 곳까지 이동하기, 정해진 곳에 공 넣기 등 조금씩 놀이를 확장해 보자.

• 끈을 잡을 땐 손으로 한 번 휘감아서 잡도록 하면 좋다.

오른쪽으로 훌라후프 돌리기   짐볼 들기   한 발로 공 잡고 올렸다 내리기

4-16 발바닥 위엔?

 강당 운동장 교실 밖   **준비물** | 같은 크기의 공이나 훌라후프 또는 짐볼(모둠 수만큼)

모둠 구성원 모두 집중해야 하는 협동 놀이다. 발바닥 위에 공 또
는 훌라후프를 올려놓고 주어진 미션을 성공해야 한다. 성공하는
것만으로도 모두가 함께 기뻐하게 되는 멋진 놀이다.

1 4명이 한 모둠이 된다.

2 모든 모둠이 강당 바닥에 누워 발을 들어 올려 한데 모은다.

3 그 위에 공 하나를 올린다.

4 공이 떨어지지 않도록 함께 공을 발 위에 올릴 방법을 충분히 연습한다.

5 공을 발 위에 올린 뒤 미션을 소화한다.
   • 무릎을 구부렸다 펴면서 공을 아래로 내렸다 올리기
   • 발 2개 빼기
   • 한 발씩만 모아 공을 잡고 아래로 내렸다 올리기

6 가장 마지막까지 공을 발 위에 올리고 있는 모둠이 승리한다.

TIP

놀이의 팁 ────

• 공이 몸이나 얼굴로 떨어져 다치지 않도록 피구공이나 배구공으로 시작하자.

• 짐볼로 놀이를 했을 때 아이들 리액션이 크게 살아난다.

• 공이 없을 땐 훌라후프를 활용해 보자.
  – 훌라후프를 내렸다 올리기, 발을 하나씩 빼기, 훌라후프를 천천히 오른쪽으로 돌리기 등

• 조금 더 큰 공으로 진행하면 모둠 인원을 더 늘릴 수 있다.

• 여름엔 세숫대야를 발바닥 위에 올리고 물을 채운 뒤 야외 놀이로 활용해 보자.

4-17 한사람피구

강당 **운동장** 교실 밖　**준비물** | 피구공(팀당 1개), 라인기

피구를 하기 전 워밍업으로 또는 기본형 피구로 활용할 수 있다.
서바이벌 형태의 피구를 함께해 보자.

1 8~15명 정도가 한 팀이 되어 원형으로 선다.

2 가운데에 한 사람이 들어간다.

3 원의 가장자리에 서 있는 사람은 피구공으로 가운데 사람을 맞히거나 다른 사람에게 패스한다.

4 가운데 사람은 피구공을 피해 다닌다.

5 공을 던져 맞힌 사람이 가운데 사람과 자리를 바꾼다.

TIP

놀이의 팁 ───

• 원을 라인기로 그리거나 접시콘을 이용해 만들자.

• 원이 좁아질수록 술래가 자주 바뀐다.

• 가운데에 들어가는 인원을 2~3명으로 늘려도 좋다. 이때 충돌하지 않도록 미리 안내하자.

• 한 번에 맞힐 수도 있지만, 패스를 세 번 한 후에 맞히기 등의 규칙으로 다양하게 변형한다.

• 약속한 횟수만큼 피하기 등의 미션을 줘도 좋다.

• 한두 명이 놀이를 주도하지 않도록 처음 지정된 자리에 계속 서게 하고, 서 있는 쪽으로 오는 공을 잡아 패스하거나 던지도록 한다.

• 얼굴을 맞히지 않도록 하고, 머리에 맞은 것은 무효로 하자.

4-18 원형 피구

준비물 | 접시콘(여러 개), 피구공(1개)

서바이벌 속성을 지니고 있는 기본 형태의 피구다. 커다란 원을
만들고 그 안에 모두 다 들어간 뒤 밖에서 날아오는 공을 마지막
까지 피해 보자.

1 모두 함께 커다란 원 모양으로 선다.

2 각자 발 아래 접시콘을 놓고 원형 놀이 장소를 만든다.

3 원 밖에서 공을 던질 2~4명을 선정한 뒤, 나머지는 모두 원 안으로 들어간다.

4 원 밖에 있는 사람은 공을 던져 원 안의 사람을 맞힌다.

5 원 안에 있는 사람은 공을 피해 다니고, 맞으면 밖으로 나와 공을 던진다.

6 원 안에 2~4명이 남으면 안에 있던 사람은 밖으로, 밖에 있던 사람은 안으로 들어간 뒤 새롭게 놀이를 시작한다.

TIP

놀이의 팁 ──────

• 부드럽고 말랑한 피구공으로 놀이하자.

• 얼굴을 맞히지 않도록 하고, 머리에 맞은 것은 무효로 하자.

• 짐볼로 바꿔서 진행할 수 있다.

• 공이 튀어 2~3명이 맞기도 한다. 최초로 맞은 사람만 나갈 것인지, 아니면 모두 나갈 것인지 미리 규칙을 정하자.

• 공을 던지는 사람만 계속 던지는 상황이 생길 수 있다. 한두 사람이 공을 차지하지 않도록 미리 안내하자.

• 원의 크기에 따라 난이도가 달라진다. 원을 좁히면 조금 더 어려워지고 놀이가 빨리 끝난다.

4-19 남녀 피구

준비물 | 피구공(1개), 라인기

남학생과 여학생 편을 나누어 서로를 적대시하는 놀이는 이제 그만! 남학생이 여학생을, 여학생이 남학생을 보호하는 멋진 장면이 펼쳐지는 피구를 함께해 보자.

1 남학생과 여학생을 각각 두 줄로 세운 뒤, 가위바위보로 두 팀을 만든다.

2 각 팀은 경기장 밖에서 공을 던질 한 사람을 선발해 상대방 공간 밖에서 공을 던지도록 한다.

3 나머지 학생들은 각자의 공간에 들어가 날아오는 피구공을 피한다. 이때 남학생이 던진 공에는 남학생만, 여학생이 던진 공에는 여학생만 아웃된다.

4 공에 맞은 학생은 상대방 공간 밖으로 가서 공을 던진다.

5 어느 한쪽이라도 모두 경기장 밖으로 나가게 되면 놀이가 끝난다.

TIP

놀이의 팁 ──

• 얼굴을 맞히지 않도록 하고, 머리에 맞은 것은 무효로 하자.

• 상대방 공간(영역)으로 넘어가면 아웃된다.

• 패스를 잘 이용해 진행하도록 하자.

• 다른 피구 방식과 결합해 응용해 보자.

4-20 어드밴티지 피구

준비물 | 피구공(1개), 라인기

남녀 피구 대결을 지양하지만, 고학년을 담임하다 보면 가끔 운영을 해야 할 때가 있다. 자꾸 분열되는 여학생들의 단합을 위해 반 아이들과 회의를 거쳐 어드밴티지를 부여해 놀이를 해보자.

남학생 공간

여학생 공간

활동방법 How to play

1 반 아이들을 남자, 여자 팀으로 나눈다.

2 피구 경기장을 그릴 때 남학생은 1/3, 여학생은 2/3 공간이 되도록 한다.

3 경기장 밖에서 공을 던질 사람 1명씩을 정한 뒤, 상대방 팀 영역 밖에 위치 시킨다.

4 신호와 함께 피구 놀이를 시작한다.

5 공에 맞으면 상대방 영역 밖으로 가서 공을 던진다.

6 상대방 팀을 모두 밖으로 내보내면 이긴다.

TIP

놀이의 팁 ───

• 무조건 남녀 대결로만 생각하지 말고, 나이가 다르거나 팀의 실력이 크게 차이 났을 때 적용하자.

• 무작정 어드밴티지 피구로 운영하기보다는 회의를 통해 어드밴티지 정도를 협의한 뒤 진행해 보자. 그럼에도 불구하고 한쪽이 너무 유리하다면 다시 회의를 통해 수정해 보자.

• 경기장 크기를 조절하거나, 여학생은 공에 두 번 맞아야 아웃되는 규칙 등으로 변형해 보자.

• 경기장 크기가 같을 때 남학생은 손을 잡고 다니거나, 여학생은 등을 맞아야 아웃, 남학생은 공 을 한 번 바닥에 바운드해서 여학생 맞히기 등 다양한 어드밴티지를 부여할 수 있다.

4-21 천하무적 피구

강당 **운동장** 교실 밖 · **준비물** | 피구공(1개), 라인기

여러 형태의 피구에 친구들을 보호해 주는 '천하무적' 역할을 부여하면 놀이 분위기가 달라진다. 보호막, 방패, 슈퍼맨 피구 등으로 알려져 있는 피구 놀이!

1 반 아이들을 두 팀으로 나누고 각각 영역을 지정해 준다.

2 공을 던질 한 사람은 상대팀의 영역 밖에 선다.

3 공을 던져 상대방을 맞히고, 공에 맞으면 상대팀 영역 밖에서 공을 던지기로 한다.

4 영역 안쪽의 1명을 '천하무적'으로 선정한다. 천하무적 역할의 학생은 공을 아무리 맞아도 아웃되지 않는다.

5 팀원 모두 공에 맞아 경기장 밖으로 나가면, 천하무적 역할의 학생도 공에 맞을 경우 아웃된다.

6 한 팀이 모두 경기장 밖으로 나가면 놀이가 끝난다.

TIP

놀이의 팁 ────

- 얼굴에 공을 던지지 않도록 하자.

- 천하무적 역할의 학생은 상대팀 쪽으로 너무 다가가서 공격을 방해하지 않도록 하자(두 걸음 떨어지기 등).

- 공을 받으면 경기장 밖의 친구를 불러들이는 등의 규칙을 정해도 좋다.

- 상대 진영으로 몸이 넘어가면 아웃된다.

- 천하무적을 2~3명으로 늘릴 수 있다.

- 아무리 맞아도 아웃되지 않는다는 규칙 때문에 과한 행동이 나온다면 다섯 번 맞으면 아웃된다는 등 제한을 만들어주는 것도 좋다.

4-22 장애물 피구

강당 운동장 교실 밖 **준비물** | 뜀틀(2개), 피구공(1개), 라인기

강당에서 할 수 있는 놀이로, 체육 교구가 있는 곳에서 뜀틀이나 매트로 장애물을 만들어 피구를 해보자. 장애물 뒤에 숨어서 비명을 지르는 등 평소와 다른 경험에 재미가 생기는 놀이다.

활동방법 How to play

1 반 아이들을 두 팀으로 나눈다.

2 각 팀별로 경기장 밖에서 공을 던질 한 사람을 정하고, 모두 각자의 영역 안으로 들어간다.

3 영역 안에는 공을 피할 수 있는 장애물을 놓는다(예 : 뜀틀).

4 공에 맞으면 밖으로 나가 상대방 영역 밖에서 공을 던진다.

5 어느 한쪽이라도 모두 경기장 밖으로 나가면 놀이가 끝난다.

TIP

놀이의 팁 ——

• 뜀틀 대신 매트를 들고 해도 재미있다. 교구 창고에 있는 다양한 물건들을 장애물로 활용해 보자.

• 공을 얼굴로 던지지 않도록 하자.

• 상대방 영역으로 넘어가거나 공을 가져올 수 없다.

• 장애물에 발이 걸리거나 다치지 않도록 조심하자.

4-23 스파이 피구

준비물 | 피구공(1개), 훌라후프(2개), 라인기

상대방 팀 안에 우리 팀 1명이 들어가 피구공을 던져 공격을 할
수 있다는 것만으로도 색다른 피구가 가능하다. 스파이를 어떻게
활용하느냐에 따라 다양한 결과가 만들어진다.

1 반 아이들을 두 팀으로 나누고 직사각형 모양의 경기장을 그린다.

2 각 팀의 영역 중앙에 훌라후프를 하나씩 놓는다.

3 밖에서 공을 던져 공격할 사람 1명은 상대팀의 영역 밖으로, 상대팀 영역 안에서 공을 던져 공격할 스파이 1명은 상대팀 영역의 훌라후프 안으로 들어간다. 그 외의 사람은 자기 팀 영역 안으로 들어간다.

4 공을 던져 상대팀을 맞힌다. 공에 맞은 사람은 경기장 밖으로 나가 상대팀 영역 밖에서 공을 던진다.

5 훌라후프 안에 있는 스파이는 공에 맞아도 아웃되지 않는다.

6 상대팀 모두를 경기장 밖으로 내보낸 팀이 승리한다.

TIP

놀이의 팁 ────

• 강당에서는 스파이가 들어갈 공간에 색테이프를 붙여 영역을 지정해 주면 조금 더 안전하다.

• 스파이가 공을 던지는 방식을 변형하면 놀이 난이도가 조절된다. (예 : 한 손으로만 던지기, 두 손으로 공을 잡고 던지기, 공을 던져 바운스해서 맞히기, 패스 받아야만 상대팀 맞힐 수 있기 등)

• 경기장을 조금 크게 해서 스파이를 2명으로 늘릴 수 있다.

• 패스를 잘 활용하도록 하자.

4-24 점수피구

준비물 | 피구공(1개), 라인기

나가고 들어가는 사람 없이 시간제 피구를 재미있게 할 수 있는
방법이다. 각 팀의 몇 명에게 점수를 부여하고 정해진 시간 동안
점수를 마구 올려가는 재미있는 피구다.

1 반 아이들을 두 팀으로 나누고 원형 피구 경기장을 그린다.

2 공격 순서를 정한 뒤 한 팀은 안쪽에, 다른 한 팀은 바깥쪽에 선다.

3 안쪽 팀은 회의를 통해 5점짜리 1명, 3점짜리 3명을 정한다. 나머지는 모두 1점이다.

4 시작 신호와 함께 밖에 있는 사람은 안쪽 팀에게 공을 던지고, 맞히면 그에 해당하는 점수를 얻는다. 이때 날아오는 공은 잡을 수 있고, 잡은 공은 경기장 밖으로 멀리 던진다. 안쪽으로 굴러 들어온 공은 경기장 밖으로 던지지 않고 상대팀 쪽으로 굴려준다.

5 정해진 시간이 지나면 위치를 바꿔 놀이한다. 최종 시간이 지난 뒤, 점수를 비교해 승부를 낸다.

TIP

놀이의 팁 ────

- 1명에게 10점을 부여하고 나머지 모두에게 1점을 부여하는 등 다양한 규칙으로 변형할 수 있다. 그러나 한두 명에게 너무 높은 점수를 부여하면, 모두가 그 사람에게 집중해 놀이가 싱겁게 끝날 수 있으므로 점수를 고루 분배하는 것이 좋다.

- 점수가 그려진 조끼를 입어도 좋고, 특별한 점수는 색이 있는 손목 보호대나 모자를 쓰게 하는 것도 좋다.

- 가장 재빠르고 공을 잘 피하는 학생을 높은 점수로 선발하게 되는데, 간혹 다툼이 있을 수 있다. 돌아가면서 하거나 친구들에게 추천을 받아보자.

4-25 4영역 피구

(강당) (운동장) (교실 밖) **준비물** | 피구공(1개), 라인기

기존 피구를 변형해 보자. 정사각형을 4개의 영역으로 나누고 더 가까이에서 공을 던지고 피하는 스릴 넘치는 순간을 만들어보자.

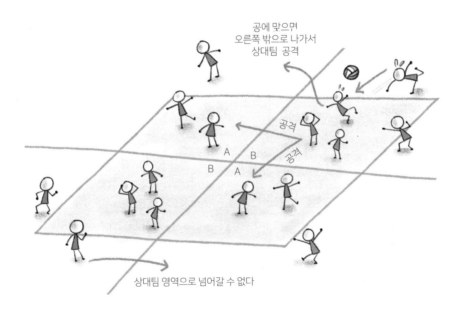

공에 맞으면
오른쪽 밖으로 나가서
상대팀 공격

공격

공격

A B
B A

상대팀 영역으로 넘어갈 수 없다

1 반 아이들을 두 팀으로 나눈다.

2 라인기를 이용해 정사각형을 그린 뒤 2개의 선으로 분할해 4개의 영역을 만들고 시계 방향에 따라 A, B, A, B로 정한다.

3 각 팀은 둘로 나뉘어 각자의 영역에 들어가고, 밖에서 공을 던질 2명을 선정한 뒤 1명씩 상대팀 밖에 배치한다.

4 경기를 시작하면 상대팀을 맞혀 경기장 밖으로 보낸다.

5 공에 맞은 사람은 경기장 중앙을 중심으로 오른쪽 방향의 상대팀 영역 밖으로 나가서 공격을 하면 된다.

6 경기장 안에 있는 상대팀 모두를 먼저 아웃시킨 팀이 승리한다.

TIP

놀이의 팁 ──────

• 영역을 구분하는 선을 밖으로 조금 더 그어주면 공을 가지러 상대방 영역에 들어가지 않는다는 규칙을 지키게 된다.

• 처음엔 지정된 작은 영역 안에서만 다니다가 익숙해지면 팀과 팀 사이를 넘어다닐 수 있도록 응용해 보자.

• 경기장이 작으면 공을 피하기 어려워 금방 끝난다. 그럴 경우엔 공을 두 번 맞으면 아웃되는 것으로 규칙을 변형해 보자.

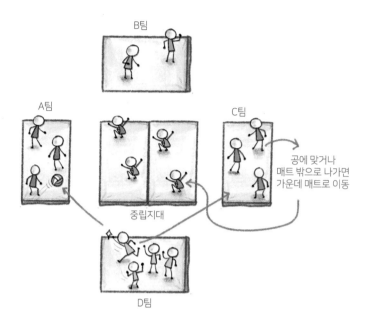

B팀

A팀

C팀

공에 맞거나
매트 밖으로 나가면
가운데 매트로 이동

중립지대

D팀

4-26 매트피구

강당 **운동장** **교실 밖** **준비물** | 매트(6매), 피구공(1개)

강당에서 할 수 있는 재미있는 피구 놀이다. 좁은 매트 위에서 진행되기 때문에 스릴 넘치는 특별한 재미가 있다. 매트와 관련된 수업을 한 뒤 남는 시간 동안 함께해 보자.

- 이화초 김지혜 선생님의 아이디어에서 도움을 받았습니다.

1 반 아이들을 4팀(A~D팀)으로 구성한다.

2 가운데 두 개의 매트를 깔고 동서남북으로 나머지 매트를 놓은 뒤 각 팀의 매트를 지정해 준다.

3 각 팀은 매트 위에서 피구를 하는데, 공에 맞거나 매트 밖으로 나가면 아웃된다.

4 아웃된 사람은 가운데 '중립지대'로 가서 앉아 있는다.

5 중립지대의 학생들은 매트 안이나 근처로 온 공을 잡으면 자기 팀으로 복귀할 수 있다.

6 마지막까지 남은 팀이 승리한다.

TIP

놀이의 팁 ———

- 한 팀이 모두 사라졌을 때 한 경기를 마쳐도 된다. 남은 사람의 수가 더 많은 팀이 승리한다.

- 중립지대에 있는 학생들은 앉거나 무릎을 바닥에 대고 일어날 정도만 몸을 세울 수 있도록 하자.

- 공을 중립지대의 자기 팀에게 줄 수 없고, 자기 팀의 공을 받거나 주워 복귀할 수 없다.

- 공이 매트 밖(경기장 밖)으로 멀리 가면, 각 매트의 한 사람만 가서 공을 가져올 수 있도록 하자. 먼저 가져온 사람이 공격권을 갖는다. 여러 사람이 매트 밖으로 나가 공을 가져오면 공격권이 사라진다.

- 각 팀에서 경기장 밖의 공을 가져다 줄 수 있는 '도우미'를 1명씩 지정하고, 경기당 도우미를 돌아가면서 해도 좋다.

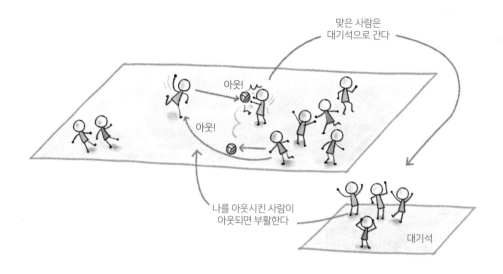

맞은 사람은
대기석으로 간다

아웃!

아웃!

나를 아웃시킨 사람이
아웃되면 부활한다

대기석

4-27 정신집중피구

준비물 | 라인기, 피구공(1개)

공이 오가는 것을 잘 보고만 있어도 계속해서 피구에 참여할 수 있다. 무엇보다 나를 아웃시킨 친구가 아웃되는 순간 환호를 지르며 피구장 안으로 들어가는 모습이 인상적인 놀이다.

- 용호초 변영숙 선생님의 '1인 피구' 아이디어를 다듬었습니다.

1 평소보다 조금 더 큰 피구 경기장을 그린다.

2 경기장 안에 모두 서도록 한 뒤, 공을 중앙으로 던져 놀이를 시작한다.

3 공을 잡은 사람은 근처 아무에게나 공을 던져 아웃시킨다.

4 공에 맞은 사람은 경기장 밖에 별도로 만들어진 '대기석'으로 간다.

5 굴러가거나 바운스된 공을 먼저 잡은 사람이 근처 아무에게나 던져 맞힌다.

6 대기석에 있던 사람은 나를 아웃시킨 사람이 누군가의 공에 아웃되면 다시 피구 경기장에 들어갈 수 있다.

7 정해진 시간 동안 놀이를 한다.

TIP

놀이의 팁 ────

• 아웃된 사람들을 대기석에 있도록 해도 좋지만, 경기장 밖으로 날아가버린 공을 집어 경기장 안으로 던지도록 하면 더 재미있다.

• 일부러 와서 공에 맞으려고 하는 학생들이 있다. 놀이 전에 미리 안내하자.

• 공을 누군가 집는 순간 정신없이 몸을 틀어 움직이다보니 충돌 위험이 있다. 미리 안내하자.

• 부활하게 되면 환호를 지르도록 하자. 놀이 역동이 커진다.

• 나를 아웃시킨 사람이 아웃되는지 집중해서 보도록 하자.

• 강당에서는 바닥선을 이용해 경기 영역을 지정하고, 콘을 이용해 표시하는 것도 좋다.

4-28 뒤죽박죽 피구

강당 **운동장** 교실 밖   **준비물** | 라인기, 접시콘(팀원 수만큼), 피구공(1개)

이제까지 팀을 나누어 피구를 했다면, 이번에는 모두가 뒤죽박죽
섞인 상태에서 해보자. 승부보다 재미를 추구하는, 공을 피하고
던지는 것만으로도 무한대로 놀 수 있는 피구 방법이다.

상대팀을 맞히면
1:1 자리 교체

1 반 아이들을 두 팀으로 나눈다. 이때 조끼 등으로 팀을 구분하면 좋다.

2 원형 피구 경기장을 그리고, 아이들이 설 위치에 접시콘을 하나씩 놓는다.

3 팀 모두를 섞은 뒤, 안쪽과 바깥쪽에 절반 정도 고루 서도록 한다.

4 공을 던져 상대방 팀을 맞히면 1:1로 서로의 위치를 바꾼다.

5 밖에 서 있는 사람은 굴러오거나 날아오는 공을 잡으러 다른 곳에 갈 수 없고, 자신의 접시콘 근처에서 공을 잡아 던진다.

6 밖에 서 있는 사람은 안으로 들어갈 수 없고, 원 안으로 들어간 공은 집은 사람이 같은 편에게 패스한다.

7 정해진 시간이 지난 뒤, 원 안에 더 많은 인원이 남아 있는 팀이 승리한다.

TIP

놀이의 팁 ——

• 나이와 놀이 스피드에 따라 원의 크기를 조절하면서 진행해 보자.

• 양팀이 절반씩 섞여 서 있는 것이 좋지만 숫자를 꼭 맞추지 않아도 좋다. 때론 바깥쪽에, 때론 안쪽에 더 많이 서 있게 하면서 응용해 놀이해 보자.

• 안쪽에서 공을 피하는 게 귀찮아서 일부러 공에 맞는 학생이 있다. 최선을 다하자고 격려하자.

• 접시콘을 꼭 사용하자. 그렇지 않으면 1:1로 자리를 바꿀 때 애매한 경우가 생긴다.

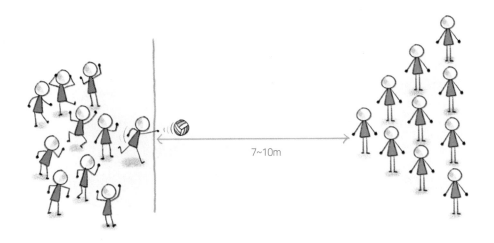

7~10m

4-29 인간볼링피구

준비물 | 피구공(1개), 라인기

강당 또는 운동장에서 활동할 공간이 제한적일 때 반 아이들과
함께할 수 있는 활동이다. 볼링 핀들이 몸을 좌우로 움직이며 공
을 피하는 모습을 구경하는 또 다른 재미가 있다.

활동방법 How to play

1 10명씩 두 팀을 만들고 공격 순서를 정한다.

2 그림과 같이 한 팀은 1-2-3-4명이 역삼각형 모양으로 서고, 공격팀은 7~10m 정도 떨어져 공을 던지는 선 뒤에 차례로 선다.

3 공격팀은 1명씩 피구공을 던져 볼링 핀에 해당하는 사람을 맞힌다.

4 볼링 핀에 해당하는 사람은 두 다리를 고정하고 상체만 움직여 공을 피할 수 있다. 공이 얼굴 쪽으로 날아오면 손으로 막을 수 있고, 얼굴에 맞으면 공격은 무효가 된다. 공에 맞은 사람은 자리에 앉는다. 날아오는 공을 막는 등 공격을 방해할 수는 없다.

5 공격팀이 모두 공을 던진 뒤, 남아 있는 볼링 핀이 몇 명인지 파악한다.

6 역할을 바꿔 놀이를 하고, 남아 있는 볼링 핀 숫자가 더 많은 팀이 이긴다.

TIP

놀이의 팁 ———

- 10명씩 두 팀이 되지 않으면, 볼링 핀을 세우는 방식을 변형하면 된다. 사람을 줄이거나 가장 마지막 줄에 조금 더 세우는 등 상황에 맞게 운영하자.

- 볼링 핀이 서 있을 위치를 라인기로 그려주거나 접시콘을 이용해 지정해 주자. 날아오는 공을 몸을 돌려 피할 때 서로 부딪히지 않도록 거리 조절을 위해 꼭 필요하다.

- 누군가 얼굴에 맞으면 앉아 있던 볼링 핀 하나 또는 모두가 부활하는 식으로 응용할 수 있다.

- 피구공 대신 한 사람씩 달려가 '가위바위보' 대결로 상대방을 앉게 만들 수 있다. 이기면 다음 사람과 가위바위보를 이어나가고, 지면 돌아온다. 다음 사람이 가위바위보를 해 10명 중 몇 명을 앉게 만드는지로 응용할 수 있다(가위바위보 볼링).

4-30 줄줄이 피구

준비물 | 라인기, 접시콘(팀원 수만큼), 피구공(1개)

꼬리잡기의 특성을 피구에 적용한 놀이. 맨 뒷사람이 공을 맞으면 아웃되기 때문에 자연스럽게 친구들과 밀착이 되고, 서로를 보호하는 등 다양한 역동이 만들어지는 놀이다.

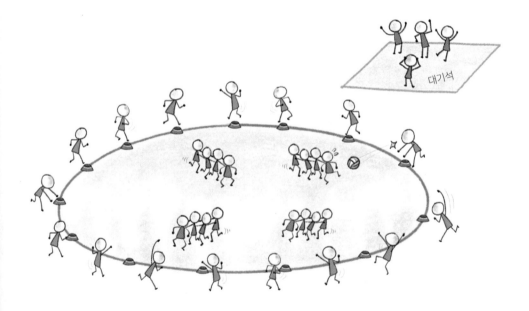

1 반 아이들을 두 팀으로 나눈다.

2 커다란 원을 그리고, 공격팀은 원 바깥쪽에 고루 선 다음 발 아래 접시콘을 놓는다.

3 수비팀은 원 안에 들어가 3~4명씩 앞사람 어깨나 허리에 손을 대고 기차 형태로 선다.

4 피구공이 기차 형태의 맨 뒷사람을 맞혀야만 아웃된다. 그 외엔 공을 아무리 맞아도 아웃되지 않는다.

5 팀원 모두 공에 맞아 경기장 밖의 대기석으로 나가면 경기가 끝나고 역할을 바꾼다.

TIP

놀이의 팁 ———

• 공에 맞아 아웃되면 따로 모여 있을 대기석을 만들어놓자.

• 앞사람이 공을 받으면 대기석에 있던 친구 1명을 불러내 기차의 맨 뒤에 세울 수 있다.

• 맨 뒷사람을 맞히기 어려워 놀이가 지루해질 땐, 맨 앞사람이 맞아도 아웃되는 규칙을 추가하자.

• 이 형태의 피구놀이를 무한대로 즐기고 싶다면, 밖에 있는 사람이 안에 있는 맨 뒷사람을 맞히면 맞힌 사람은 그 줄의 맨 뒤에 서고 그 줄의 맨 앞사람은 밖으로 나가 공을 던졌던 자리에 서도록 하자.

• 원형 피구를 응용해, 공에 맞으면 대기석으로 이동하지 않고 밖에서 공격하는 방식으로 운영해도 좋다.

4-31 짝 축구

준비물 | 축구공(1개), 라인기

2명이 짝이 되는 순간 다양한 역동이 일어난다. 둘이라 움직임이 둔해져 속도가 줄어들지만, 서로 격려하기도 하고 때론 작전을 짜기도 한다. 혼자가 아니기에 좋기도 하고 불편하기도 한 놀이 속으로 들어가보자.

1 반 아이들을 두 팀으로 나눈다.

2 각 팀은 2명씩 짝이 되어 손을 잡는다.
- 남녀가 한 모둠이 되어 손잡기
- 교실자리 짝꿍끼리 손잡기
- 뽑기로 짝을 만들어 손잡기
- 실력을 고려해 토의해서 짝 만든 뒤 손잡기

3 축구 규칙과 동일하게 경기를 진행하면 된다. 단, 공이 라인 밖으로 나가 아웃이 되면 둘이 한 손씩 이용해 공을 던지고, 골킥이나 정지된 공을 찰 때는 서로 한 번씩 번갈아 차면 된다.

4 정해진 시간 동안 많은 골을 넣은 팀이 승리한다.

TIP

놀이의 팁 ──────

- 2명이 손을 잡고 하기 때문에 골을 넣었을 때 2점씩으로 하면 더 즐겁다.

- 손을 잡고 있는 답답함 때문에 공을 세게 차는 학생이 있다. 경기 전에 미리 주의를 당부하자.

- 달리기 실력이나 축구 실력이 너무 차이가 나면 답답해하는 경우가 있다. 혼자보다 함께가 중요한 활동이며, 친구도 잘할 수 있도록 도와주는 것이 진정한 실력이라는 것을 말해 주자.

- 남자는 2명씩 짝이 되어 손을 잡고 하고, 여자는 자유롭게 하는 어드밴티지 축구로 응용할 수 있다.

- 축구공 대신 럭비공으로 하면 더욱 재미있다.

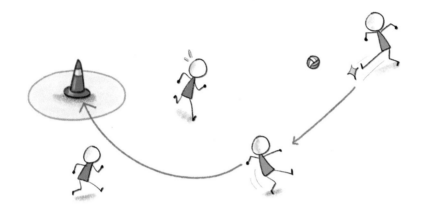

4-32 1:1 콘축구

준비물 | 축구공(1개), 콘(1개)

축구를 하기 위해 반 전체가 모이기 힘들다면 적은 인원의 친구들과 재미있게 축구할 수 있는 방법을 알려주자. 큰 공간이 필요하지 않아 중간놀이나 점심시간에 친구들과 짧게 놀 수 있는 방법이기도 하다!

활동방법 How to play

1 2명이 한 팀이 되어 공격과 수비, 두 팀을 만든다.

2 작은 원을 그리고 그곳에 콘을 세운 뒤 앞에 수비 2명이 선다.

3 수비는 콘을 보호하지만, 원 안에 들어갈 수는 없다.

4 공격은 약속된 곳에서 공을 패스해서 경기를 시작한다.

5 공격팀이 공을 차서 콘을 넘어뜨리면 1점을 획득한다.

6 공격팀이 공을 뺏기거나 점수를 획득하면 역할이 바뀐다.

TIP

놀이의 팁 ————

• 수비는 공격이 처음 하는 패스를 뺏을 수 없다.

• 인원을 조금 늘린다면 콘을 세울 원을 조금 더 크게 그리자.

• 공격 제한 시간을 정해 놓고 해도 좋다.

• 공격 시작 지점은 콘에서 조금 떨어진 곳에 지정해 주는 것이 좋다.

• 공을 발로 세게 차지 않도록 미리 약속하고, 공이 공중으로 뜨면 역할을 바꾸게 하자.

• 한 번 구성한 팀 그대로 하기보다는 중간에 팀 구성원을 바꿔가며 해보자.

• 빠른 스피드로 움직이고 정지하는 등 발목을 많이 사용하기 때문에 충분히 준비 운동을 하도록 하자.

4-33 슈팅 콘 축구

강당 운동장 교실 밖

준비물 | 축구공(2개), 콘(10개), 라인기

슈팅 위주의 팀 대결 놀이다. 콘을 한 줄로 세워놓고 돌아가면서
슈팅하도록 하자. 좁은 공간에서도 할 수 있는 놀이니 여러 반이
동시에 운동장을 사용할 때 대안으로도 활용해 보자.

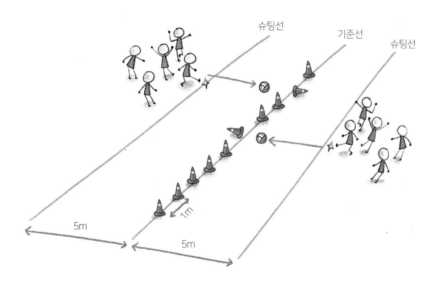

1 반 아이들을 두 팀으로 나눈다.

2 기준선을 긋고 1m 간격으로 10개의 콘을 놓는다.

3 기준선과 평행하게 5m 거리에 두 팀의 슈팅선을 긋는다.

4 공격 순서를 정하고, 각 팀은 팀내 순서에 맞게 축구공을 슈팅선 원하는 곳에 놓고 콘을 향해 공을 찬다.

5 팀별로 돌아가면서 공을 한 번씩 차는데 콘이 넘어지면 1점을 얻는다.

6 콘이 모두 쓰러질 때까지 돌아가면서 공을 찬 뒤, 더 많은 점수를 차지한 팀이 이긴다.

TIP

놀이의 팁 ———

• 양쪽으로 마주 보지 않고, 한쪽에서 팀별로 돌아가면서 놀이를 할 수 있다.

• 콘 크기를 달리해서 작은 콘은 2점, 큰 콘은 1점으로 점수를 다르게 할 수 있다.

• 시간 여유가 없을 땐, 정해진 시간이 되면 활동을 멈추고 그때까지 점수로 승부를 낸다.

• 콘 간격을 붙여서 한 번에 2개의 콘이 넘어지도록 할 수 있다.

• 2~3군데 지점을 정해 주고 그곳에서만 공을 찰 수 있다는 등 제한을 두면 난이도가 올라간다.

• 기준선 위에 콘 대신 공을 두고 굴리는 것으로 변형해 '왕구슬 놀이'로 놀 수 있다.

4-34 미니콘축구

준비물 | 축구공(1개), 콘(최대한 많이), 라인기

가끔 축구 골대를 사용할 수 없어 서운해하는 반 아이들을 볼 때
가 있다. 축구 골대가 없이 큰 콘 여러 개만 있어도 즐겁게 축구
할 수 있는 방법을 알려주자.

골킥 위치

활동방법 How to play

1 5~8명을 한 팀으로 두 팀이 모인다.

2 옆의 그림과 같은 경기장을 운동장 절반 크기로 그린다.

3 경기장 끝에 같은 수의 콘을 일정한 간격으로 세워두고 골대로 정한다.

4 양옆의 선을 넘어가면 아웃이 되어 상대방 팀이 선에서 두 손으로 공을 던지고, 골대 밖으로 공이 넘어가면 골킥 장소에 공을 두고 발로 차면 된다.

5 상대방 콘을 넘어뜨리면 1점을 얻고, 넘어뜨린 콘은 다시 세우지 않는다.

6 정해진 시간 뒤 상대방 콘을 더 많이 넘어뜨린 팀, 혹은 상대방 콘을 먼저 모두 넘어뜨린 팀이 승리한다.

TIP

놀이의 팁

- 공을 세게 차기보다는 인사이드로 발 안쪽을 이용해 차도록 하자.
- 인원이 너무 많으면 놀이 진행이 어려울 수 있다. 분산해서 여러 놀이 장소를 그려주자.
- 콘을 놓은 곳 앞에 2m 정도 선 하나를 더 긋고 공격이나 수비가 들어올 수 없는 영역을 그려놓으면 콘 앞에서 복잡한 상황을 줄일 수 있다.
- 콘 간격을 조절해 보자. 가운데 콘을 가깝게 모아 둘 수도 있고, 2~3개를 뭉쳐놓기도 하고 흩뿌려놓기도 하자.
- 콘을 많이 세워주자. 많은 점수를 획득하는 것만으로도 아이들은 즐거워 한다.
- 경기장이 작아서 라인 밖으로 공이 자주 나간다. 짧은 패스와 힘 조절이 중요함을 안내한다.

4-35 순발력 축구

(강당) **(운동장)** (교실 밖) **준비물** | 축구공(1개), 라인기

운동장을 절반만 사용하게 될 때 할 수 있는 축구 놀이다. 순발력
도 필요하지만, 결정적으로 골을 넣지 못했을 때 반 아이들의 엄
청난 탄식을 듣게 되는 재미있는 축구 놀이다.

활동방법 How to play

1 반 아이들을 두 팀으로 나눈다.

2 축구 골대에서 10m 정도 떨어진 곳에 축구공 하나를 놓는다.

3 축구공에서 10m 정도 떨어진 곳에 두 팀의 출발선을 각각 그려놓는다.

4 각 팀의 1명은 출발선에서 골대를 등지고 앉는다.

5 교사가 호루라기를 불면, 자리에서 일어나 뒤돌아 달려가 공을 먼저 골대로 차면 된다. 이때 (골키퍼 없는) 골대 안으로 들어가면 1점이고, 들어가지 않으면 아웃이 된다.

6 모든 사람이 참여한 뒤, 총점수를 계산해 승부를 낸다.

TIP

놀이의 팁 ───

• 축구공을 차기 전에 충돌할 수도 있으니 시작 전에 미리 안전에 대한 이야기를 나누자.

• 뒤를 보고 앉아 있을 때 자세를 통일하자. (예 : 아빠다리로 앉기 + 손을 팔짱 끼기)

• 일반적인 축구가 끝나고 승부차기 방식 대신 이 놀이를 해도 좋다.

• 어떤 순서로 공을 찰 것인지 각 팀별로 회의를 하고 줄을 세우면 엄청난(?) 변수가 생겨 또 다른 재미가 발생한다.

• 교사가 호루라기를 불어도 되지만, 반 학생 중 1명이 깃발을 드는 형식 등으로 응용해도 좋다.

4-36 칸칸이 축구

 강당   운동장   교실 밖   **준비물** | 라인기, 축구공(1개), 콘(4개)

반 아이들은 축구를 할 때면 공이 있는 쪽으로 무작정 우르르 몰려다니곤 한다. 시야를 넓히고 영역 사용과 패스에 대해 돌아볼 수 있게 하는 색다른 축구를 소개해 주자.

1 반 아이들을 두 팀으로 나눈다.

2 라인기를 이용해 커다란 직사각형을 그리고 양쪽 끝에 콘 2개를 이용해 골대를 만든다.

3 큰 직사각형 안에 선을 그어 일정한 크기로 나눠 칸을 만든다. 이때 골키퍼만 다닐 수 있는 칸을 꼭 만들자.

4 두 팀을 각 칸에 고루 분산하여 세우고, 지정된 칸에서만 움직일 수 있게 한다.

5 한쪽 골키퍼가 공을 던지거나 굴리면 경기가 시작된다.

6 정해진 시간 동안 상대방 골대에 공을 더 많이 넣는 팀이 이긴다.

TIP

놀이의 팁 ───

• 공을 세게 차지 않고 패스와 드리블만 이용하도록 하자.

• 골키퍼는 공을 차지 않고 던지거나 굴리기, 잡기만 할 수 있다.

• 공이 자주 아웃될 때가 있다. 그럴 땐 외발로 뛰어가서 손으로 잡고 던지기, 아웃된 공을 안으로 던져주는 담당 정해 놓기 등 다양한 규칙을 추가해서 경기의 흐름이 끊기지 않도록 조절하자.

• 축구공이 아닌 플라잉 디스크로 경기를 진행할 수 있다.

• 선 모양을 다양하게 그어서 칸을 만들고, 칸 안에 사람이 너무 밀집되지 않도록 조절하자.

• 골이 잘 나지 않으면 골대 넓이를 넓히자.

4-37 제멋대로 축구

강당 **운동장** 교실 밖 **준비물** | 럭비공(1개), 라인기, 콘(4개)

제멋대로 튀어 오르는 럭비공의 성질을 이용한 놀이다. 축구 규칙과 같지만 경기장을 어떤 형태로 만드느냐에 따라 놀이의 즐거움이 달라진다. 학교 체육 창고에 럭비공이 있다면 도전!

1 반 아이들을 두 팀으로 나눈다.

2 라인기를 이용해 운동장 축구 경기장 절반 정도의 경기장을 그리고, 축구 골대 대신 콘으로 영역을 지정해 준다. 될 수 있으면 넓게 지정해 놓자.

3 공격 순서를 정한 뒤, 자기 팀 골대 앞에서 럭비공을 놓고 발로 차는 것으로 시작한다.

4 콘으로 만든 골대 안에 럭비공이 들어가면 1점을 얻는다.

5 정해진 시간 뒤, 더 많은 골을 넣은 팀이 승리한다.

TIP

놀이의 팁 ———

• 얼굴 쪽으로 공을 차지 않도록 하자.

• 공이 제멋대로 튀어 컨트롤되지 않아 자기도 모르게 욕을 하는 학생이 있다. 놀이 전에 미리 주의하도록 이야기하자.

• 점수 인정 영역을 한쪽 면 전체로 지정할 수 있다. 때론 점수 인정 영역을 3등분 한 뒤, 가운데는 3점, 가장자리 두 곳은 1점씩으로 지정해 보자.

• 이 놀이는 점수가 많이 나와야 재미있다.

• 골키퍼는 다칠 수 있으니 지정하지 않도록 하자.

4-38 볼링 축구

준비물 | 축구공(1개), 콘(여러 개)

볼링 형태의 놀이를 운동장에서도 할 수 있다. 축구공과 콘만 있으면 친구들과 함께 재미있는 놀이 속으로 들어갈 수 있다.

활동방법 How to play

1 2~3명씩 여러 팀을 만든다.

2 콘을 볼링 핀처럼 세워둔다.

3 각 팀이 서로 합의해 공을 찰 적당한 거리를 정한다.

4 볼링처럼 1인당 두 번씩 공을 차기로 한다.

5 가장 많은 콘을 쓰러뜨린 팀이 승리한다.

TIP

놀이의 팁 ─────

• 처음엔 가까운 거리에서 시작해 조금씩 거리를 늘려가면서 난이도를 조절하자.

• 콘을 붙여서 세우거나 거리를 두고 세우는 것에 따라 난이도가 달라진다.

• 공을 찼을 때 공이 너무 멀리 가지 않도록 적당한 장소에서 진행하자.

• 몇 번 만에 모두 쓰러뜨리는지, 몇 번 안에 쓰러뜨리는지 등으로 응용이 가능하다.

• 거리를 가깝게 하고, 손으로 던져 쓰러뜨리기로 응용할 수 있다.

• 공을 주워오는 일이 번거로울 수 있으니 벽이 있는 곳에서 하면 좋다.

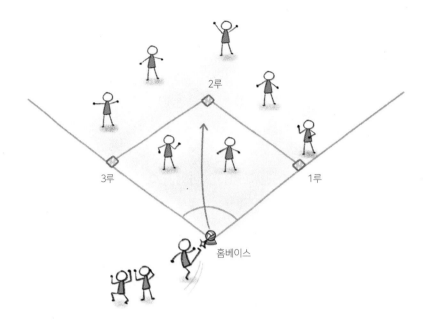

2루

3루

1루

홈베이스

4-39 발야구

강당 운동장 교실 밖 **준비물** | 발야구 공(1개), 베이스(4개), 라인기

기본적인 발야구 놀이다. 야구 규칙과 유사해 아이들에게 가르쳐
주기 쉽고 반 아이들 모두가 할 수 있다는 장점이 있다.

활동방법 How to play

1 그림과 같이 홈베이스를 정한 뒤, 10~15m 정도 거리를 두고 1~3루를 정한다.

2 라인기를 이용해 파울선을 그린다.

3 반 아이들을 공격과 수비, 두 팀으로 나눈다.

4 수비팀이 자리를 잡고 서면, 공격팀은 순서를 정하고 공을 발로 찬다.

5 수비가 공이 바닥에 닿기 전에 잡거나, 공을 잡은 후에 각 루에 발이 떨어져 있는 공격을 태그하면 아웃이 된다.

6 공을 발로 차지 못하거나 홈베이스 앞 파울선 안에 공이 떨어지거나, 홈과 1, 3루를 연결한 파울 라인 밖으로 공이 나가면 파울이다.

7 파울이면 공을 다시 차야 하고, 파울 세 번이면 아웃이다.

8 1~3루를 돌아 홈으로 들어오면 1점을 얻고, 3아웃이면 공격과 수비가 교대한다.

TIP

놀이의 팁

- 접시콘 위에 공을 올려놓으면 차기 편하다.
- 3아웃 이후에 공격과 수비를 바꾸는 게 번거로우면, 양 팀이 모두 한 번씩 공을 차서 획득한 점수로 승부를 낸다.
- 나이와 수준에 따라 홈과 1, 3루 사이의 거리를 줄이거나 늘려보자.

 한줄발야구

강당 운동장 교실 밖 **준비물** | 발야구 공(1개), 접시콘(1개), 베이스(2개), 라인기

반 아이들이 가장 사랑했던 발야구다. 모두가 역동적으로 참여할 수 있는 장점이 있어 체육대회 때 반대항 놀이로 운영할 수 있다.

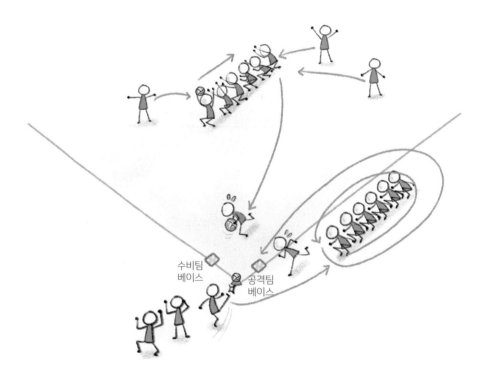

수비팀
베이스

공격팀
베이스

활동방법 How to play

1 공격과 수비, 두 팀으로 나눈다.

2 홈베이스를 정한 뒤 파울선을 그린다. 홈베이스의 위치에는 접시콘을 놓고 공을 올려둔다. 오른쪽에 '공격팀용 베이스'를 따로 놓고 공격팀은 5m 정도 떨어진 곳(발로 찬 공에 맞지 않을 곳으로)에 한 줄로 앉는다.

3 공격 1명이 공을 차고, 한 줄로 앉아 있는 자신의 팀을 두 바퀴 돈 뒤 공격 팀용 베이스를 밟으면 1점을 얻는다.

4 수비팀은 넓게 퍼져 날아오는 공을 잡는다. 공을 잡은 사람은 그 자리에 앉고, 나머지 수비팀 모두가 달려와 그 뒤로 한 줄로 앉는다. 앞에서부터 뒤로 공을 머리 위로 전달하고, 맨 뒷사람은 공을 들고 '수비팀용 베이스'로 뛴다.

5 수비가 공격팀용 베이스로 달려오는 공격보다 먼저 수비팀 베이스를 밟거나 날아오는 공을 바로 잡으면 아웃된다.

6 3아웃에 공수가 교대되거나 전원 공격 방식으로 놀이를 진행한다.

TIP

놀이의 팁 ——

· 공격팀과 수비팀의 충돌을 막기 위해 공격과 수비의 베이스를 각각 따로 지정하자.

· 점수가 잘 나면 공격이 자신의 팀을 돌고 오는 횟수를 더 늘린다.

· 정해진 바퀴를 돈 뒤에 추가로 더 돌고 들어오면 그 횟수만큼 추가 점수를 얻을 수 있도록 응용할 수 있다.

· 공격팀 모두가 앉지 않고 콘 두 개를 놓고 그곳을 돌고 오도록 변형할 수 있다.

4-41 투수발야구

준비물 | 발야구 공(1개), 베이스(3개), 라인기, 콘(2개)

기본 발야구 형태에 투수가 더해졌다. 굴러오는 공을 발로 차고
4볼로 진루하는 등 조금 더 진화한 발야구를 함께해 보자.

1 홈베이스를 정한 뒤 10~15m 정도 거리를 두고 1~3루를 정하고 파울선을 그린다. 반 아이들을 공격과 수비, 두 팀으로 나눈다.

2 수비팀이 자리를 잡고 서고 투수 1명을 정한다.

3 홈베이스 대신 콘으로 공이 굴러 들어와야 하는 범위에 스트라이크 존을 만든다.

4 투수가 공을 언더로 굴려주면 공격자가 공을 발로 찬다. 발로 찬 공을 공중에서 바로 잡거나 공을 잡은 수비가 공격을 태그, 또는 진행 루에 먼저 패스하면 아웃이 된다.

5 투수가 굴린 공이 스트라이크 존 밖으로 네 번 나가면 공격은 1루로 출루한다(4볼). 투수가 굴린 공이 스트라이크 존 안에 들어가는 스트라이크와 파울을 더해 세 번이면 아웃이 된다.

6 1~3루를 돌아 홈으로 들어오면 1점, 3아웃이면 공격과 수비를 교대한다.

TIP

놀이의 팁

• 홈과 1~3루 안에는 투수 한 사람만 서 있도록 하자.

• 스트라이크 존을 접시콘으로 만들면, 경사진 접시콘의 특성상 굴러오는 공이 스트라이크 존에 들어왔는지 훨씬 명확하게 알 수 있다.

• 경기가 좀 지루해지면 4볼을 3볼로 줄이고, 2스트라이크 또는 2파울이면 아웃으로 하자.

• 아이들이 굴러오는 공을 생각보다 차기 힘들어한다. 기본 발야구로 충분히 논 뒤에 이 놀이를 진행하자.

4-42 줄줄이 발야구

준비물 | 발야구 공(1개), 베이스(3개), 라인기

팀 전체가 뛰어야 하기 때문에 놀거나 쉬는 아이들이 없이 공격 팀이라면 땀을 뻘뻘 흘리게 되고, 무엇보다 다량 득점에 반 아이들이 환호하는 발야구다.

1 홈을 정한 뒤 6~7m 정도 거리를 두고 1~2루를 정하고, 라인기를 이용해 파울선과 주행선을 그린다.

2 반 아이들을 공격과 수비, 두 팀으로 나눈다.

3 공격은 남-여-남-여-남-여 순서대로 공을 찰 순서를 정한다.

4 공을 찬 뒤, 공격은 줄 그대로 공을 찬 사람 뒤를 따라 1~2루를 돌아 홈베이스를 발로 밟으면서 차례로 1점, 2점, 3점 외치며 들어온다.

5 찬 공을 수비가 바로 받거나 파울 세 번이 되면 아웃된다.

6 공격이 홈베이스를 밟기 전에 수비 1명이 홈과 파울선 사이에 공을 가지고 서면 아웃이 된다. 수비가 공을 들고 위의 장소에 도착할 때까지 홈베이스를 밟은 공격팀 인원만큼 점수를 얻을 수 있다.

7 3아웃이면 공격과 수비를 교대한다.

TIP

놀이의 팁 ────

• 3아웃 이후에 공격과 수비를 바꾸는 게 번거로우면, 양 팀 모두가 공을 한 번씩 차서 획득한 점수로 승부를 낸다.

• 처음엔 공격팀이 한 바퀴 돌고 들어와 발로 홈베이스를 한 번씩만 밟게 하다가, 수비 1명이 파울선과 홈베이스 사이에 도착하기 전까지 무제한 돌아 점수를 내도록 응용할 수도 있다.

• 점수가 너무 많이 나면 베이스 간격을 벌리고, 점수가 적게 나면 베이스 간격을 좁히면 된다.

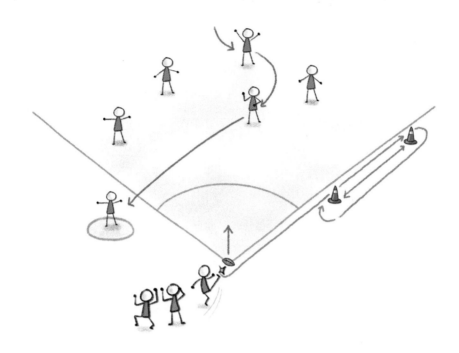

4-43 럭비공 발야구

준비물 | 럭비공(1개), 콘(2개), 라인기

평소에 했던 동그란 공 대신 럭비공으로 발야구를 해보자. 럭비
공이 멋대로 튀어 올라 놀이 분위기가 달라진다.

활동방법 How to play

1 공격팀과 수비팀, 두 팀으로 나눈다.

2 양쪽 파울선과 찬 공이 넘어가야 하는 기준선을 그리고 이곳도 파울선으로 약속하자.

3 공격은 돌아가면서 공을 차고, 공을 찬 뒤엔 콘과 콘을 두 바퀴 돌고 다시 홈을 밟으면 1점이 된다.

4 수비는 넓게 퍼져 서 있고, 홈 바로 옆에 지름 2m 정도의 원 안에 1명이 들어간다.

5 수비는 공격이 찬 공을 바로 받아 아웃시키거나, 바닥에 튀거나 구르는 공을 잡아 홈 옆의 사람에게 전달한다.

6 공격이 홈에 들어오기 전에 홈 옆의 사람에게 패스를 하면 아웃이 된다.

7 3아웃이 되면 공격과 수비를 바꾸거나, 한 팀이 모두 공격이 끝나면 다음 팀이 공격하는 방식으로 놀이를 진행한다.

TIP

놀이의 팁 ———

• 홈베이스는 얇으면서 럭비공을 차는 데 무리가 없는 재질이면 좋다. 또는 바닥에 원을 그리고 그 안에 공을 놓고, 공을 찬 뒤 돌아와서 발로 태그할 곳으로 정하자.

• 공을 찬 뒤에 뛰어가는 곳에 놓인 콘의 거리와 도는 횟수를 바꿔가며 놀이 난이도를 조절하자.

• 다른 발야구 형식에 공을 럭비공으로 바꾸는 방식으로 응용 및 조합해 보자.

4-44 주먹야구

준비물 | 주먹야구공(또는 고무공, 1개), 베이스(4개), 라인기

어렸을 때 말랑한 고무공 하나로 친구들과 놀았던 놀이다. 야구 규칙과 비슷해 운영하기 쉽다. 손에 공을 들고 충분히 주먹으로 치는 연습을 한 뒤 놀아보자.

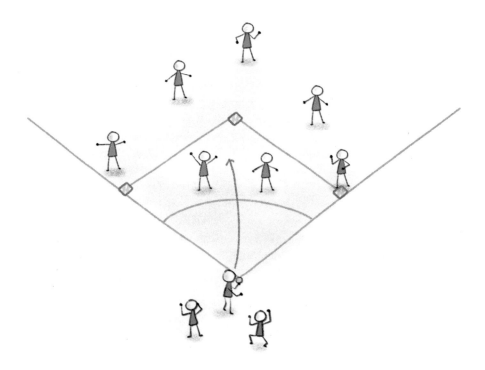

1 홈을 정한 뒤 10~15m 정도 거리를 두고 1~3루를 정하고, 라인기를 이용해 파울선을 그린다.

2 반 아이들을 공격과 수비, 두 팀으로 나눈다.

3 수비팀이 자리를 잡고 서면, 공격은 순서를 정하고 손으로 공을 친다.

4 공을 치고 진루하는데 수비가 아웃시키기 전에 모든 베이스를 돌아 홈으로 오면 홈런이다.

5 수비는 공이 바닥에 닿기 전에 잡으면 2아웃, 한 번 바닥에 바운드 된 공을 잡으면 1아웃이다. 공을 잡은 수비가 공격을 태그하거나 먼저 루로 공을 보내도 아웃이 된다.

6 공을 손으로 치지 못하거나 홈 앞 파울선 안에 공이 떨어질 경우, 홈과 1, 3루를 연결한 파울선 밖으로 공이 넘어가면 파울이다. 파울 세 번이면 아웃이다.

7 1~3루를 돌아 홈으로 들어오면 1점이고, 3아웃이면 공격과 수비를 교대한다.

TIP

놀이의 팁 ———

• 주먹으로 공을 쳐본 경험이 없기 때문에 반 아이들이 상당히 어려워한다. 이 상태로 놀이를 진행하면 무기력하고 재미없는 놀이가 된다. 충분히 연습을 한 뒤 진행하자.

• 고학년들에게 더 어울리는 놀이다.

4-45 5점 주먹야구

준비물 | 주먹야구공(또는 고무공, 1개), 홈베이스(1개), 접시콘(5개), 라인기

1~3루를 돌아 점수 내는 것을 힘들어하는 학생들과 놀이를 해야
한다면, 다량 점수를 취할 수 있는 재미있는 주먹 야구를 해보자.

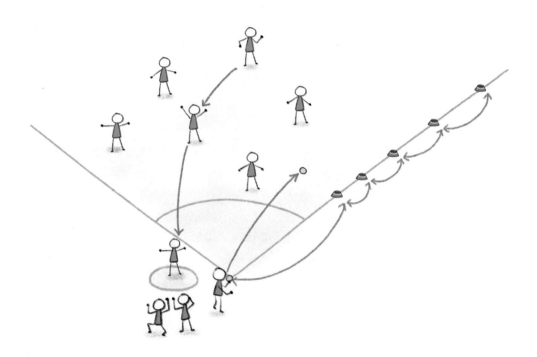

1 라인기를 이용해 파울선을 그린다.

2 1루 위치의 10m 정도 뒤에 접시콘을 조금씩 간격을 벌려가며 5개를 놓고 1~5점까지 점수를 부여한다.

3 공격은 차례를 정하고, 수비는 모두 넓게 퍼져 공을 잡을 준비를 하고, 수비 1명은 홈 옆에 지정된 공간에 서 있는다.

4 공격은 공을 주먹으로 치고 1~5점이 부여된 콘 중 원하는 것을 태그하고 홈으로 돌아오면 그 숫자만큼 점수를 획득한다.

5 수비가 바로 공을 받거나, 공격이 홈으로 돌아오기 전에 공을 잡아 홈 옆에 있는 수비에게 던지면 아웃이 된다.

6 공격이 공을 치지 못하거나 공이 파울선을 넘어가면 파울이 되고 3파울이면 아웃이다.

7 3아웃이면 공격과 수비를 교대하고, 정해진 시간 동안(또는 정해진 횟수만큼) 의 점수로 승부를 낸다.

TIP

놀이의 팁 ───

· 홈 옆, 공을 받는 수비수는 그 영역 안에서 벗어날 수 없다. 공을 잘 받는 사람이 가도록 하자.

· 3아웃으로 자꾸 공수 교대가 되는 것이 불편하면, A팀이 모두 공격 후 B팀이 모두 공격하는 방식으로 하자.

준비는 쉽게! 즐거움은 크게!

5부

도구 사용 놀이

5-01 훌라후프를 콘 사이로

 **준비물** | 훌라후프(모둠별 3개), 콘(모둠별 2개), 라인기

훌라후프를 굴려서 할 수 있는 놀이로, 개인별 놀이에서 단체 놀이까지 다양하게 응용할 수 있다. 훌라후프를 원하는 방향으로 굴리는 연습이 충분히 됐다면, 이 놀이를 함께해 보자.

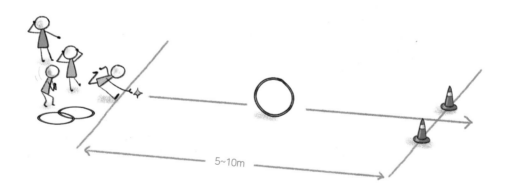

5~10m

활동방법 H o w   t o   p l a y

1 4~6명이 모인 뒤, 순서를 정한다.

2 훌라후프를 굴릴 기준선을 정하고 5~10m 떨어진 곳에 큰 콘 두 개를 1m 간격으로 세워둔다.

3 훌라후프가 기준선을 넘지 않도록 조심하면서 콘과 콘 사이로 세 번 굴린다.

4 훌라후프가 콘 사이를 통과하면 1점을 얻는다.

5 모두 돌아가면서 굴린 뒤, 점수가 가장 많은 사람이 승리한다.

TIP

놀이의 팁 ──────

- 모둠에서 1번이 굴릴 땐 4번이 콘 쪽에서 후프를 잡거나 모으는 역할을 하자. 2번이 굴릴 땐 1번, 3번이 굴릴 땐 2번, 이런 방식으로 하면 후프를 돌아가면서 굴리고 모아서 다음 사람에게 전달할 수 있다.

- 동점이면 동점자들만 다시 굴리거나 여러 판을 해서 최종 점수를 더해 보자.

- 기준선에서 콘까지의 거리를 조절하거나 콘과 콘 사이의 간격을 조절해 난이도를 바꿔보자.

- 콘 4개를 세워두고, 가운데 들어가면 3점, 양쪽 공간은 1점으로 점수를 달리 부여할 수 있다.

- 콘이 세워진 곳을 도착선이라 하고 길게 선을 그어놓은 뒤, 그곳을 넘지 못하면 −1점으로 운영할 수 있다.

- 콘을 하나 세워놓고 훌라후프를 던져 대왕 고리걸기로 변형해 할 수 있다. 이때 기준선에서 콘까지의 거리를 조금 더 줄이자.

5-02 징검다리 놀이

준비물 | 훌라후프(10개), 콘(2개)

한 번에 한 발씩, 바닥에 깔려 있는 훌라후프를 깡충깡충 뛰어 넘
으며 재미있는 시간을 만들어보자. 규칙을 바꿔가며 다양하게 훌
라후프를 넘도록 응용해 보자.

1 반 아이들을 두 팀으로 나눈다.

2 출발선을 정하고, 일정한 거리에 콘으로 반환점을 만들자.

3 출발선과 반환점 사이에 훌라후프 5개를 붙여서 한 줄로 놓자.

4 정해진 신호와 함께 각 팀에서 한 사람씩 달려간다.

5 훌라후프에 한 발씩 번갈아 넣고 뛰며 반환점을 돌고, 돌아올 때도 훌라후프에 한 번에 한 발씩 넣고 뛴다. 앞사람이 돌아오면 다음 사람이 출발한다.

6 모두가 먼저 돌아온 팀이 이긴다.

TIP

놀이의 팁 ──────

- 뛸 때 훌라후프를 밟아 미끄러져 넘어지지 않도록 훌라후프 간격을 너무 벌리지 않도록 하자.

- 처음 두 개는 한 발, 가운데 훌라후프는 모둠발, 다시 나머지 두 개는 한 발 등 놓여진 훌라후프 마다 규칙을 바꾸고 변형하면서 놀이를 진행할 수 있다.

- 처음엔 그냥 달려가 반환점을 돌고, 돌아올 때만 훌라후프를 사용하는 등 다양한 변형도 고민해 보자.

- 훌라후프 사이의 거리를 조절하거나 훌라후프 개수를 조절하면서 쉽거나 조금 더 어렵게 놀이를 만들 수 있다.

홀라후프를 고정한 채 통과하는 방식으로 응용!

출발

도착

5-03 손잡고 후프 통과 놀이

준비물 | 홀라후프(2개), 콘(4개)

반 아이들과 색다른 홀라후프 놀이를 함께해 보자. 모두가 손을 잡고 홀라후프 하나를 통과하며 협동심을 기를 수 있는 멋진 놀이다.

활동방법 How to play

1 반 아이들을 두 팀으로 나누고 팀별로 손을 잡고 한 줄로 서도록 한다.

2 출발점과 도착점을 콘으로 지정하고, 훌라후프 하나를 출발점 콘에 끼운다.

3 시작과 함께 첫 번째 사람이 출발 지점에 있는 훌라후프를 가지고 온다.

4 모두가 손을 떼지 않은 상태로 훌라후프를 반대쪽으로 보낸다.

5 마지막 사람까지 통과한 뒤 훌라후프를 도착점 콘에 먼저 끼우면 이긴다.

TIP

놀이의 팁 ─────

• 손을 잡고 설 때 출발점과 도착점의 콘에서 조금 거리를 두고 서게 한다.

• 중간에 손이 떨어지면 손을 연결하고 그곳에서부터 다시 시작하도록 한다.

• 훌라후프가 도착점의 콘에 닿으면 또 다른 훌라후프를 보내는 식으로 2~3개의 후프를 추가해 놀이할 수 있다.

• 바닥선이 있는 강당에서 하면 더 좋다.

• 중앙에 한 사람이 후프를 잡고 있고, 나머지 사람 모두가 훌라후프를 통과, 반환점을 돌고 출발점으로 돌아오는 방식으로 응용해도 좋다.

 후프야, 돌아와!

강당 운동장 교실 밖 **준비물** | 훌라후프(1인당 1개)

훌라후프를 굴려 다시 돌아오는 모습을 보여주면, 아이들이 탄성을 지르며 너나 할 것 없이 훌라후프 굴리기에 열중한다. 되돌아온 훌라후프를 손으로 잡았을 때 아이들의 환호 소리를 경험해 보자!

1 홀라후프를 1개씩 손에 들고 서로 떨어져 넓게 선다.

2 홀라후프의 2시 방향을 잡고 뒤로 들었다가 앞으로 쭉 밀어 굴린다.

3 놓는 순간 손목을 위로 재빨리 잡아채며 스냅을 주어 굴러가는 방향과 반대로 후프가 돌도록 만든다. 그러면 앞으로 굴러가던 홀라후프가 백스핀이 걸려 다시 뒤로 돌아온다.

4 돌아오는 홀라후프를 제자리에서 잡으면 성공!

TIP

놀이의 팁 ────

• 홀라후프를 놓기 바로 직전에 주는 손목 스냅이 핵심이다. 짧지만 세게 휙 굴려보자.

• 처음엔 각자 도전하고 연구해 보도록 하자. 실패하는 것은 당연하다.

• 시간이 조금 지난 뒤, 함께 모여 잘하는 학생의 시범 동작을 보면서 방법을 찾게 하고 그렇게 알게 된 방법을 사용해 연습해 보도록 하자.

• 모둠끼리 서로 방법을 찾고 굴려보도록 하는 것도 좋다.

• 선생님들 중에서도 안 되는 사람이 많다. 미리 연습해 보자.

5-05 훌라후프 통과 놀이

준비물 | 훌라후프(모둠당 1개)

큰 훌라후프가 있다면, 굴러가는 훌라후프를 통과하는 놀이로 진행할 수 있다. 순발력도 필요하지만 집중력과 운동 능력도 필요한 놀이다. 통과했을 때 아이들이 외치는 함성 또한 매력적이다.

잡는 위치

활동방법 How to play

1 4~10명이 한 모둠이 된다.

2 훌라후프를 굴릴 2명은 10m 정도 거리를 두고 마주 보고 선다.

3 나머지 사람들은 훌라후프가 굴러가는 방향과 비스듬하게 선다.

4 1명이 훌라후프를 굴려 앞사람에게 보낸다.

5 나머지 사람들이 굴러가는 훌라후프를 통과하고, 훌라후프가 무사히 반대
   쪽 사람에게 도착하면 성공!

6 서로 돌아가면서 훌라후프를 굴리고 통과하도록 해보자.

TIP

놀이의 팁 ———

• 가능하면 크기가 큰 훌라후프로 놀이하자.

• 훌라후프를 굴릴 때 굴러가는 방향과 같은 방향으로 회전하도록 하고 너무 빠르지 않게 하자.

• 어느 정도 익숙해지면 한 사람이 훌라후프를 백스핀으로 굴려 돌아오게 만든 뒤 통과해 보는
  놀이로 응용해 보자.

• 통과해야 하는 사람이 훌라후프의 진행 방향으로 가볍게 달려가다 통과할 수 있도록 하자.

• 훌라후프를 빠져나온 뒤 구르는 아이들이 많다. 매트를 깔아놓으면 훨씬 안전하게 놀이를 진
  행할 수 있다.

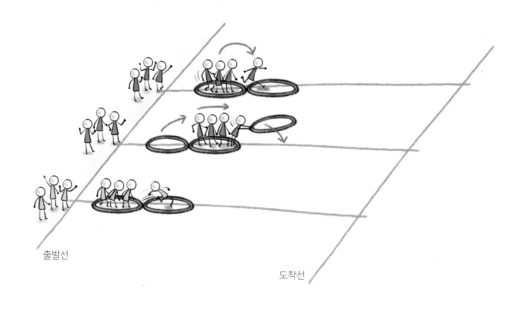

출발선

도착선

5-06 후프 안에서

(강당) (운동장) (교실 밖)   **준비물** | 훌라후프(팀당 2개)

훌라후프에서 훌라후프로 친구들과 함께 정해진 곳까지 이동해
보자. 친구들과 얼마나 마음이 맞는지와 훌라후프를 바닥에 놓는
거리에 따라 결과가 달라지는 재미있는 놀이다.

1 반 아이들을 4명씩 여러 팀으로 나눈다.

2 각 팀에 훌라후프를 2개씩 주고 출발선과 도착선을 지정한다.

3 정해진 신호에 맞춰 바닥에 훌라후프를 하나 놓고 모두 그 안에 들어간다.

4 모두 훌라후프에 들어가면 또 하나의 훌라후프를 도착선 쪽 바닥에 놓은 뒤 다시 모두가 들어간다.

5 맨 뒷사람은 건너온 훌라후프를 집어 앞사람에게 전달하고, 전달받은 훌라 후프는 도착선 쪽 바닥에 놓은 뒤 건너 들어가는 것을 반복한다.

6 도착선을 먼저 넘어가는 팀이 이긴다.

TIP

놀이의 팁 ──────

• 모두 같은 크기의 훌라후프를 사용하자.

• 훌라후프를 건너다 미끄러져 넘어지지 않도록 너무 멀리 놓지 않도록 하자.

• 건너다 훌라후프 바깥의 공간에 닿으면 모두 이전 훌라후프로 돌아가 다시 건너기로 하자.

• 거리를 좁혀 콘으로 만든 반환점을 돌아오는 릴레이 놀이로 변형해도 좋다.

• 훌라후프 전체가 완전히 도착점을 통과해야 승리로 인정하자.

• 교실에서의 모둠 그대로 놀이를 운영하면 좋다.

• 훌라후프 안에 들어갈 인원을 더 늘리면 즐거운 환호 소리가 늘어난다.

5-07 훌라후프 탐험

강당 **운동장** 교실 밖 **준비물** | 훌라후프(12~20개)

훌라후프를 이용해 릴레이 놀이를 할 수 있다. 통과하거나 옮기면서 다양한 동작을 추가할 수 있는 놀이다. 체육대회 때 반별 대결로 활용해도 좋다.

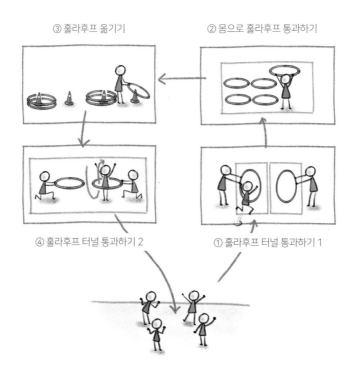

③ 훌라후프 옮기기 　　　　　② 몸으로 훌라후프 통과하기

④ 훌라후프 터널 통과하기 2 　　　① 훌라후프 터널 통과하기 1

활동방법 How to play

1 반 아이들을 두 팀으로 나눈다.

2 훌라후프로 다양한 코스를 만든다.
- 몸을 구부려 세워진 훌라후프를 통과하기
- 훌라후프를 머리 위로 들어 위에서 아래로 통과시키기
- 이 콘에서 저 콘으로 훌라후프 옮기기
- 훌라후프 아래에서 위로 빠져나오기

3 신호와 함께 코스별로 훌라후프를 통과해 돌아온다.

4 먼저 모두 돌아오는 팀이 이긴다.

TIP

놀이의 팁 ─────

- 경쟁하는 마음 때문에 무리하게 하면 다칠 수 있다. 처음엔 천천히 돌아가면서 여러 코스를 경험해 보고 익숙해지도록 하자.

- 각각의 코스는 별도의 놀이로 분리해 활동할 수 있다.

- 나이에 따라 코스를 줄이거나 또 다른 코스를 추가하고, 훌라후프 개수를 늘리는 등의 변형이 가능하다.

- 다치지 않도록 매트를 깐 뒤 앞구르기 등을 추가할 수 있다.

- 교사가 먼저 코스를 경험한 후에 수정 보완해 보자.

- 체육대회 때 응용해 활용할 수 있다.

5-08 공깃돌 넣기

준비물 | 접시콘(모둠당 1개), 공깃돌(1인당 5개)

어렸을 때 했던 구슬 놀이를 강당이나 다목적실 등 더 넓은 곳에서 할 수 있도록 변형해 봤다. 교실에 있는 공깃돌과 접시콘만 있어도 재미있는 모둠 대항 놀이를 할 수 있다.

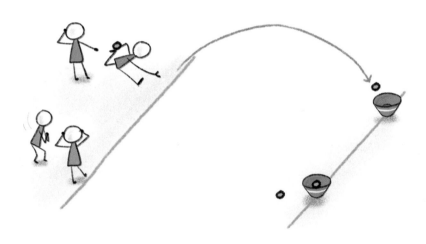

1 2명씩 한 팀이 되고 대결을 펼칠 상대팀을 정한다.

2 공깃돌을 1인당 5개씩 준비한다.

3 바닥에 선을 긋고 크게 두 걸음 정도 떨어진 곳에 접시콘을 놓는다.

4 순서를 정한 뒤, 1명씩 번갈아가며 접시콘에 공깃돌을 살짝 던져 넣는다.

5 모두 공깃돌을 던진 뒤, 집시콘 안에 더 많은 공깃돌을 넣은 팀이 이긴다.

TIP

놀이의 팁 ———

- 2~4명이 한 팀이 되어 팀 대항전을 할 수 있다. 2~4팀이 한꺼번에 놀이하는 것도 가능하다.

- 넣기가 생각보다 쉽지 않으니 처음엔 접시콘을 가까이 두고 시작하고, 한 판이 끝나면 조금씩 거리를 늘리자.

- 서로 다른 팀을 만나도록 하고, 토너먼트로 진행해도 좋다.

- 팀별로 공깃돌 색을 통일하면 더 즐겁게 놀이할 수 있다.

- 공깃돌의 개수를 줄이거나 늘려서 운영해 보자.

- 운동장에서는 접시콘과 유리구슬을 사용해도 되고, 접시콘 없이 바닥을 움푹 파낸 뒤 진행해도 된다.

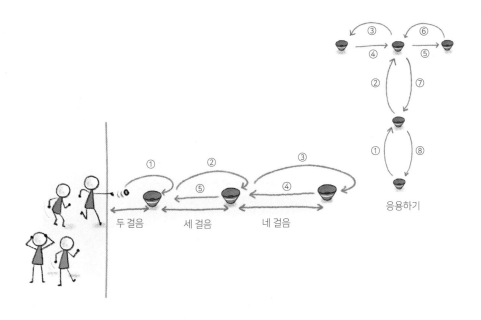

두 걸음　　세 걸음　　네 걸음　　　응용하기

5-09 세계일주

강당　운동장　교실 밖　　**준비물** | 접시콘(모둠당 3개), 공깃돌(1인당 1개)

구슬 놀이의 변형이다. 바닥에 흙을 파내 여러 구멍을 만들어놓
고 이동했던 놀이를 접시콘과 공깃돌로 해보자. 구슬처럼 멋대로
굴러가지 않아 조금 더 쉽고 재미있게 할 수 있다.

1 2~4명이 모여 각자 공깃돌을 하나씩 준비하자.

2 출발선을 그어놓고, 접시콘 세 개를 떨어뜨려 놓자.

3 순서를 정하고 한 사람씩 가까운 접시콘에 공깃돌을 던져 넣는다.

4 한 번에 접시콘에 들어가면 다음 접시콘에 공깃돌을 연이어 던질 수 있다.

5 공깃돌이 들어가지 않으면 그대로 두고, 다음 차례에 그 자리에서 던진다.

6 순서대로 놀이를 진행하여 출발점 앞 접시콘까지 먼저 도착하는 사람이 이긴다.

TIP

놀이의 팁 ──────

• 처음 접시콘은 성인 기준으로 큰 2걸음 정도, 그다음은 3~4걸음 간격으로 놓으면 된다.

• 놀이 한 판이 끝나면 3개의 접시콘 간격을 다양하게 변형할 수 있다.

• 때로는 옆의 그림처럼 접시콘 2개를 추가해 움직이는 방향을 정할 수 있고, 접시콘을 조금 더 추가해 원을 만들어 한 바퀴 돌아 첫 번째 접시콘까지 도착하는 방식으로 진행할 수 있다.

• 팀 대항으로 할 수 있다. 같은 팀 앞사람의 공깃돌이 놓인 곳에서 다음 사람이 이어서 공깃돌을 던지면 된다.

두 걸음

강당에서는 바닥선 위에 공깃돌을 놓는다

5-10 팅겨 팅겨

준비물 | 공깃돌(1인당 5개), 라인기

구슬 놀이의 변형이다. 통제가 되지 않는 구슬 대신 적당히 굴러 가다 멈추는 공깃돌로 놀이를 해보자. 강당에서도 재미있게 할 수 있는 전통놀이의 변형이다.

활동방법 How to play

1 2~4명이 모여 각자 공깃돌을 5개씩 준비하자.

2 선을 그어놓고, 성인 기준으로 큰 2걸음 정도 떨어진 곳에 원(또는 삼각형, 사각형)을 그린 뒤 그곳에 각자 공깃돌 2개씩을 넣어둔다.

3 순서를 정한 뒤, 돌아가면서 선에서 공깃돌을 던져 원 안의 공깃돌을 쳐낸다.

4 원 밖으로 나간 공깃돌은 가져올 수 있고, 던졌던 공깃돌도 원 밖으로 나갔다면 다시 가지고 온다.

5 모든 공깃돌이 선 밖으로 나가면 한 판이 끝난다.

6 정해진 시간 뒤, 공깃돌을 가장 많이 가지고 있는 사람이 최종 승리한다.

TIP

놀이의 팁 ───

• 처음엔 거리를 가깝게 하고(그래도 쉽지 않다!) 조금씩 거리를 늘려 해보자.

• 공깃돌이 다 떨어진 학생은 선생님에게 와서 간단한 미션을 통과 후 3개를 추가로 받는다.
  (예 : 가위바위보로 선생님 이기기, 디비디비딥 세 번 연속 성공하기 등)

• 강당에서는 이미 그어져 있는 선 위에 공깃돌을 한 줄로 놓고 해보자.

• 개인별 놀이도 좋지만 2명이 한 팀이 되어 팀 대결을 하면 각 팀에서 공깃돌을 나눠 사용할 수 있는 장점이 생긴다.

5-11 맞히면 내꼬! 1

(강당) (운동장) (교실 밖) **준비물** | 공깃돌(최대한 많이)

넓은 공간에 공깃돌을 몽땅 뿌려놓고 할 수 있는 놀이다. 시간이
지날수록 한 손에 쥐고 있는 공깃돌이 늘어나면서 뿌듯해하는 반
아이들을 볼 수 있다. 공깃돌을 손가락으로 튕기기 위해 초집중
하도록 만들어주자.

1 최대한 많은 공깃돌을 준비한다.

2 바닥에 공깃돌을 뿌린다.

3 가위바위보 등으로 순서를 정한 뒤 바닥의 공깃돌 중 하나를 손가락으로 튕겨 다른 공깃돌을 맞힌다. 맞힌 공깃돌은 가지고 오고, 한 번 더 맞힌다.

4 맞히지 못하면 튕긴 공깃돌은 그대로 두고 다음 사람 차례가 된다.

5 다음 사람도 아무 공깃돌이나 하나를 골라 손가락으로 튕겨 다른 공깃돌을 맞힌다.

6 모든 공깃돌이 사라지면 놀이 한 판이 끝나고, 가장 많은 공깃돌을 가지고 있는 사람이 이긴다.

TIP

놀이의 팁 ──

· 공깃돌을 처음에 너무 세게 뿌리지 않도록 하자.

· 공깃돌을 손가락으로 튕겼을 때 2~3개가 맞기도 한다. 맞은 공깃돌은 모두 가지고 갈 수 있다.

· 공깃돌을 맞히면 한 번 더 하는 방식이 아닌, 한 번만 하는 것으로 규칙을 변경할 수 있다.

· 놀이 특성상 강당에서 하자. 넓게 퍼져서 바닥에 엎드리거나 손을 짚어가며 몸을 낮춰야 놀이하기가 수월하다.

· 강당 바닥선을 이용해 영역을 지정해 주고, 그 안에서 활동하게 하면 운영하기 편하다.

5-12 맞히면 내꼬! 2

   준비물 | 공깃돌 또는 구슬(1인당 5개)

몸에 붙어 있는 공깃돌을 떨어뜨려 상대방의 공깃돌을 가져오는 놀이다. 겨냥과 낙하를 이용하기 때문에 놀이하면서 거친(?) 행동이 나오지 않으며, 짧은 시간 동안 재미있게 놀 수 있는 방법이다.

1 각자 공깃돌을 5개씩 갖는다.

2 2명이 모여 가위바위보로 순서를 정한다.

3 진 사람은 바닥에 자신의 공깃돌 1개를 둔다.

4 이긴 사람은 몸을 편 상태에서 공깃돌 1개를 손가락으로 잡아 눈 아래 코 옆에 붙이고, 고개를 살짝 숙여 아래 놓인 공깃돌을 바라본다.

5 잘 조준한 뒤 손가락을 펴서 공깃돌을 떨어뜨려 바닥에 있는 공깃돌을 맞힌다. 맞히면 공깃돌을 가져가고 다시 가위바위보로 순서를 정해 놀이를 반복한다. 만약 이긴 사람이 못 맞히면 진 사람이 공격이 된다.

6 상대방 공기를 모두 다 가져오면 이긴다.

TIP

놀이의 팁 ─────

· 실내에서 할 때는 구슬이 마구 굴러가는 특성이 있으니 공깃돌로 하자.

· 2~4명이 함께해도 좋다. 바닥에 깔린 공깃돌 중 하나를 고르는 것도 재미있다.

· 이마에 붙여서 떨어뜨리기, 턱에 붙여서 떨어뜨리기, 미간에 놓고 떨어뜨리기 등 놀이에 약간의 변화를 줄 수 있다.

· 각자 공깃돌을 1개씩 갖고 나머지는 모두 바닥에 깔아 놓은 뒤, 떨어뜨려 맞히면 가져가기로 진행해 보자.

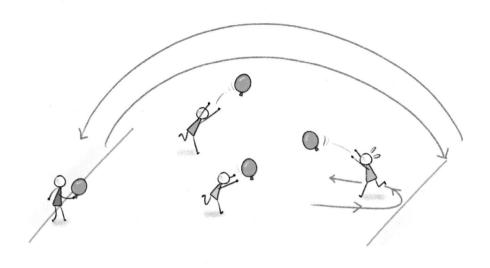

5-13 강스파이크!

준비물 | 풍선(1인당 1개)

강당에서 풍선 하나로 즐겁게 놀 수 있다. 풍선을 떨어뜨리지 않고 계속 손으로 치며 한쪽에서 다른 한쪽으로 가는 것만으로도 아이들은 즐거워한다.

활동방법 How to play

1 풍선을 1인당 하나씩 나눠준다.

2 풍선을 최대한 크게 불게 한 뒤 잘 묶는다.

3 강당 한쪽 벽에서 풍선을 공중에 세게 치며 출발한다.

4 다른 한쪽 벽에 도착할 때까지 풍선이 떨어지지 않도록 계속 치면서 간다.

5 다른 쪽에 도착하면 가장자리를 따라 걸어와 다시 출발점으로 돌아온다.

6 몇 번 만에 가는지 세어가며 다시 놀이해 본다.

TIP

놀이의 팁 ——

- 바람이 부는 운동장에서는 활동이 어렵다.

- 가능한 큰 풍선을 이용하고, 풍선이 터지지 않을 만큼만 크게 불도록 하자.

- 풍선 불기를 힘들어하는 학생이 있을 수 있으니 풍선 펌프를 준비하면 좋다.

- 풍선을 묶는 데 시간이 걸릴 수 있으니, 잘 묶는 학생들을 도우미로 미리 선정하자.

- 혼자서 갈 수 있지만 2인 1조로 서로 풍선을 치면서 활동해도 좋다.

- 처음엔 직사각형 강당의 짧은 거리로 했다면, 긴 거리로 변형하거나 대각선으로도 가보자.

- 풍선을 떨어뜨리지 않은 상태에서 강스파이크로 몇 번 만에 가는지로 활동해도 좋다.

- 팀 대결로 하고 싶다면, 한 사람이 반대쪽 벽으로 풍선을 날려 이동한 후 다시 풍선을 들고 뛰어와 다음 학생에게 전달하는 릴레이로 응용할 수 있다.

5-14 더블바운스바운스

준비물 | 풍선(모둠당 1개)

풍선을 튕기는 놀이를 강당에서 해보자. 공간이 넓고 높아 역동적으로 풍선을 손으로 칠 수 있는 장점이 있고, 정해진 영역이라는 특성 때문에 특별한 즐거움이 생긴다.

1 3~4명이 한 모둠이 된다.

2 강당 바닥에 그어진 선을 이용해 모둠별로 공간을 지정해 준다.

3 정해진 공간을 넘어가지 않고, 풍선을 떨어뜨리지 않은 상태에서 풍선을 공중으로 높게 몇 번까지 칠 수 있는지 세어본다.

TIP

놀이의 팁 ─────

• 발을 사용하면 크게 다칠 수 있으니 손과 머리만 사용하도록 하자.

• 공간을 넓게 해서 자유롭게 움직이며 풍선을 치도록 하자.

• 공간을 정해 놓는 것이 핵심이다. 공간이 좁으면 더 어려워진다.

• 연습할 시간을 주고, 모둠별 대회를 해도 좋다.

• 풍선에 모둠 이름과 구호 등을 그려넣고 해도 좋다.

• 정해진 수만큼 치거나 신기록 달성하기 등으로 다양하게 응용해 보자.

• 정해진 영역 안에서 혼자서 팅기는 놀이로 변형할 수 있다. (훌라후프 안, 강당 바닥선 이용 등)

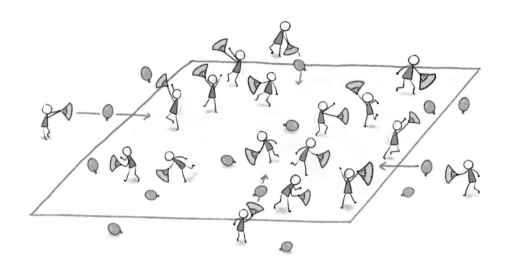

5-15 풍선 대결

 운동장 교실 밖 **준비물** | 풍선(가능한 많이), 부채(1인당 1개)

풍선만 있으면 강당에서도 팀 대결 놀이를 할 수 있다. 미술 시간
에 부채 만들기를 한 다음, 재빨리 강당으로 이동해 풍선으로 신
나게 놀아보자.

1 반 아이들을 A, B 두 팀으로 나눈 뒤 놀이 영역을 지정한다.

2 강당 바닥선을 이용해 직사각형 형태의 경기장을 정한 뒤, 팀별로 직사각형의 서로 이어진 두 '선'을 지정한다. (A팀 : 서쪽과 북쪽, B팀 : 동쪽과 남쪽)

3 풍선은 직사각형 안쪽 한가운데 모아놓는다.

4 각 팀에서 수비 2명을 선정해 상대방 선 너머에 1명씩 위치하고, 나머지는 모두 자기 팀 선에 발을 올리고 선다.

5 시작 신호와 함께 공격은 가운데 풍선에 부채질을 해 자기 팀 선 너머로 풍선을 보내고, 수비는 넘어온 풍선을 직사각형 안으로 부채질해서 보낸다.

6 정해진 시간 뒤, 자기 팀 선 너머에 있는 풍선을 센다. 풍선이 더 많은 팀이 승리한다.

TIP

놀이의 팁 ———

• 풍선이 많을수록 재미있다. 다른 풍선 놀이 뒤에 운영하는 것도 좋다.

• 부채로 상대방을 치지 않도록 조심하자. 부채살이 얼굴에 닿아 상처를 입힐 수 있다.

• 부채가 없다면 '손으로 쳐서 넘기기', '발로 차서 넘기기' 등으로 할 수 있는데, '손과 발'을 함께 사용하면 다치는 경우가 생기니 하나만 지정하자.

• 큰 풍선, 작은 풍선, 긴 풍선, 붙어 있는 풍선 등 다양한 풍선을 이용하는 것도 재미있다.

• 수비를 늘려서 진행하거나, A팀은 풍선을 안에서 밖으로, B팀은 밖에서 안으로 보내는 방식으로 응용해 보자.

5-16 풍선 불어 멀리 날리기

준비물 | 풍선(1인당 1개)

모두가 자신만만해 하지만 풍선은 생각지도 못한 곳으로 날아
가 웃음을 유발한다. 때론 레크리에이션 무대에서도 사용되는
놀이다.

활동방법 How to play

1 2~5명이 모여서 시작선을 정한다.

2 각자 받은 풍선에 바람을 불어넣고, 주둥이를 묶지 않고 손가락으로 눌러 잡는다.

3 신호에 맞춰 풍선을 앞으로 보낸다.

4 시작선에서 가장 멀리 떨어진 풍선의 주인이 이긴다.

TIP

놀이의 팁 ──────

• 입으로 바람을 넣어 풍선을 불지 못하는 아이들이 있다. 풍선 펌프를 준비해도 좋다.

• 풍선을 불다가 터지는 경우도 있다. 여분의 풍선을 준비하자.

• 거리는 시작선에서 수직 방향으로만 재기로 하자. 풍선이 옆으로 멀리 날아가거나 뒤로 날아가기도 하므로 한 방향만 인정하자.

• 원형 풍선을 막대 풍선으로 바꿔 진행해 보자(펌프 필수). 방향이 조금 더 명확해진다.

• 풍선을 하늘로 날리고 바닥에 떨어지기 직전에 잡는 놀이로 변형해도 좋다.

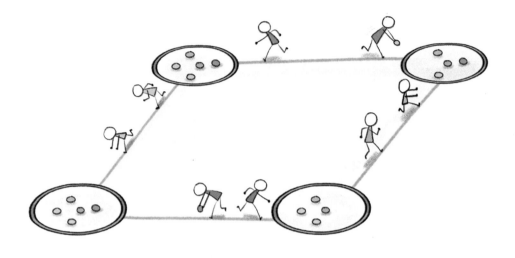

5-17 콩주머니 쟁탈전

 **강당** **운동장** **교실 밖**   **준비물** | 훌라후프(4개), 콩주머니(20개)

짧은 시간 안에 아이들이 녹초가 되는 놀이다. 정해진 시간 안에
콩주머니를 뺏고 뺏기면서 쉴 새 없이 뛰어다니는 역동 가득한
놀이를 함께해 보자!

1 4개의 홀라후프를 정사각형 형태로 적당히 거리를 두고 놓는다.

2 홀라후프 안에 콩주머니를 5개 정도 모두 같은 수만큼 넣어둔다.

3 각 홀라후프 앞에 같은 수의 아이들로(2~3명) 팀을 만들어준다.

4 시작 신호가 울리면 다른 홀라후프에 가서 콩주머니를 가지고 와 자기 팀의 홀라후프 안에 넣는다. 이때 한 번에 하나씩만 가지고 올 수 있다.

5 정해진 시간이 지난 뒤, 팀별로 홀라후프 안의 콩주머니를 세어본다.

6 가장 많은 콩주머니가 있는 팀이 승리한다.

TIP

놀이의 팁 ———

• 숨이 많이 차기 때문에 장시간 운영하지 않도록 하자.

• 거리가 멀면 더 숨이 차고 지친다. 다시 할 땐 거리를 좁혀서 하자.

• 놀이 하기 전, 전략을 세울 수 있는 시간을 주는 것이 좋다.

• 콩주머니를 멀리에서 던져 자기 팀 홀라후프에 넣지 않도록 하자.

• 콩주머니 5개, 테니스공 1개 등 다른 물건을 넣고 점수를 달리하면 다른 역동이 만들어진다.

• 강당에서는 미끄러져 넘어지지 않도록 특히 조심하자.

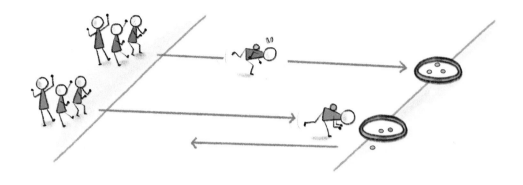

5-18 이삿짐 놀이

 강당 운동장 교실 밖 **준비물** | 훌라후프(팀당 1개), 콩주머니(1인당 1개), 라인기

콩주머니에 비석 치기 요소를 응용해 재미있는 놀이를 운영해 보
자. 몸의 균형을 잡기 위해 집중하는 아이들을 볼 수 있다.

1 반 아이들을 두 팀으로 나누고, 콩주머니를 하나씩 나눠준다.

2 출발점을 정하고, 어느 정도 떨어진 거리에 훌라후프를 하나씩 놓는다.

3 정해진 규칙에 따라 1명씩 콩주머니를 이동시켜 훌라후프 안에 넣는다.

4 처음엔 손등으로 콩주머니를 옮겨 이동하고, 머리, 어깨, 턱 위, 등 뒤, 겨드랑이 사이 등 다양한 몸 부위로 이동시키도록 응용해 보자.

5 중간에 콩주머니가 바닥에 떨어지면, 그 자리에 그대로 두고 와야 한다.

6 훌라후프 안에 들어간 개수로 승부를 겨룬다.

TIP

놀이의 팁 ───

• 훌라후프 대신 작은 링, 상자, 바구니, 뒤집힌 접시콘 등 주변에서 구할 수 있는 도구로 바꿔 응용해 난이도를 조절해 보자.

• 떨어지면 출발점으로 돌아와서 다시 옮겨야 하는 규칙으로 변경해 어느 팀이 더 빨리 모든 콩주머니를 이동시켰는지 세어보는 릴레이 놀이로 응용할 수 있다.

• 2명씩 짝이 되어 몸과 몸 사이에 콩주머니를 고정해 이동시킬 수도 있다.

• 콩주머니를 나르는 방법을 학생들에게도 물어본 뒤 운영해 보자. 창의적인 대답이 많이 나온다.

5-19 콩주머니 미니 쟁탈전

준비물 | 훌라후프(2개), 콩주머니(여러 개), 라인기

정해진 시간 동안 콩주머니가 이리저리 오고 가는 재미있는 놀이
다. 출발선에서 콩주머니까지 거리를 좁힐수록 더 재미있는 콩주
머니 쟁탈전을 함께해 보자.

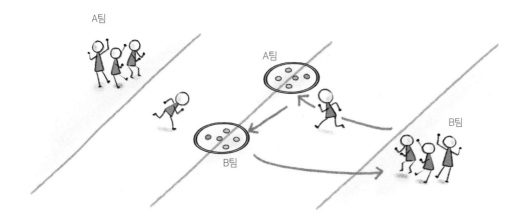

1 반 아이들을 A, B 두 팀으로 나눈다.

2 기준선 하나를 그린 뒤 그곳에 훌라후프 두 개를 놓고, 콩주머니를 같은 수 만큼 넣어둔다.

3 기준선으로부터 같은 거리에 A팀과 B팀의 출발선을 그린다.

4 출발 신호에 맞춰 각 팀은 한 사람씩 달려와 상대방 훌라후프에서 콩주머니를 하나 꺼내 자기 팀 훌라후프 안에 넣고 돌아온다.

5 정해진 시간 동안 순서에 맞게 계속 콩주머니를 옮긴다.

6 시간이 끝났을 때 더 많은 콩주머니를 확보한 팀이 이긴다.

TIP

놀이의 팁 ———

• 기준선에서 출발선까지의 거리를 좁히면 역동적이면서 재미있는 놀이가 된다.

• 강당에서는 바닥선을 이용해 놀이할 수 있다.

• 눈으로 확인할 수 있는 타이머가 있으면 좋다.

• 상대방 팀을 만나 가위바위보를 한 뒤 이기면 상대방 콩주머니를 하나 가지고 와 자기 팀 훌라후프에 넣기로 응용해 보자.

• 콩주머니를 훌라후프에 많이 넣어놓고, 출발선에서 주사위를 굴린 뒤 나온 숫자만큼 옮기고 오기로 응용해 보자.

• 훌라후프 안에 콩주머니를 많이 둘 필요는 없다. 5개 정도만 있어도 충분하다.

5-20 점수가 다른 콩주머니 던지기

준비물 | 훌라후프(1개), 콩주머니(1인당 1개), 라인기

거리와 점수를 선택하고 도전하는 놀이다. 농구에서 3점 슛이 있
듯 거리에 따라 더 큰 점수를 부여해 주면 막판 승부가 콩주머니
하나로 달라지는 재미가 생긴다.

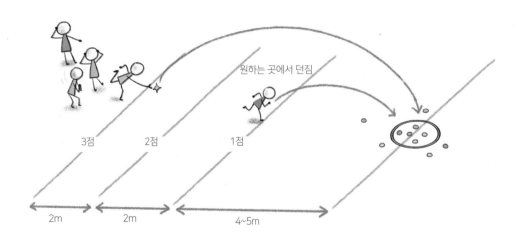

활동방법 How to play

1 4~8명이 모인다.

2 훌라후프를 하나 놓고, 거리를 벌려가며 1~3점의 선을 정한다.

3 한 사람씩 어디에서 던질 것인지 말하고 그곳에서 던져 훌라후프에 들어가
면 해당 점수를 가져간다.

4 모두 다 던진 뒤, 점수를 비교해 승부를 낸다.

TIP

놀이의 팁 ─────

• 거리를 조절해 가면서 하도록 하자.

• 콩주머니를 두 번씩 던지는 것으로 응용할 수 있다.

• 팀 대항 놀이로 해도 좋다.

• 훌라후프 대신 포장상자 등을 활용할 수 있다.

• 인원을 더 늘려서 해도 좋다.

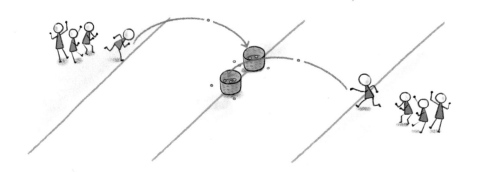

5-21 콩주머니 던져 넣기

 **강당** **운동장** 교실 밖 　**준비물** | 콩주머니(여러 개), 바구니(2개), 라인기

양팀의 바구니를 붙여놓는 것만으로도 재미있는 상황이 연출되는 콩주머니 던지기 놀이다. 의외의 변수 때문에 아이들의 웃음을 유발한다. 다양한 응용 방법이 있으니 콩주머니가 있다면 함께해 보자.

활동방법 How to play

1 반 아이들을 A, B 두 팀으로 나눈다.

2 중앙에 선을 그린 뒤 바구니 2개를 붙여 놓고 A, B를 지정한다.

3 중앙선으로부터 반대 방향으로 같은 거리만큼 각 팀이 공 던질 선을 그린다.

4 콩주머니를 개인에게 같은 수만큼 나눠준 뒤, 돌아가면서 바구니 안에 콩 주머니를 던져 넣는다.

5 모두 다 던진 뒤, 바구니 안의 콩주머니 개수를 비교해 승부를 낸다.

6 규칙을 바꿔가며 놀이를 한다.

TIP

놀이의 팁 ———

• 거리를 더 가깝게 만든 뒤 안대를 쓴 상태에서 콩주머니를 던져 넣게 하자.

• 코끼리 코로 제자리에서 5~10바퀴 돈 다음 콩주머니를 넣게 하자.

• 바구니를 4개 놓고, 동서남북 4개 팀으로 운영할 수 있다.

• 사람이 바구니를 들고, 날아오는 콩주머니를 받을 수도 있다. 이때 콩주머니를 던지는 사람은 머리 위로 포물선으로 던져 받는 사람이 다치지 않도록 하자.

• 벽에 바구니를 붙여놓고 벽을 이용해 넣는 방식으로도 응용해 보자. 벽에 바운스해 넣을 수 있어 더 많은 콩주머니가 바구니 안으로 들어간다.

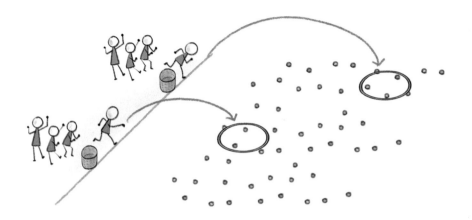

5-22 콩주머니 낚시

강당 운동장 교실 밖   **준비물** | 홀라후프(2개), 콩주머니(여러 개), 바구니(2개), 라인기

콩주머니가 많은 곳에 홀라후프를 던지기 위해 집중하고, 팀별로
박수 소리와 환호성이 가득한 놀이다. 바닥에 콩주머니를 가득
뿌려놓고 홀라후프로 콩주머니를 차지해 보자.

활동방법 How to play

1 반 아이들을 두 팀으로 나눈다.

2 기준선을 그린 뒤 선 안쪽에 콩주머니 모을 통을 두고, 준비한 콩주머니를 모두 바닥에 흩뿌린다.

3 1명씩 돌아가며 훌라후프를 콩주머니가 있는 곳에 던진다.

4 훌라후프 안에 들어간 콩주머니를 들고 돌아와 바구니에 담는다.

5 돌아가면서 훌라후프를 던져 콩주머니를 차지한다.

6 정해진 시간이 되면(또는 모두 한 번씩 던진 뒤), 콩주머니의 개수를 센다.

7 바구니에 더 많은 콩주머니를 담은 팀이 이긴다.

TIP

놀이의 팁 ———

- 콩주머니가 부족한 경우에는 접시콘도 뿌려놓자. 접시콘은 1점, 콩주머니는 2점으로(또는 그 반대로) 상황과 역동에 맞춰 점수를 부여해서 운영해 보자.

- 훌라후프 크기나 콩주머니 수에 따라 뿌리는 정도를 조절해 보자. (라인기로 직사각형을 만들고 그 안에 콩주머니 뿌린 뒤 가져오기 등)

- 훌라후프에 끈을 달아서 콩주머니를 끌고 오기로 변형할 수 있다.

- 한쪽 방향이 아닌, 서로 마주 보고 놀이를 할 수 있도록 변형해 보자.

- 콩주머니를 주울 때는 다른 훌라후프를 던지지 않도록 조심하자.

5-23 순서대로 넣기

준비물 | 콩주머니(1인당 1개), 상자(또는 통이나 홀라후프, 1개)

통을 기준으로 여러 선을 그어놓고 차례로 콩주머니를 던져 넣어 보자. 좁은 공간에서도 친구들과 즐겁게 놀면서 집중할 수 있는 놀이다.

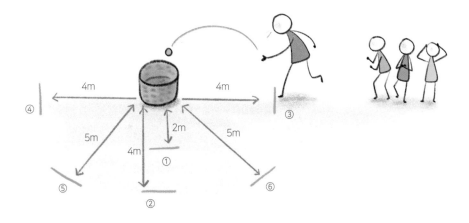

1 3~5명이 모인 뒤, 가위바위보로 순서를 정한다.

2 상자 또는 통 하나를 놓고 그곳을 기준으로 각자 다른 거리에 6~10개의 선을 긋고 번호를 붙인다.

3 첫 번째 사람이 ①번 선에 선 다음 콩주머니를 던져 상자에 넣는다.

4 상자에 넣으면 상자 안의 콩주머니를 가지고 와 다음 번호 선에서 콩주머니를 던진다. 넣지 못하면 콩주머니를 가지고 와 그 번호 선 옆에 둔다. 다음 차례가 되면 그곳에서부터 다시 콩주머니를 던진다.

5 다음 차례의 사람이 같은 방식으로 콩주머니를 던진다.

6 가장 먼저 마지막 번호의 선에서 콩주머니를 던져 상자에 넣은 사람이 승리한다.

TIP

놀이의 팁 ─────

• 상자나 통이 없다면 훌라후프를 놓고 그곳에 콩주머니를 던지도록 하자.

• 선을 그을 수 없는 상황이라면 접시콘을 하나씩 놓고 기준점을 정하자. 왼발을 접시콘에 붙이고 몸이 넘어가지 않도록 하자. 오른발은 살짝 들고 던질 수 있도록 서로 약속을 정할 수 있다.

• 한 판이 끝나면 각각의 기준선을 옮겨 놀이 난이도를 바꿀 수 있다.

• 강당에서는 농구골대에 농구공(또는 배구공)을 넣는 놀이로 응용할 수 있다.

• 콩주머니 대신 접시콘 날리기, 플라잉 디스크 날리기로 응용해 보자.

 5-24 한줄만들기

(강당) (운동장) (교실 밖) **준비물** | 접시콘(9개), 콩주머니(2가지 색, 여러 개), 라인기

틱택토 놀이를 응용해 콩주머니와 접시콘으로 놀아보자. 던지는 방법과 집중의 정도에 따라 결과가 달라지고, 콩주머니 대신 공 깃돌로도 할 수 있는 간단한 놀이다.

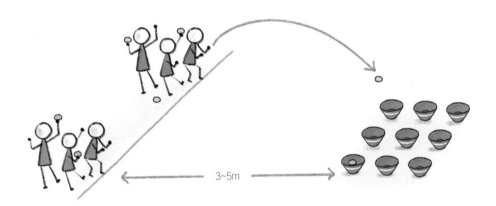

3~5m

활동방법 How to play

1 2~4명을 한 팀으로 두 팀이 모인다.

2 기준선을 정한 뒤, 3m 정도 떨어진 곳에 접시콘 9개를 정사각형 모양으로 놓는다. 팀별로 콩주머니 색을 정하고 같은 수만큼 나눈다.

3 먼저 할 팀을 가위바위보로 정하고, 팀 내에서도 먼저 던질 순서를 정한다.

4 한 사람이 먼저 기준선에서 접시콘으로 콩주머니를 던진다.

5 콩주머니가 안에 들어가면 그대로 두고, 들어가지 않으면 다시 가지고 온다.

6 다음 팀 사람이 콩주머니를 던져 접시콘에 넣는다.

7 상대팀이 넣은 접시콘에 콩주머니를 넣으면 상대팀 콩주머니를 빼야 한다.

8 같은 팀 콩주머니가 담긴 접시콘에 넣으면 하나를 빼서 가지고 온다.

9 이렇게 콩주머니를 던져 가로, 세로, 대각선 등 한 줄을 먼저 만드는 팀이 이긴다.

TIP

놀이의 팁 ——————

• 콩주머니 때문에 접시콘이 움직인다면, 테이프로 접시콘 앞쪽과 뒤쪽(밀려가는 힘을 생각해서) 에 하나씩만 붙여도 흔들림이 없다. (강당에서 가능)

• 콩주머니가 없다면 공깃돌로 할 수 있다.

• 상대방 콩주머니나 우리 팀 콩주머니가 있는 곳에 내 콩주머니가 들어가면 콩주머니 두 개를 모두 다 빼는 방식으로 규칙을 변형할 수 있다.

5-25 비행접시의 착륙

준비물 | 플라잉 디스크(1인당 1개), 훌라후프(팀당 1개)

플라잉 디스크를 정해진 위치에 잘 착륙시켜보자. 컬링과 비슷한
느낌으로 친구들과 쉬는 시간에도 즐겁게 놀 수 있다.

1 4~5명이 한 팀이 된다.

2 서로 협의하여 적절한 거리에 원을 그리거나 훌라후프 하나를 놓는다.

3 돌아가며 플라잉 디스크를 던져 원 안에 들어가게 한다.

4 원 안에 들어가거나 원의 가장 가까이에 플라잉 디스크가 위치한 사람이 이긴다.

TIP

놀이의 팁 ────

• 처음엔 가까운 거리에서 시작해 조금씩 거리를 늘리며 난이도를 조절할 수 있다.

• 먼저 플라잉 디스크를 충분히 날려보면서 요령을 터득한 뒤 놀이를 시작해 보자.

• 플라잉 디스크가 부족하면 팀당 하나를 가지고 할 수 있다. 원 근처에 같은 팀 1명이 있다가 다시 날려주기로 하자.

• 동시에 던져서 할 수 있지만, 1명씩 돌아가면서 신중히 던지도록 하자.

• 개인별 경기와 팀 대항전이 가능하다.

5-26 페트병 쓰러뜨리기

 **강당** **운동장** 교실 밖 **준비물** | 플라잉 디스크(1인당 1개), 페트병(팀당 5개)

놀이공원에서 하는 타겟을 맞히는 놀이처럼 플라잉 디스크를 던
져 페트병을 맞히는 놀이를 해보자. 공을 던질 때와는 다른 특별
한 재미를 느낄 수 있다.

활동방법 How to play

1 4명이 한 팀이 된다.

2 정해진 위치에 페트병을 가로 1줄로 세워놓는다.

3 한 사람씩 플라잉 디스크를 던진다.

4 쓰러뜨린 페트병의 수를 확인한다.

5 많은 수의 페트병을 쓰러뜨리면 이긴다.

TIP

놀이의 팁 ———

• 강당에서는 평균대 위에 페트병을 올려놓고 해보자.

• 각기 다른 모양의 페트병을 활용해도 좋다.

• 페트병에 소량의 물을 넣어서 페트병이 잘 서 있도록 해도 좋다.

• 처음엔 가까운 거리에서 하다가 나중엔 한 걸음씩 뒤로 가면서 놀이를 해보자.

• 개인별 놀이를 해도 되고 팀 대항으로 놀이를 응용해도 좋다.

• 콩주머니 등 다양한 공 던지기로 응용해도 좋다.

• 반 아이들에게 생수가 제공되는 체육대회 등을 이용해 같은 크기의 페트병을 확보해 놓자.

• 페트병의 위치를 다양하게 바꿔가며 해보자.

5-27 플라잉 핸드볼

준비물 | 플라잉 디스크(1개), 라인기

핸드볼 규칙의 일부를 적용해 플라잉 디스크로 하는 놀이이다.
역동적이면서도 재미있게 반 아이들과 함께 놀아보자!

1 반 아이들을 두 팀으로 나눈다.

2 서로 떨어진 곳에 1명이 들어갈 정도의 원을 하나씩 그려놓는다.

3 각 팀당 1명이 원 안에 들어가 플라잉 디스크를 받는다. 받는 사람은 원 밖으로 나갈 수는 없다.

4 시작점에서 반대쪽 원에 들어가 있는 자신의 팀에게 플라잉 디스크를 전달하면 1점이다.

5 플라잉 디스크를 손에 잡으면 세 걸음 안에 패스해야 한다.

6 패스하지 못하거나 바닥에 떨어뜨리면 상대팀이 플라잉 디스크를 받아 놀이를 시작한다.

7 정해진 시간 동안 몇 점을 획득하는지로 승부를 낸다.

TIP

놀이의 팁 ——

· 1명이 서 있는 원은 조금 크게 그려서 상대방 팀이 접근하지 못하도록 하자.

· 천으로 된 플라잉 디스크로 놀이를 해야 다치지 않는다.

· 팀 조끼를 입고 해도 좋다.

· 다툼의 요소가 있을 땐 교사가 플라잉 디스크를 하늘로 날려준 뒤 다시 시작하도록 하자.

· 경기장을 그리면 자꾸 장외 아웃이 나온다. 때론 경기장 라인 없이 양쪽 원만 그려놓고 해보자.

5-28 플라잉 디스크 통과 놀이

강당 **운동장** 교실 밖   **준비물** | 플라잉 디스크(팀당 1개), 훌라후프(팀당 1개)

플라잉 디스크를 서로 주고받는 연습을 충분히 했다면, 훌라후프를 더해 통과시키는 활동을 해보자. 그냥 주고받는 것보다 몇 배의 즐거움이 생긴다.

1 3~4명을 한 팀으로 구성한다.

2 3명을 기준으로 2명은 플라잉 디스크를 주고받고, 1명은 가운데에서 홀라
   후프를 들고 사이에 선다.

3 한 사람이 플라잉 디스크를 홀라후프에 통과시켜 건너편 사람에게 날린다.
   가운데에 홀라후프를 들고 있는 사람은 홀라후프나 몸을 움직여 플라잉 디
   스크가 잘 통과할 수 있도록 돕는다.

4 받은 사람은 다시 반대로 홀라후프를 통과시켜 건너편 친구에게 플라잉 디
   스크를 날린다.

5 서로 10번 정도 주고받으면, 역할을 바꿔서 한다.

TIP

놀이의 팁 ────

• 플라잉 디스크를 서로 날리면서 충분히 주고받은 뒤에 홀라후프를 추가하자.

• 처음엔 가까이에서 주고받다가 조금씩 거리를 늘리자.

• 플라잉 디스크는 몸에 맞아도 아프지 않은 천 재질이 좋다.

• 홀라후프를 들고 서 있는 사람의 수를 조금씩 늘려보면 재미있다. 여러 홀라후프를 통과해 앞
  친구의 손에 플라잉 디스크가 전달되는 순간 환호하는 아이들의 모습을 볼 수 있다.

• 팔이 아플 수 있으니 홀라후프는 번갈아가며 들거나 필요한 순간에 들어 올리자.

5-29 늑목과 플라잉 디스크

 준비물 | 플라잉 디스크(1인당 1개), 라인기

강당 / 운동장 / 교실 밖

고가의 플라잉 디스크 관련 교구가 아니더라도 학교 내에서 재미 있게 놀 수 있는 방법을 찾아보자. 목표를 만들어주고, 때론 팀을 나눠서 할 수 있는 플라잉 디스크 놀이다.

활동방법 How to play

1 반 아이들을 두 팀으로 나눈다.

2 늑목에서 칸이 넓은 곳 중 하나를 목표로 정하고, 그곳에서 10m 정도 떨어진 곳에 라인기로 기준선을 그린다.

3 돌아가면서 플라잉 디스크를 날려 목표한 칸에 넣는다. 들어가면 1점이다.

4 모두가 한 번씩 날린 뒤, 최종 점수로 승부를 낸다.

TIP

놀이의 팁

- 팀 대항 놀이 전에, 여러 줄로 나눠서 늑목에 플라잉 디스크를 날려볼 수 있도록 충분히 연습 시간을 주자.

- 플라잉 디스크를 날릴 때는 늑목 쪽으로 가지 않도록 하자.

- 늑목 뒤가 학교 담장이나 도로라면 다른 시설물을 이용해 진행하자.

- 나이와 능력에 따라 늑목과 기준선과의 거리를 조절해 가며 난이도를 만들자.

- 늑목 칸을 늘려 각 칸마다 다른 점수를 부여해 진행해 보자. 좁은 칸에 점수를 더 부여하자.

3선 줄다리기

준비물 | 같은 길이의 줄다리기 줄(3개), 리본(3개), 라인기

이전에는 두 팀으로 나눠 단체로 힘을 겨루는 줄다리기를 했다면, 이제는 작전을 짤 수 있고 변수가 생겨 승부가 어떻게 날지 모르는 가슴 두근거리는 색다른 줄다리기를 해보자.

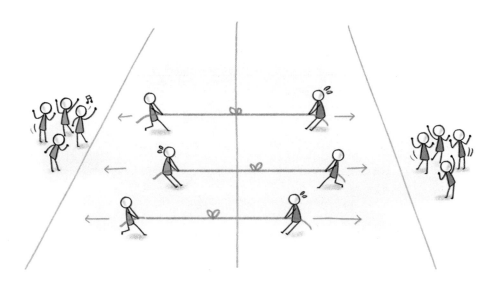

1 반 아이들을 두 팀으로 나눈다.

2 가운데 기준선을 그어놓고 줄 3개를 일정한 간격으로 가로질러 놓는다.

3 각 팀에서 줄다리기에 참여할 3명을 선정하고 각 팀의 대표끼리 가위바위보를 한다.

4 가위바위보에서 진 팀 1명이 먼저 줄 3개 가운데 하나를 골라 선다. 그러면 상대팀에서 1명이 또 3줄 가운데 하나를 골라 선다. 이렇게 번갈아가며 6명이 서로 마주 보고 선다.

5 신호에 맞춰 줄을 잡고 일어나 줄다리기를 시작한다.

6 줄 가운데 묶인 리본 3개 중 2개 이상이 자기 편으로 넘어오면 이긴다.

7 3명씩 돌아가면서 줄다리기를 하고 최종 결과로 승부를 낸다.

TIP

놀이의 팁 ──────

• 줄 가운데 리본을 달아놓으면 승부를 잘 확인할 수 있어서 좋다.

• 한 사람이 처음 줄 앞에 서면 상대팀은 간단한 회의를 통해 다음 사람이 어디에 설지 전략을 세울 수 있다.

• 처음부터 줄을 잡지 않도록 하고, 신호 후 줄을 동시에 잡도록 하자.

• 손목을 다칠 수 있으니 놀이 전 충분히 손목을 풀어주고 다치지 않도록 주의를 주자.

• 줄다리기 도중 갑자기 줄을 놓지 않도록 안내하자.

5-31 줄넘기 격파놀이

강당 운동장 교실 밖 **준비물** | 줄넘기(1인당 1개), 콘(1인당 1개)

중국 무술영화 속 유성추를 던지는 사람처럼 줄넘기를 던져 콘을 쓰러뜨려보자. 줄넘기를 앞으로 보내고 다시 잡아당기는 순간적인 손목 스냅이 정말 중요한 놀이다.

1 기준선을 정하고, 줄넘기 길이 정도의 거리에 작은 콘 하나를 세운다.

2 줄넘기 한쪽을 손으로 쥐고, 엄지와 검지 두 손가락으로 다른 한쪽 손잡이를 잡는다.

3 손을 뒤로 당겼다가 앞으로 보내면서 손가락으로 잡고 있던 손잡이를 놓아 줄넘기를 콘 쪽으로 보낸다.

4 줄넘기로 콘을 쓰러뜨리면 성공!

5 몇 번 만에 콘을 쓰러뜨리는지 겨뤄본다.

TIP

놀이의 팁 ─────

• 줄넘기를 앞으로 보내고 돌아오는 줄넘기 손잡이에 본인 또는 옆 친구가 다칠 수 있으니 널찍하게 간격을 두고 놀이를 하자.

• 체육 교구 창고에 볼링 핀이 있다면 '작은 콘' 대신 사용해 보자. 페트병에 물을 살짝 담은 뒤 마개를 막고 활용해도 좋다.

• 볼링 핀 10개 또는 작은 콘을 6개 세워놓고, 손에 쥐고 있던 한쪽 줄넘기 손잡이를 보내는 방식의 볼링 형태 놀이로 응용할 수 있다. 한 사람이 줄넘기 줄을 세 번 또는 다섯 번 던지기 등의 규칙을 추가해도 좋다.

• 한 팀을 3~5명으로 구성한 뒤 줄넘기가 닿을 정도에 각 팀별로 훌라후프 안에 공 또는 큰 콘 하나를 넣어놓고 먼저 밖으로 보내는 놀이로 응용할 수 있다.

5-32 전깃줄 피하기 놀이

 **준비물** | 줄넘기(2인당 1개), 라인기

줄넘기로 만든 장애물을 피해서 이동하는 놀이다. 여기에서는 전깃줄로 이름 붙였지만, 다양한 응용으로 여러 이름을 가진 놀이로 변형해 가면서 팀 대결 놀이를 진행해 보자.

1 반 아이들을 두 팀으로 나눈 뒤 순서를 정한다.

2 전깃줄을 만드는 팀은 2명씩 줄넘기 길이 정도로 마주 보고 옆 사람들과 1m 이상 떨어져 앉는다.

3 마주 본 두 사람은 줄넘기 손잡이를 한쪽씩 잡고 팔꿈치 아래만 움직여 줄넘기가 흐늘거리도록 만든다.

4 전깃줄을 건너야 하는 팀은 순서를 정한 뒤 1명씩 흐늘거리는 전깃줄을 통과한다. 앞사람이 도착선에 닿으면 다음 사람이 출발한다.

5 모두 통과한 뒤 몇 명이 전깃줄(줄넘기)에 닿지 않았는지 숫자를 세어본다.

6 서로 역할을 바꿔서 진행한 뒤, 전깃줄에 닿지 않은 사람이 많은 팀이 이긴다.

TIP

놀이의 팁 ————

• 팔 전체를 휘두르면 줄넘기에 모두 닿을 수밖에 없다. 팔꿈치 아래로 흔들거나 손목 스냅만 이용해 줄넘기를 흔들도록 하자.

• 연속으로 통과해 가면 다칠 수 있으니 한 사람이 출발선에서 도착선까지 간 뒤에 다음 사람이 출발하기로 하면 훨씬 집중이 높아진다.

• 줄을 위 아래로 흔들고 그곳을 통과하는 놀이로 응용해 보자.

• 줄을 서로 팽팽하게 잡아 당기고 전깃줄(줄넘기)에 닿지 않으면서 그 아래를 기어서 통과해 보는 놀이로 응용할 수 있다.

5-33 공의 여행

 강당 운동장 교실 밖 **준비물** | 줄넘기(1인당 1개), 공(모둠당 1개), 접시콘(모둠당 2개)

줄넘기를 이용해 공을 들어올리자. 줄넘기를 팽팽하게 잡아당기는 것도 중요하지만 4명의 호흡과 집중이 정말 중요한 활동이라 '함께', '협동'의 의미에 대해 돌아볼 수 있는 놀이다.

1 4명이 한 모둠이 되어, 각자 오른손에 줄넘기를 하나씩 들고 동서남북 위치에 선다.

2 줄넘기 손잡이 하나는 오른손으로 쥐고, 반대쪽 손잡이는 마주 본 사람의 왼손으로 보내 + 형태를 만든다. 줄넘기를 팽팽하게 잡아당겨 바닥에 있는 공을 허리 높이만큼 띄우고 내려놓아 본다.

3 어느 정도 익숙해지면 공을 다른 곳으로 운반해 본다.

4 접시콘 위에 놓인 공을 줄넘기를 이용해 3~5m 정도 떨어진 다른 접시콘 위로 한 번에 운반하면 성공! 중간에 공이 떨어지면 원래의 접시콘 위에 공을 올려놓고 다시 운반한다.

5 몇 번 만에 성공하는지 확인해 보자.

TIP

놀이의 팁 ———

• 풍선, 뒤집어진 작은 콘, 피구공, 배구공 순서대로 난이도가 높아진다(가벼울수록 쉽다). 나이와 학생들의 수준에 맞춰 조절하자.

• 접시콘은 아래를 넓은 쪽으로, 위를 좁은 쪽으로 놓으면 그 위에 공을 고정시킬 수 있다. 고정된 공을 옮겨 바구니나 통에 넣는 방식으로 하면 조금 더 수월하다.

• 어느 정도 익숙해지면 반 아이들을 두 팀으로 나눠 한쪽에서 다른 쪽으로 왔다갔다 옮기는 형태로 릴레이 놀이를 할 수 있지만, 시합을 하게 되면 실수가 늘고 지루함이 생긴다. 목표를 두고 그 목표를 4명 모둠이 함께 성공했다는 기쁨을 느끼도록 운영해 보자.

5-34 줄넘기로 도형을

   준비물 | 줄넘기(모둠당 2~3개)

줄넘기를 이용해 여러 도형과 장면을 만들 수 있다. 여러 명이 모여 함께 이야기 나누고, 줄넘기를 이용해 아이디어를 표현할 수 있는 시간을 만들어보자.

1 4~6명이 한 모둠이 된다.

2 줄넘기 줄을 이용해 표현하고자 하는 도형이나 대상을 제시해 본다.
- 도형 : 삼각형, 사각형, 오각형, 마름모, 사다리꼴 등
- 기호 : 화살표, 하트 등
- 문자 : 알파벳, 한글 등
- 그림 : 나무, 나비, 꽃, 작은 집 등

3 주어진 시간 동안 이야기를 나누고 표현 방법을 실험해본 뒤 돌아가며 모둠별로 발표해 본다.

TIP

놀이의 팁 ────

- 처음엔 단순한 도형에서 시작해 나중엔 복잡한 그림으로 발전시키자.
- 남는 줄넘기 줄은 겹쳐서 손으로 잡도록 하자.
- 줄넘기 손잡이를 포인트로 사용하면 재미있는 장면이 만들어진다.
- 도형 4~6개를 하나씩 표현한 뒤 음악에 맞춰 이어 보여주는 것만으로도 멋진 공연이 될 수 있다.
- 줄넘기 대신 두꺼운 고무줄로 놀이하면 더 재미있다.
- 모둠원 일부는 도형을 표현하고, 일부는 옆에서 줄넘기를 넘는 등 줄넘기 퍼포먼스로 발전시킬 수 있다.
- 주어진 것에 따라 표현할 수도 있지만, 각 모둠이 표현하고 싶은 것을 만들어볼 기회를 주자.

5-35 고무줄 림보 놀이

강당 운동장 교실 밖 **준비물** | 검정 고무줄(또는 긴 줄, 2개)

림보 교구를 사지 않고도 재미있는 놀이를 할 수 있는 방법이 있
다. 림보를 빠져나오는 것만으로도 즐거워하는 아이들과 함께 릴
레이 놀이로도 응용해 보자!

활동방법 How to play

1 긴 고무줄을 몸에 두를 수 있도록 양쪽 매듭을 지어 2개를 준비하자.

2 반 아이들을 두 팀으로 나눈 뒤, 고무줄을 두르고 서 있을 2명을 선정한다.

3 출발점을 지정하고 약속된 거리에 고무줄을 두른 2명이 선다.

4 1명씩 몸을 뒤로 젖혀 통과해 보는 연습을 한다. 나중엔 높이를 조금씩 낮춰보자. 충분히 익숙해지면 림보 통과 릴레이 놀이를 시작하자.

5 1명이 출발해 림보를 통과한 뒤, 반환점을 돌고 돌아오면 다음 사람이 통과한다.

6 모두 통과해 먼저 돌아온 팀이 승리한다.

TIP

놀이의 팁 ———

• 림보의 높이를 줄자를 이용해 지정해 주면 좋다.

• 걸어가서 림보를 통과한 뒤에 달릴 수 있도록 하자.

• 고무줄을 두른 사람을 돌아가면서 하도록 하자.

• 림보를 할 때 1단계 가슴 높이, 2단계 허리 높이 등으로 단계를 추가하면 좋다.

• 림보 아래 매트를 깔아놓으면 조금 더 안전하게 놀이할 수 있다.

5-36 개똥을 피해랏!

준비물 | 라인기, 안대(2인당 1개), 접시콘(여러 개)

개똥이라는 설정만으로도 재미있어지는 놀이다. 반 아이들과 할 수도 있지만, 부모와 자녀 프로그램이 있을 때 이 놀이를 응용해 활용해 보자!

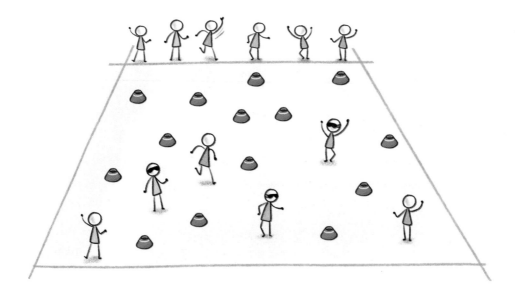

1 운동장에 커다란 직사각형을 그린다.

2 2명씩 짝이 된다.

3 한 사람은 안대를 쓰고 한쪽에, 다른 한 사람은 반대쪽에 서고 '이끔이'라고 하자.

4 직사각형 안에 접시콘을 무작위로 던져놓고 '개똥'이라 약속한다.

5 신호와 함께 안대 쓴 사람은 조심스럽게 걸어가고, 개똥을 밟지 않도록 이끔이는 큰 목소리로 방향을 알려준다.

6 개똥을 하나도 밟지 않고 이끔이가 있는 곳까지 도착하면 성공!

TIP

놀이의 팁 ────

• 개똥 위치를 미리 알 수 없도록 안대를 착용하는 사람들이 모두 눈을 가리면 접시콘을 던져 개똥을 만들자.

• 시청각실과 같은 공간이라면 접시콘 대신 의자를 이용해 장애물을 만들고, 한쪽 벽에 손을 대고 있다가 출발하기로 하자.

• 학부모 공개수업 때 부모 자녀 활동으로 효과가 좋다.

• 안대 틈 사이로 보며 참여하는 학생들이 있다. 틈이 가려진 안대를 사용해 보자.

• 접시콘이라며 마구 밟고 가는 학생이 있을 수 있다. 시작 전에 미리 활동 요령을 잘 알려주자.

5-37 친구를 믿고 달려봐

 **준비물** | 라인기, 콘(2개), 안대(2인당 1개)

안대를 이용한 놀이다. 친구와 함께 일정 거리를 달리는 것만으
로도 즐거움 가득한 순간이 만들어진다. 기존 릴레이 놀이 방법
을 응용해 활용할 수 있는 장점이 있다.

활동방법 How to play

1 출발선을 그리고 콘을 이용해 반환점을 만든다.

2 반 아이들을 두 팀으로 나눈다.

3 각 팀은 2인 1조로 선다. 한 사람은 안대를 쓰고, 다른 한 사람은 안대 쓴 사람의 양 어깨를 잡는다.

4 차례가 되면 함께 앞으로 가볍게 달려가고, 뒷사람은 앞사람 양 어깨를 조금씩 틀어 방향을 알려준다. 양 어깨를 꽉 잡으면 브레이크로 약속하자.

5 반환점을 돌아 출발선으로 돌아오면 다음 조가 출발한다.

6 모두가 반환점을 돌아 출발선으로 먼저 돌아온 팀이 이긴다.

TIP

놀이의 팁 ———

• 너무 빠른 속도로 뛰지 않도록 하자. 넘어지면 크게 다칠 수 있다.

• 안대를 쓰고 달리는 순간 불안감이 올라올 수 있다. 처음엔 출발선과 반환점(콘) 사이의 거리를 10m에서 시작한 뒤 조금씩 늘려가자.

• 모두가 한 번씩 안대를 쓰도록 놀이를 운영하고 싶다면 반환점으로 돌아온 뒤 팀 가장 뒤로 가서 줄을 서고 안대를 바꿔 쓴 뒤 다시 참여하게 한다.

• 앞 조가 출발하면 안대를 미리 쓰고 대기하자. 안대를 착용하는 시간이 승부를 바꿀 때가 있다.

• 콘이나 접시콘을 이용해 출발선과 반환점 사이에 장애물을 만들어놓고 통과하도록 할 수 있다.

• 조금 더 안전하고 천천히 운영하고 싶다면 3명을 한 조로 만든다. 1명은 안대를 쓰고 2명이 양쪽에서 손을 잡고 함께 가볍게 뛴다.

5-38 어둠속보물찾기

 강당 운동장 교실 밖 **준비물** | 접시콘(여러 개), 공(여러 개), 안대(모둠당 3~4개)

안대 착용한 몇 명을 가장 뒷사람이 운전해 보물을 찾고, 그 보물을 들고 돌아오는 재미 만점 놀이다. 가을 체험학습 때 활용할 수도 있는 특별한 놀이를 함께해 보자.

1 반 아이들을 4~5명씩 여러 모둠으로 나눈다.

2 모둠별로 한 줄로 서고, 가장 뒷사람을 제외한 나머지는 안대를 착용한다.

3 운동장 구석구석에 접시콘을 놓고, 그 위에 공을 놓아 보물이라고 약속하자.

4 출발 신호 후, 맨 뒷사람은 앞사람 어깨를 움직여 가야 할 방향을 말과 함께 알려준다(예 : 앞으로 그대로 조심히 전진, 잠깐 멈추고, 왼쪽으로 살짝 돌아 그대로 직진, 그래 잘하고 있어!).

5 모둠이 함께 공을 찾아 출발선으로 돌아온다.

TIP

놀이의 팁 ———

• 처음부터 놀이로 들어가기보다, 충분히 연습한 뒤 놀이에 들어가자.

• 시간을 정해 놓고 공을 더 많이 찾는 모둠이 이기는 방식으로 진행하거나 공을 하나 찾아 출발선으로 돌아오면, 가장 뒷사람 1명이 안대를 벗을 수 있는 등 새로운 규칙을 더해 가며 놀이를 변형할 수 있다.

• 두 팀으로 나누어 운동장에 있는 공을 서로 모아오고, 정해진 시간 뒤 더 많은 공을 모아온 팀이 이기는 방식으로 응용, 확장해 보자.

• 출발선에 있는 여러 공을 멀리 발로 찬 뒤, 그 공을 찾아오는 방식으로도 진행할 수 있다.

• 어느 정도 익숙해지면, 팀 전체를 한 줄로 만들고 공 1개를 먼저 찾아오는 방식으로 변형해 운영할 수 있다.

5-39 환상의 짝꿍

준비물 | 안대(인원수만큼)

넓은 강당에서 내 짝의 이름을 부르며 찾는 놀이다. 교실과 달리
더 넓은 곳에서 제한된 시간 안에 내 짝을 찾아야 한다. 생각지도
못한 조합으로 짝이 만들어지는 순간도 경험해 보자.

1 반 아이들 모두 2명씩 짝이 된다.

2 서로 '환상의 짝꿍'을 정하고 팀 이름을 만든다(예 : 강아지와 개껌, 연필과 지우개, 토끼와 당근 등).

3 서로 헤어져 강당 양쪽으로 이동한 뒤, 모두 안대를 쓰고 강당 벽에 손을 붙이고 선다.

4 교사의 호루라기 소리에 자신의 짝 이름을 크게 부르며 천천히 걸어간다.

5 내 짝의 목소리를 듣고 찾으면 서로 손을 잡고 선다.

6 제한된 시간 안에 내 짝을 찾으면 성공!

TIP

놀이의 팁 ———

• 처음엔 강당 절반 정도의 크기에서 시작하자.

• 환상의 짝꿍을 서로 발표할 때 어떻게 그 이름을 짓게 됐는지 이유도 들어보자.

• 손을 마구 휘저으면 다칠 수 있다. 손은 살짝 앞으로 뻗고, 천천히 걸어가도록 하자.

• 누군가를 외치는 친구들 목소리가 있어서 처음엔 충돌 위험이 적지만, 후반부에는 짝을 찾은 사람들이 조용히 서 있을 수 있다. 이럴 땐 짝을 찾으면 조심히 이동해 한쪽 벽에 붙어 있도록 한다.

• 한 사람이 안대를 쓰고 벽에 손을 대고 대기하는 동안, 다른 사람들은 강당 여러 곳으로 이동해 선다(한 번 서면 움직일 수 없다). 그런 뒤 안대 쓴 사람이 짝을 찾아다니는 형태로 응용할 수 있다.

5-40 물을 옮겨랏!

강당 운동장 교실 밖 **준비물** | 같은 크기의 수조(4개), 대접(2개)

승부를 내기보다는 물을 몸에 뿌려 웃음을 유발하려는 장면이 펼쳐지는 놀이이다. 더운 여름이 왔다면 운동장에서 함께 대접으로 물을 옮기는 놀이를 해보자!

1 반 아이들을 두 팀으로 나눈다.

2 출발선을 그리고 15~20m 떨어진 곳에 반환선을 그린 뒤 물이 담긴 수조를 놓는다.

3 신호가 떨어지면, 각 팀은 1명씩 대접을 들고 달려가 수조에 있는 물을 퍼담는다.

4 돌아올 땐 물이 담긴 대접을 머리 위에 올리고 두 손으로 잘 잡는다.

5 출발선으로 돌아와 앞에 놓인 빈 수조에 가져온 물을 조심히 붓는다.

6 정해진 시간 동안 수조에 물을 옮기고, 시간이 지난 뒤 물 양을 비교해 물이 더 많은 팀이 이긴다.

TIP

놀이의 팁 ─────

• 옴폭 파인 그릇도 좋지만 납작한 것이 물이 잘 흘러 아이들을 비명 지르게 만든다.

• 수조는 과학실에서 빌릴 수 있고, 그릇을 구하기 힘들면 종이컵으로 해도 좋다.

• 물을 나르기보다 물을 몸에 흘려보내면서 친구들을 웃기려는 아이들이 있다. 적당히(?) 하도록 미리 이 부분을 안내하자.

• 체육대회나 운동회 때도 활용할 수 있는 놀이다.

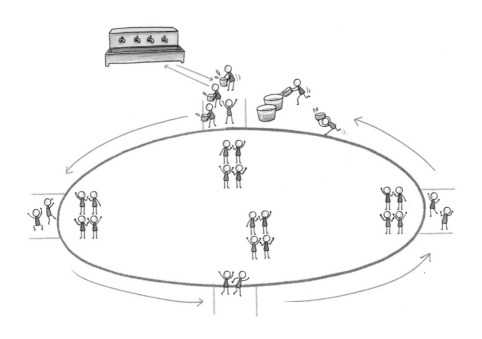

5-41 물이어나르기

 운동장 교실 밖   **준비물** | 수조(4개), 물을 담을 커다란 통(2개), 라인기

더운 여름날, 운동장 한쪽에 수돗가가 있다면 수조에 물을 담아
친구에게 이어 나르며 비명을 지르게 되는 놀이를 해보자.

1 반 아이들을 두 팀으로 나눈다.

2 운동장을 네 지점으로 나누고, 이어달리기를 할 때와 같이 고루 선다.

3 각 팀당 대표를 1명 뽑고, 수조를 2개씩 나눠준다. 신호에 맞춰 대표는 수돗가에서 정해진 위치까지 물을 수조에 담아 전달한 뒤 남은 수조에 다시 물을 담는다.

4 수조의 물을 전달받은 사람은 그 수조를 들고 라인을 따라 이동한 뒤 다음 사람에게 전달한다. 전달한 뒤에는 도착한 곳 자기 팀 줄 맨 뒤에 선다.

5 물을 전달받은 마지막 사람은 정해진 곳에 물을 붓고 팀 대표에게 빈 수조를 전달한다.

6 미리 물을 받아놓은 수조를 전달받은 사람은 팀 대표에게 빈 수조가 전달되는 것을 보고 출발한다.

7 이렇게 계속 반복하다가 정해진 시간 뒤 물을 더 많이 모은 팀이 이긴다.

TIP

놀이의 팁 ────

- 수조에 물을 너무 많이 담으면 들고 이동하기가 힘들다. 힘에 맞게 물의 양을 조절하도록 하자.

- 중간에 손이 미끄러워 수조가 바닥에 떨어져 물이 쏟아지는 경우가 있다. 이런 상황이 승부를 가른다는 것을 미리 알려주자.

- 각 대표가 움직일 수 있는 곳, 각 팀 주자가 수조의 물을 이어받는 곳 등의 영역을 라인기를 이용해 그려놓으면 좋다.

5-42 물 운반 놀이

(강당) **운동장** (교실 밖) **준비물** | 수조(2개)

손바닥을 모아 그릇 모양을 만들어 물을 담자. 흐르지 않도록 물을 운반해 수조에 붓고 다시 수돗가로 뛰어가는, 더운 날 반 아이들과 함께할 수 있는 놀이다.

1 두 팀으로 나뉘어 수돗가로 간 뒤 각 팀의 수도꼭지 담당을 1명씩 선발한다.

2 수도꼭지 담당은 수돗가 양 끝의 수도꼭지 앞에 선다. 수도꼭지 담당으로부터 15~20m 정도 떨어진 곳에 수조를 하나씩 놓는다.

3 각 팀은 자기 팀의 수도꼭지 앞에 한 줄로 서고 두 손을 모아 그릇 모양을 만든다.

4 시작 신호에 맞춰 수도꼭지 담당은 필요한 만큼 물을 틀어 친구 손에 담아 준다.

5 물을 받은 사람은 흐르지 않도록 조심히 이동해 자기 팀 수조에 물을 붓고 다시 수도꼭지로 뛰어가 한 줄로 선다.

6 정해진 시간이 지난 뒤, 수조에 더 많은 물을 모은 팀이 승리한다.

TIP

놀이의 팁 ———

• 수도꼭지 담당이 없으면 승부에만 집중해 물을 계속 틀어놓는 경우가 있다. 필요한 순간에만 물을 틀 수 있도록 담당을 만들어놓자.

• 각 팀의 수도꼭지를 정해 주자. 그렇지 않으면 여러 수도꼭지에서 물을 함부로 사용하게 된다.

• 한 손바닥에 물을 담아 운반하기, 거리를 더 멀리 해서 종이컵에 운반하기로 응용해 보자.

• 선생님이 놀이 중간 즈음 물을 운반하는 학생들에게 물총을 쏘며 장애물 역할을 해보자.

5-43 물포환 놀이

강당 **운동장** 교실 밖   **준비물** | 물풍선(여러 개), 라인기

더운 날, 운동장에서 투포환을 던지는 것처럼 물풍선을 던지며 놀아보자. 운동장에 물이 튀는 것을 이용해 놀이를 응용해 볼 수도 있다.

활동방법 How to play

1 물풍선을 1인당 2개씩 나눠준다.

2 운동장 수돗가에서 물풍선을 만든다.

3 기준선을 그리고 돌아가면서 물풍선을 멀리 던진다.

4 물풍선을 가장 멀리 던진 사람이 승리한다.

TIP

놀이의 팁 ———

• 물풍선 끝을 잘 묶지 못하는 경우엔 반 상황을 미리 조사한 뒤 선생님 외에 도우미 학생 몇 명을 운영하자.

• 물풍선을 사람에게 던지지 않도록 하자.

• 놀이가 끝나면 바닥에 떨어진 물풍선 조각을 함께 줍도록 하자.

• 더운 날엔 페트병이나 주전자로 물을 부어 바닥에 선을 그리고, 그 위에 라인기로 선을 덧그리면 좋다.

• 기준선에서 10m 떨어진 곳에 훌라후프를 두고, 가장 가깝게 던지기로 응용할 수 있다.

• 훌라후프 대신 바닥에 같은 크기의 정사각형을 두 개 그리고, 각 팀별로 물풍선을 던져 정사각형 안을 물로 더 많이 채워 그리는 팀이 승리하는 놀이로 응용할 수 있다.

5-44 페트병에 물 담아 그림 그리기

강당 **운동장** 교실 밖   **준비물** | 페트병(1인당 1개)

때론 운동장을 도화지 삼고, 페트병에 담긴 물을 그리기 도구 삼아 커다란 그림을 운동장에 그려보자. 그리고 높은 곳에 올라가 내려다 보자. 탄성이 절로 나온다.

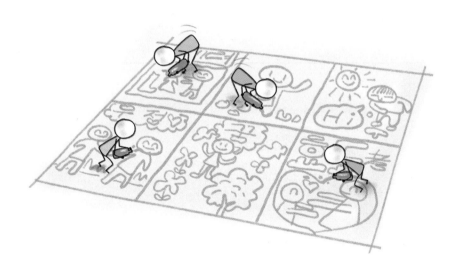

1 4명을 한 모둠으로 구성한다.

2 1인당 페트병을 1개씩 준비한다.

3 A4 용지 1/4 정도 크기의 종이를 나눠주고 미리 그림을 그려보도록 한다.

4 운동장으로 나가 라인기로 영역을 지정해 주고 수돗가에서 페트병에 물을 담아 교실에서 그렸던 그림을 크게 옮겨 그리도록 한다.

5 그림을 모두 그리면 학교에서 가장 높은 곳으로 올라가 함께 내려다 본다.

TIP

놀이의 팁 ──────

• 작은 그림을 큰 그림으로 옮기도록 하면 그림이 깔끔하게 그려진다. 하지만 그 단계를 거치지 않고 페트병에 물을 담아 자유롭게 그림을 그려도 좋다.

• 운동장 사용 시간을 잘 확인해 보자. 다른 학년이나 반과 겹치면 활동하기 곤란할 수도 있다.

• 정해진 시간이 지나면, 그렸던 그림 위에서 다른 반과 학년이 체육을 하거나 지워질 수도 있다고 미리 안내하자. 힘들게 그렸던 그림을 지키기 위해 때론 이기적으로 소리 지르거나 속상해 하는 경우도 있으니 그러지 말자고 약속하자.

• 한 사람은 밑그림 그리기, 두 사람은 페트병에 물 담아오기, 한 사람은 물이 부어진 곳에 막대로 테두리 그리기 등 모둠별로 역할 분담이 가능하다.

• 뒷정리를 깔끔하게 하자. 페트병을 모아 분리수거할 큰 통이나 봉지를 준비하는 것이 좋다.

5-45 스프링클러와 함께

 강당 운동장 교실 밖   **준비물** | 스프링클러(1개), 긴 호스(1개)

더운 여름날, 물총 놀이만으로 아쉬움이 남을 때 긴 호스 끝에 스
프링클러를 연결해 놓고 놀아보자. 스프링클러에서 나오는 물을
보는 것만으로도 즐겁지만, 통과하고 뛰어보면서 운동장에서 재
미있게 놀 수 있다.

1 운동장 수돗가에 긴 호스를 연결하고 호스 끝에 스프링클러를 연결한다.

2 스프링클러에서 나오는 물로 재미있게 놀아본다.
- 떨어지는 물을 손으로 만져본다.
- 스프링클러에서 나오는 물줄기 사이를 통과해 본다.
- 스프링클러에서 떨어지는 물줄기 아래 몇 초간 서 있어본다.
- 스프링클러를 뛰어넘어본다.
- 스프링클러에서 떨어진 물을 손에 담아 작은 통에 모아본다.
- 스프링클러가 작동된 상태에서 물총놀이를 함께한다.

TIP

놀이의 팁 ───

- 호스는 학교 텃밭이나 청소용으로 항상 비치되어 있다. 행정실에 도움을 요청하자.

- 물줄기가 한 종류로 나오는 것도 좋지만, 이왕이면 다양한 물줄기가 나오는 스프링클러를 골라보자.

- 수건과 여벌옷을 미리 준비하는 것이 좋다.

5-46 내 신발은 어디에?

준비물 | 훌라후프(팀당 1개), 라인기

훌라후프 하나만 있어도 재미있는 시간을 보낼 수 있다. 신발 섞는 순간을 가장 재미있게 생각하는 반 아이들을 만나게 된다.

活동방법 How to play

1 반 아이들을 두 팀으로 나눈다.

2 일정한 거리에 라인기를 이용해 원을 그려놓고(또는 훌라후프 하나를 놓고) 모두 신발을 벗어 넣어둔다.

3 각 팀의 대표 1명이 나와 신발을 마구 섞는다.

4 한 줄로 선 뒤, 정해진 신호에 1명씩 달려가 자신의 신발을 신고 돌아온다.

5 출발점으로 돌아와 터치하면 다음 사람이 신발을 찾으러 간다.

6 모두 신발을 찾고 먼저 돌아온 팀이 승리한다.

TIP

놀이의 팁 ———

- 강당에서는 실내화가 서로 비슷해서 찾기 힘들 때도 있고, 다른 사람의 실내화를 신을 수도 있다. 실내화에 이름이 적혀 있으면 좋다.

- 운동장에서는 신발 한 짝만 섞어두고, 한 발로 찾으러 다녀올 수 있다.

- 거리를 조절하면서 해도 좋다.

- 반 아이들 신발을 모두 섞어놓은 뒤, 이름을 뽑으면 각 팀에서 한 사람씩 출발해 그 친구의 신발(한 짝만)을 찾아 돌아오는 놀이로 변형할 수 있다.

5-47 발로 휙~

 운동장 교실 밖 **준비물** | 실내화, 훌라후프(2개)

운동장에서 신발을 발로 휙 밀어 날리는 것만으로도 재미있는 놀이를 운영할 수 있다. 정해진 곳까지 더 적은 횟수 만에 도착해야하는 골프와 비슷한 속성의 놀이를 함께해 보자.

활동방법 How to play

1 홀라후프 2개를 15m 정도 떨어뜨려 놓고 1명씩 홀라후프 안에 들어간다.

2 가위바위보로 순서를 정한다.

3 첫 번째 사람이 실내화를 발에 걸치고 휙 밀어 날린 뒤, 실내화가 날아간 자리로 이동해 그 자리에 선다.

4 반대편 사람 역시 같은 방법으로 실내화를 날리고, 실내화가 날아간 자리로 이동해 그 자리에 선다.

5 이렇게 번갈아가며 실내화를 한 번씩 날린다.

6 먼저 상대방 홀라후프 안에 실내화를 집어넣으면 이긴다.

TIP

놀이의 팁 ──────

• 발에 걸친 실내화를 밀어 날리는 경험이 없는 아이들이 많다. 바로 놀이를 하기보다는 연습을 충분히 한 뒤 놀이로 들어가자.

• 놀이가 빨리 끝나면 홀라후프 사이의 거리를 조절하자.

• 생각지도 못한 곳에서 실내화가 날아올 수 있다. 여럿이 할 때는 조심하도록 하자.

• 우유갑을 발로 밀어서 하거나 접시콘을 손으로 날리는 방식으로 응용할 수 있다.

• 운동장에서는 실내화 대신 작은 공으로 운영해 보자.

5-48 선에 붙여봐!

강당 **운동장** **교실 밖** **준비물** | 실내화

컬링 속성을 갖고 있는 놀이다. 강당에서 출발선과 도착선을 지
정해 놓고 실내화를 밀어 던져 선에 가장 가깝게 붙여보자.

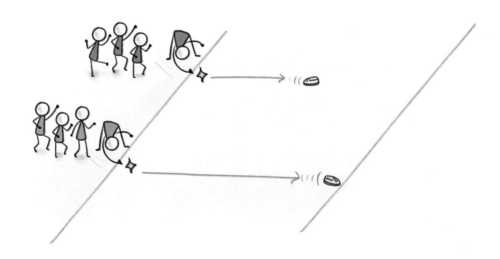

활동방법 How to play

1 3~5명이 모인 뒤, 강당 바닥의 선을 이용해 시작선과 목표선을 정한다.

2 순서를 정한 뒤, 1명씩 실내화 한 짝을 목표선으로 밀어 던진다.

3 돌아가면서 실내화를 모두 밀어 던진다(한 짝씩 두 번).

4 목표선에 가장 가깝게 실내화를 밀어 던진 사람이 이긴다.

TIP

놀이의 팁 ———

- 실내화를 그냥 던지면, 럭비공처럼 통통 멋대로 튄다. 바닥에 붙어 갈 수 있도록 밀어 던지도록 하자.

- 거리를 늘려가면서 놀이하도록 하자.

- 공깃돌을 이용해 할 수도 있다. 거리를 좁히고 출발선에 공깃돌을 1열로 놓은 뒤 손가락으로 팅겨보자.

- 테니스공 등 크고 작은 공으로 해보자. 힘 조절을 세밀하게 해야 한다.

- 팀 대항으로 하면 실내화를 밀어서 내보내는 등 또 다른 재미가 만들어진다.

5-49 평균대 위 모델

강당 운동장 교실 밖 **준비물** | 콩주머니(1인당 1개), 평균대(2개), 콘(2개)

평균대를 이용한 여러 놀이를 했다면, 균형잡기에 균형잡기를 더한 재미있고 특별한 놀이를 해보자.

활동방법 How to play

1 반 아이들을 두 팀으로 나눈다.

2 출발선을 지정하고 평균대를 세워놓은 뒤, 콩주머니를 손등에 올리고 천천히 걸어보는 연습을 충분히 한다.

3 각 팀은 출발선에 한 줄로 선다.

4 신호에 따라 첫 번째 사람은 콩주머니를 손등에 올리고 평균대까지 걸어간다. 가다가 콩주머니가 바닥에 떨어지면 출발선으로 돌아와 다시 간다.

5 콩주머니를 떨어뜨리지 않고 평균대에 도착하면 올라가 끝까지 걸어간 뒤, 내려와 반환점을 돌고 출발선으로 돌아온다.

6 평균대에서 콩주머니를 떨어뜨리면 평균대 시작점으로 가서 다시 출발하고, 반환점을 돌아온 뒤 떨어뜨리면 반환점부터 다시 콩주머니를 손등에 올리고 돌아온다.

7 출발선까지 모두 먼저 돌아온 팀이 이긴다.

TIP

놀이의 팁 ───

· 놀이 전 충분히 연습할 시간을 주자. 연습만으로도 아이들이 즐거워한다.

· 콩주머니를 처음엔 손등에 올리지만, 머리, 어깨, 목 뒤 등 다양하게 위치를 바꿔가며 할 수 있다.

· 콩주머니 대신 접시콘을 머리에 쓰거나, 교과서를 머리에 올리는 등 난이도를 높일 수 있다.

· 평균대 위에서 뛰지 않도록 하자. 안전사고가 걱정된다면 평균대 양옆에 매트를 깔아보자.

 평균대 위 자리 바꾸기

강당 **운동장** **교실 밖** **준비물** | 평균대(1개), 숫자카드(1벌), 매트(2개)

평균대 위에서 중심잡기 놀이를 해보자. 평균대에서 떨어져도 다치지 않도록 바닥에 매트를 깔아 놓은 뒤, 진행자가 만든 숫자에 맞춰 자리를 바꿔보는 놀이를 함께해 보자.

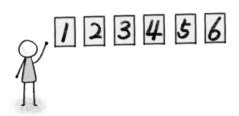

활동방법 How to play

1 평균대 1개를 놓고 양옆에 매트를 깔아 둔다.

2 평균대 위에 6명이 한 줄로 선다.

3 왼쪽부터 서 있는 순서대로 1~6까지의 번호를 부여한다.

4 진행자는 숫자카드를 보지 않고 섞은 뒤, 카드 숫자를 하나씩 확인해 알려준다. 그러면 평균대 위의 사람들은 정해진 시간 안에 그 숫자대로 선다. 이때 평균대에서 떨어지면 안 된다.

TIP

놀이의 팁 ———

• 처음부터 많은 사람, 많은 숫자로 운영하기보다는 적은 숫자에서 시작해 조금씩 사람을 늘려 가보자.

• 평균대에서 떨어졌을 때 다칠 위험이 적도록 매트를 양쪽에 잘 깔아놓은 뒤 놀이하자.

• 평균대 위에서 자리를 옮기다 떨어져 다칠 수 있으니 누군가를 잡거나 매달리지 않도록 하자.

• 팀 대 팀 대결로 할 때는 상대방 대표가 카드를 무작위로 섞은 뒤 숫자를 배열해 알려주기로 하자. 시간 제한으로 승부를 낼 수 있다.

• 카드가 없다면 특정 번호와 특정 번호를 바꾸거나 1~6번을 반대로 6~1번까지 세우는 등 다양하게 응용할 수 있다.

5-51 대왕 윷놀이

강당 운동장 교실 밖 **준비물** | 훌라후프(5개), 접시콘(24개), 큰 윷가락(1개)

훌라후프와 접시콘으로 말판을 크게 키워보자. 인간 말이 오가며 상대방 말을 잡거나 친구를 업고 있는 등 역동 가득한 윷놀이를 해보자.

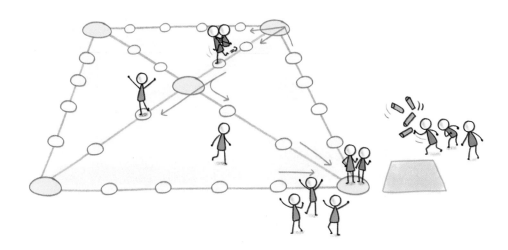

1 반 아이들을 두 팀으로 나눈다.

2 훌라후프와 접시콘을 이용해 커다란 말판을 만든다.

3 각 팀별로 4명의 '말'을 선정한다.

4 윷을 던질 곳을 정해 놓고, 각 팀에서 1명씩 번갈아가며 윷을 던진다.

5 바닥에 던져진 윷을 보며 도, 개, 걸, 윷, 모 중에 무엇인지 확인하고 함께 외친다.

6 나온 윷에 해당하는 숫자만큼 이동한다.

7 모든 말이 먼저 돌아온 팀이 승리한다.

TIP

놀이의 팁 ───

• 도는 1칸, 개는 2칸, 걸은 3칸, 윷은 4칸, 모는 5칸 움직인다.

• 윷과 모는 한 번 더 윷을 던진다.

• 4개의 말로 하면 시간이 꽤 걸린다. 시간이 부족할 때는 말의 개수를 줄인다. 또는 정해진 시간 동안 몇 명의 말이 들어왔는지로 운영해 보자.

• 말을 계속 업고 있기 힘들 수 있다. 10초 정도 업고 내려오거나 함께 손을 잡고 서 있는 것으로 약속하자.

• 상대방 말에게 잡히면 출발점으로 되돌아와야 한다.

5-52 접시콘뒤집기 놀이

강당　운동장　교실 밖　**준비물** | 접시콘(여러 개), 라인기

접시콘을 가지고 재미있게 놀 수 있는 방법이다. 국그릇팀과 화
산팀으로 나눠 정해진 시간 동안 접시콘을 뒤집고 또 뒤집어보
자. 모두가 함께할 수 있어 좋은 놀이다.

화산팀

받은 접시콘을
뿌린다

국그릇팀

1 반 아이들을 국그릇팀과 화산팀으로 나눈다.

2 시작선을 그려주고 모두 시작선 뒤에 서도록 한 뒤, 접시콘을 절반씩 나눠준다.

3 각 팀 대표가 자기 팀 모양에 맞게 바닥에 고루 뿌리도록 한다.

4 신호가 떨어지면 모두 접시콘을 자기 팀 모양으로 뒤집는다.

5 일정 시간이 지나 신호가 들리면 시작선 뒤 원래 자기 자리로 돌아간다.

6 각 팀 대표는 자기 팀 모양에 맞는 접시콘을 집어 수합하면서 개수를 센다.

7 개수가 더 많은 팀이 이긴다.

TIP

놀이의 팁 ———

· 접시콘이 많으면 많을수록 좋다. 최대한 많은 접시콘을 모아서 진행해 보자.

· 때론 접시콘을 멀리 던지는 아이들이 있기 때문에 라인기를 이용해 커다란 원이나 사각형을 그려놓고 그 안에서 놀이를 진행해도 좋다.

· 접시콘 모양을 정할 때 대표가 가위바위보로 정해도 좋다.

· 놀이를 한 번 한 뒤, 다시 접시콘을 절반씩 나눠 3판 2승, 5판 3승제로 운영해 보자.

· 간혹 접시콘을 발로 차면서 놀이하는 학생이 있을 수 있다. 손으로만 뒤집기로 미리 약속하자.

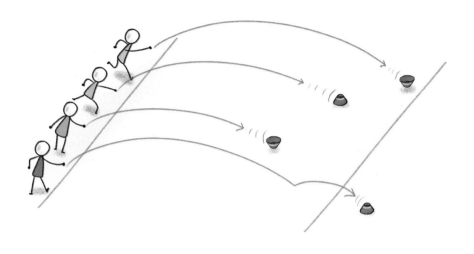

5-53 접시콘 날리기

준비물 | 라인기, 접시콘(1인당 1개)

손목을 이용하면 접시콘을 비행접시처럼 날릴 수 있다. 멀리 날리기도 하고, 때론 정확하게 접시콘을 날리면서 재미있는 여러 가지 미니게임들을 진행해 보자.

활동방법

1 접시콘을 1개씩 들고 4~6명이 모인다.

2 라인기로 기준선을 그리고 그곳에 한 줄로 선다.

3 1명씩 또는 동시에 접시콘을 날린다.

4 가장 멀리 날아간 사람이 승리한다.

TIP

놀이의 팁 ———

- 어떻게 하면 접시콘을 잘 날릴 수 있을지 충분히 연습한 뒤에 친구들과 대결을 하도록 하자.

- 접시콘을 날릴 땐 손목 스냅을 이용하도록 하자.

- 기준선에서부터 10~15m 떨어진 곳에 평행한 선 하나를 긋고 그 선에 가장 가깝게 보내는 사람이 승리하는 방식으로 응용해 보자.

- 훌라후프 하나를 놓고 그 안에 넣어보는 방식으로 응용해 보자.

- 2:2 또는 3:3으로 한 사람당 3개씩 접시콘을 훌라후프에 넣는 팀 대결을 해보자.

- 운동장에서 정해진 목표까지 접시콘을 몇 번 만에 날려 도착하는지로 응용해 보자.

5-54 썰매 놀이

강당 **운동장** **교실 밖** **준비물** | 천(모둠별 1개), 콘(2개)

돌아가면서 천에 올라타고 당기고 뛰면서 강당에서 정말 재미있
고 신나게 놀 수 있는 방법이다. 얼굴에 웃음 가득한 아이들이 보
고 싶다면 1마 정도의 천을 주변에서 구해 보자.

1 3~4명을 한 모둠으로 구성한다.

2 한 사람은 썰매를 타듯 천 위에 아빠다리로 앉고 천을 꽉 잡는다.

3 나머지 인원은 천을 손으로 꽉 잡고 썰매를 끌듯 걷거나 뛴다.

4 강당 한쪽 끝에서 다른 쪽 끝까지 역할을 번갈아가며 충분히 놀아보자.

TIP

놀이의 팁 ──────

• 천은 강당 바닥에서 잘 미끌어지는 공단천이 좋고, 길이는 1마 정도가 적당하다.

• 끄는 사람이 달리다가 넘어지면 천 위의 사람도 다칠 수 있다. 발이 꼬이지 않도록 조심하자.

• 끌고, 타고를 번갈아가면서 충분히 한 뒤에 다른 놀이로 변형해 보자.

• 릴레이 놀이로 진행할 경우 반을 두 팀으로 나누고 각 팀을 3명으로 구성해 1명은 천 위에 앉고, 다른 2명은 천을 끌면서 정해진 반환점을 돌아오도록 하자.

• 릴레이 놀이에서 반환점을 돌 때 너무 심하게 달리면 천 위의 아이가 데굴데굴 구르게 된다. 반환점을 너무 빨리 돌지 않도록 하자.

• 강당을 길게 쓰고 싶다면 출발선에서 도착선까지 누가 빨리 썰매를 끄는지로 변형할 수 있다.

• 앉는 사람이 천을 꽉 잡지 않은 상태에서 갑자기 출발하면 다칠 수 있으니, 천을 꽉 잡았는지 확인한 뒤 달리도록 하자.

5-55 빨래집게 매달고 친구에게!

준비물 | 빨래집게(인원수만큼)

교실이나 집에 빨래집게가 있다면 붙이고 오거나 떼는 방식의 다양한 응용으로 색다른 달리기 놀이를 해보자. 빨래집게 몇 개만으로도 아이들이 즐거워진다.

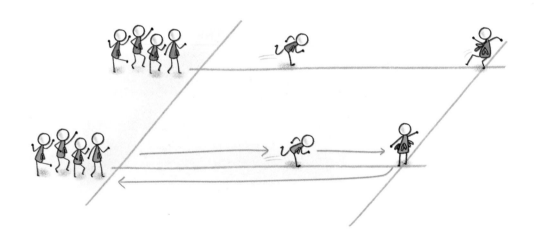

1 반 아이들을 두 팀으로 나눈다.

2 각 팀에서 1명을 뽑아 반환점으로 세운다.

3 나머지 사람들은 옷에 집게를 하나씩 붙이고 선다.

4 신호와 함께 달려간 뒤, 자신의 옷에 붙은 집게를 떼어낸 뒤 반환점에 서 있는 사람에게 집게를 붙이고 온다.

5 먼저 모든 팀원들의 빨래집게를 붙이고 돌아온 팀이 이긴다.

TIP

놀이의 팁 ────

• 반환점에 서 있는 사람과 충돌하지 않도록 한다.

• 빨래집게 붙이는 곳을 미리 정하면 좋다.

• 빨래집게를 반환점에 서 있는 친구 몸에 가득 붙여놓고, 정해진 개수만큼 떼어오는 활동으로 응용해 보자. 이때는 상대팀의 반환점에 선 친구의 몸에 집게를 창의적으로 붙이도록 한다.

• 머리카락이나 귀 등 아픈 곳에 붙이지 않도록 한다.

• 교실을 꾸미는 데 사용했던 나무 집게도 좋다.

• 집게가 부족하다면 1명은 붙이기, 다른 1명은 떼어오기로 응용해 보자.

5-56 우린 빨래집게로 연결됐어!

 준비물 | 빨래집게(2인당 1개), 콘(2개)

친구와 친구 사이를 집게로 연결해서 릴레이 놀이를 해보자. 마음이 잘 맞는 것도 중요하지만, 서로를 배려해야 하는 간단하면서도 집중력이 필요한 놀이다. 집게, 사람, 반환점을 이용해 다양한 응용도 해보자.

활동방법 How to play

1 반 아이들을 두 팀으로 나눈다.

2 각 팀은 2명씩 짝을 지어 선 뒤, 집게로 옷과 옷을 연결한다.

3 출발 신호와 함께 반환점을 돌아온다.

4 집게로 연결한 곳이 떨어지면 출발점으로 되돌아와 다시 출발한다.

5 반환점을 먼저 모두 돌아온 팀이 이긴다.

TIP

놀이의 팁 ────

· 집게 개수를 1~2개 더 늘려서 3명이 짝이 되거나 4명이 짝이 되어 반환점을 돌도록 응용해 보자.

· 집게를 붙일 부분을 정해 주는 것도 좋다. (예 : 소매와 소매, 소매와 옷 아랫자락 등)

· 집게가 떨어지면 그 자리에서 집게를 다시 붙이고 반환점을 돌아오도록 규칙을 바꿀 수 있다.

· 출발선과 반환점 사이의 거리를 조절하거나, 그 사이에 장애물을 만들어놓는 것으로 난이도를 조절할 수 있다.

· 때론 집게가 부러질 수 있으니 여벌 집게를 몇 개 준비해 놓자.

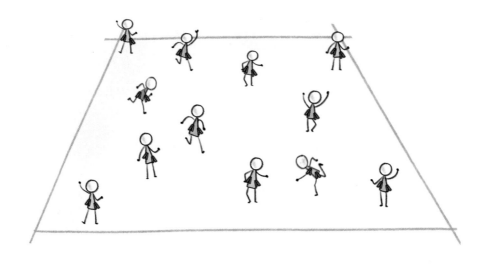

5-57 빨래집게 쟁탈전

준비물 | 빨래집게(1인당 2개)

누군가의 집게를 떼어내 내 옷에 붙이면서 마구 뛰어다니는 에너지 넘치는 활동이다. 개인 대 개인, 팀 대 팀 등으로 다양한 응용이 가능한 즐거운 놀이를 함께해 보자.

1 모두에게 집게를 2개씩 나눠준다.

2 옷에 집게를 붙인다.

3 시작 신호와 함께 다른 사람의 집게를 떼러 다닌다. 집게는 한 번에 하나만 뗄 수 있다.

4 떼어 온 집게는 자신의 옷에 붙인다.

5 정해진 시간 뒤 가장 많은 집게를 붙이고 있는 사람이 이긴다.

TIP

놀이의 팁 ─────

• 빨래집게는 얼굴, 급소, 보호할 곳 등에서 떨어진 곳에 붙이도록 한다(어깨나 옷 옆자락 등).

• 빨래집게가 없어도 놀이에 참여할 수 있다. 누군가의 빨래집게를 떼어와 자신에게 붙이면 된다.

• 활동할 수 있는 영역을 미리 지정해 주면 좋다.

• 개인별 놀이로 할 수 있지만, 학년이 높으면 팀 대항 놀이로 응용하자(각 팀의 빨래집게 개수로 파악).

• 팀 대항 놀이로 한다면 팀별로 특별한 색 집게를 1명(왕)에게 붙여 놓고 그 집게를 떼어냈을 때 이기는 방식으로 응용해 보자.

• 놀이를 한 번에 끝내지 말고, 전략을 짠 뒤 다시 하도록 하자.

• 강당에서 활동할 땐 바닥이 미끄러워 넘어질 수 있으니 안전에 유의하자.

5-58 빨래집게를 모아랏!

 **준비물** | 빨래집게(여러 개), 큰 통(2개), 큰 주사위(2개)

정해진 숫자만큼 빨래집게를 모아야 이기는 놀이! 순발력과 빠른 달리기도 중요하겠지만 무엇보다 주사위 눈의 숫자가 중요한 긴장감 가득한 놀이!

1 반 아이들을 두 팀으로 나눈 뒤, 두 개의 통에 같은 수의 빨래집게를 넣는다.

2 팀이 다 같이 붙여야 하는 빨래집게의 수를 정한다(예 : 21개).

3 신호가 떨어지면 주사위를 던져 나온 수만큼 빨래집게를 붙이고 온다. 앞사 람이 돌아오면 다음 사람이 주사위를 던져 나온 수만큼 빨래집게를 붙이고 온다.

4 예를 들어 빨래집게를 총 21개 붙여야 하는데 이미 20개가 붙여진 상태라면 주사위의 숫자가 1이 나와야 한다. 그 외의 숫자는 빨래집게 통을 한 바퀴 돌고 돌아온다.

5 먼저 정해진 숫자만큼 빨래집게를 모은 팀이 승리한다.

TIP

놀이의 팁 ────

• 통이 없다면 같은 수의 빨래집게를 늘어놓거나 한 사람 옷에 붙여놓기 등으로 변형해 놀이를 진행해 보자.

• 숫자카드를 섞은 뒤, 그중에 하나를 뽑아 그 숫자만큼 빨래집게를 가지고 오기로 변형할 수 있다.

• 빨래집게 대신 공깃돌을 통에 가득 담아두고, 해당 개수만큼 가지고 오기로 변형할 수 있다. 색깔별로 지정할 수도 있다. (예 : 빨강 4개, 노랑 2개, 분홍 6개, 파랑 6개 만들기 등)

• 거리를 조절하거나 통 앞에 상대팀 1명이 서 있도록 하고, 가위바위보를 한 뒤 이기면 해당 개 수만큼 빨래집게를 가지고 가게 한다. 가위바위보에서 비기면 1개 더 많이, 지면 1개 덜 가져 가기 등으로 응용할 수 있다.

5-59 매트 위 씨름

(강당)　(운동장)　(교실 밖)　**준비물** | 매트(1~4매)

강당에서 매트를 이용해 수업을 할 때 시간이 조금 남았다면 매
트 위에서 몸으로 하는 씨름을 해보자. 서로 밀어내다가 매트에
서 떨어지는 순간 웃음을 유발하는 놀이다.

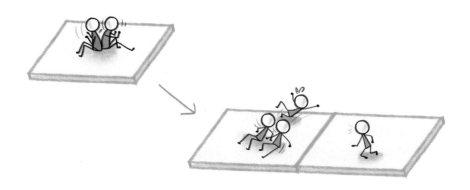

활동방법 How to play

1 매트를 놓고 양쪽에 2명씩 등지고 앉는다.

2 신호가 떨어지면 상대방을 밀어낸다. 이때 손, 발, 머리를 사용할 수 없고 등과 몸을 이용해 밀어낸다.

3 손을 바닥에 대는 것은 가능하지만, 일어서거나 손으로 매트를 잡고 매달릴 순 없다.

4 위의 규칙으로 상대방을 매트 밖으로 먼저 밀어내면 이긴다.

TIP

놀이의 팁 ———

• 처음엔 1:1로 놀이를 진행하다가 2:2로 응용해 보자. 연합 공격이 나와 또 다른 재미가 생긴다.

• 더 많은 매트를 깔고, 인원을 늘려 할 수 있다.

• 손이나 발을 허용하면 잡거나 끌며 놀이가 더 역동적으로 진행된다. 하지만 얼굴을 다치게 하거나 손톱으로 긁는 등의 안전 문제가 발생할 수 있으니 안전과 관련해 미리 안내하고 상황에 따라 응용하자.

5-60 홀수 짝수 놀이

준비물 | 라인기, 천 주사위(1개)

집중력과 순발력, 그리고 달리기 실력까지 필요한 놀이다. 순간 비명을 지르며 한쪽으로 달려가는 반 아이들을 볼 수 있고, 놀이에서 빠지는 사람이 없어서 좋다.

1 반 아이들을 홀수팀과 짝수팀, 두 팀으로 나눠 2m 정도 떨어뜨려 서로 마주보게 세운다.

2 모두 함께 "하나-둘-셋"을 외치면 진행자는 주사위를 머리 위로 던진다.

3 주사위의 눈이 홀수면 홀수팀이 뒤로 돌아 안전선 너머까지 달려 도망가고, 주사위의 눈이 짝수면 짝수팀이 뒤돌아 도망간다.

4 도망가는 도중에 터치당하면 상대팀이 된다.

5 다시 마주 보고 서서 놀이를 계속한다.

6 한쪽 팀이 모두 사라지면 놀이가 끝난다.

TIP

놀이의 팁 ──────

• 서로가 너무 가깝게 서 있으면 순간 착각하고 반대로 달려가는 사람이 생겨 충돌할 수 있다. 약 2m 정도 떨어져 서도록 하고, 서 있는 라인을 그려주거나 강당에서 지정해 주자.

• 도망가는 상대팀을 잡으면 다치거나 옷이 찢어지는 경우가 생긴다. 잡지 말고 터치하게 하자.

• 상대팀에게 잡혀도 놀이에서 빠지지 않으니 너무 과하게 하지 않아도 된다는 안내를 하자.

• 멀리 있는 사람은 홀수 또는 짝수가 나온 주사위를 보지 못한다. 주사위를 던지는 진행자가 손으로 방향을 알려줄 수 있도록 수신호를 미리 정하자.

• 안전선까지의 거리를 짧게 또는 길게 만들어 안전과 난이도를 조절해 보자.

5-61 주사위와 공

강당 운동장 교실 밖 **준비물** | 천 주사위(1개), 라인기, 공(1개)

주사위를 던지고 그 주사위 눈에 해당한 학생이 달려가 공을 먼저 취하면 이기는 놀이다. 다양하게 응용할 수 있으니, 반 아이들과 짬시간 동안 함께해 보자.

활동방법 How to play

1 6명씩 두 팀을 만든다.

2 공을 둘 곳을 정하고, 그곳을 기준으로 양쪽으로 같은 거리에 출발선을 긋는다.

3 각 팀은 1~6의 번호를 부여받아 순서대로 선다.

4 진행자가 주사위를 던져 나온 숫자의 사람이 달려가 가운데 있는 공을 먼저 잡으면 1점을 얻게 된다.

5 10번을 던져 몇 점을 얻었는지, 정해진 시간 동안 몇 점을 얻었는지 등의 기준을 세워 놀이한다.

TIP

놀이의 팁 ———

- 접시콘 위에 공을 두면 고정이 잘 된다. 공 외에 다른 물건으로 활용해도 좋다.

- 공을 잡도록 하면 충돌의 위험이 있다. 상황에 따라 '공을 먼저 발로 차기'로 응용할 수 있다. 앞서 나온 '순발력 축구'에도 응용할 수 있다.

- 안전이 걱정된다면 양쪽을 바라보는 방식이 아닌, 한 방향을 바라보는 형태로 놀이를 응용해 진행할 수 있다.

- 한 공은 2점, 다른 한 공은 1점 등 색이나 크기가 다른 공 2개를 놓고 진행해 보자.

- 한 팀의 인원이 6명보다 더 많다면, 주사위 대신 카드를 활용하자.

- 6개의 공을 가운데 놓고 양쪽에 사람이 1명씩 마주 본 뒤 해당 숫자의 공을 들고 오는 방식으로 변형해 보자.

준비는 쉽게! 즐거움은 크게!

6부

바닥·공간 놀이

6-01 달팽이집 놀이

강당 **운동장** 교실 밖 **준비물** | 라인기

운동장에서 친구들과 함께 놀 수 있는 방법을 소개해 주자. 중간 놀이, 혹은 점심시간에 친구들과 어울려 재미있게 놀 수 있는 놀이다. 때론 학교 빈터에 페인트로 그림을 그려주는 것도 좋다.

활동방법 How to play

1 나선형으로 선을 그어가며, 달팽이집 모양의 놀이 장소를 만든다.

2 나선 안쪽, 그리고 끝에 각 팀이 서 있을 공간을 만든다.

3 4~6명을 두 팀으로 나누고, 안쪽 팀과 바깥쪽 팀으로 선다.

4 시작 신호와 함께 안쪽 팀은 바깥쪽으로, 바깥쪽 팀은 안쪽으로 한 사람씩 빠른 속도로 이동한다.

5 서로 만나면 가위바위보를 하고 이기면 전진한다. 가위바위보에서 지면 같은 팀에서 바로 다음 사람이 출발하고, 진 사람은 자기 팀 맨 뒤로 간다.

6 이렇게 전진해 나가서 상대방 출발 영역에 먼저 도착하면 이긴다.

TIP

놀이의 팁 ———

- 나선이 짧으면 놀이가 빨리 끝나고, 길면 놀이 시간이 길어진다.

- 팀을 정한 다음 각 팀의 출발 순서를 정하자.

- 가위바위보에서 진 뒤 자기 팀으로 돌아갈 때 누군가의 진로를 방해하지 않도록 미리 약속하자.

- 이미 달팽이집 놀이를 해봐서 식상해 한다면 규칙을 변형해 보자. 가위바위보 대신 묵찌빠, 쌍권총, 몸으로 하는 가위바위보 등으로 바꿀 수 있다.

- 운동장에 라인을 그려 잠깐 놀게 하는 것도 좋지만 학교 빈터에 페인트로 그림을 그려 주고 상시적으로 놀 수 있도록 하는 것도 좋다.

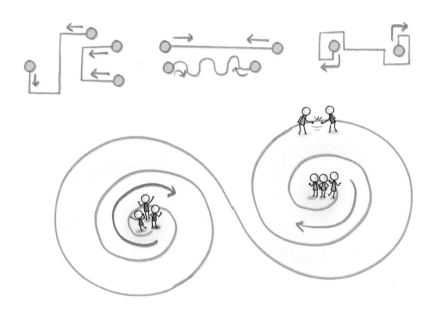

6-02 긴선놀이

강당 운동장 교실 밖 **준비물** | 라인기

〈달팽이집 놀이〉로 기본적인 놀이 방법을 알게 됐다면, 다양한 곳에서 다양한 방식으로 얼마든지 활용할 수 있음을 알려주자. 선만 그리면 언제든지 할 수 있는 놀이다.

1 한 선을 길게 창의적으로 그린 뒤, 양 끝에 각 팀이 서 있을 공간을 만든다.

2 6~8명을 두 팀으로 나누고, 양 끝에 세운다.

3 시작 신호와 함께 상대방 팀 쪽으로 선을 따라 전진한다.

4 서로 만나면 가위바위보를 하고 이기면 전진한다. 지면 같은 팀에서 바로 다음 사람이 출발한다. 진 사람은 자기 팀 맨 뒤로 간다.

5 이렇게 전진해 나가서 상대방 출발 영역에 먼저 도착한 팀이 이긴다.

6 다시 놀이를 하거나, 다른 선을 그어 새롭게 놀이를 한다.

TIP

놀이의 팁 ———

• 다양한 선을 그어 놀이 공간을 만드는데, 한 선으로 모두 연결되어 있어야 한다.

• 때론 선을 중간에 끊어놓고 점프할 수 있는 곳도 만들어 보자.

• 강당 바닥에 있는 다양한 선을 이용해 놀이를 할 수 있다.

• 놀이하기 전, 어떤 방식으로 선을 그어 놀 수 있는지 교실에서 이야기를 나눠보면 좋다.

• 서로 만났을 때 가위바위보 대신 묵찌빠, 쌍권총 등으로 응용할 수 있다.

• 각 팀에서 창의적으로 바닥에 선을 그어놓고 놀다가, 선생님 신호에 따라 다른 팀이 그려놓은 장소로 이동하기로 진행할 수 있다.

6-03 8자놀이

강당 　**운동장**　**교실 밖**　　**준비물** | 라인기

너무나도 잘 알려진 전통놀이인 〈8자 놀이〉다. 아이들끼리 선을
그려 점심시간에 놀 수 있도록 가르쳐주면서 땅에서 놀 수 있는
시간을 더 늘려주자.

활동방법 How to play

1 5~10명이 모인다.

2 바닥에 8자를 그리고 겹치는 한쪽 부분을 끊어놓는다.

3 한쪽 끝에서 술래는 1부터 10까지 센 뒤 다른 친구들을 잡으러 출발한다.

4 모두 끊어진 부분을 뛰어넘어 갈 수 있지만 술래는 갈 수 없다.

5 술래에게 잡히거나 선 밖으로 나가면 다음 술래가 된다.

TIP

놀이의 팁 ———

• 학교 한쪽 바닥에 페인트로 그려놓으면 쉬는 시간마다 여러 아이들이 노는 모습을 볼 수 있다.

• 인원이 많아지면 8자 모양을 더 크게 그리자.

• 끊어진 길 양쪽 끝에 술래 출발점을 그려놓으면 좋다.

• 약간 눌린 8자에서 통통한 8자 등 그림을 어떻게 그리느냐에 따라 술래잡기 역동이 달라진다.

• 술래가 잘 바뀌지 않으면 한쪽에서 다른 한쪽까지 두 번 왕복한 뒤에는 뛰어넘기가 가능하다는
등의 규칙을 추가해서 할 수 있다.

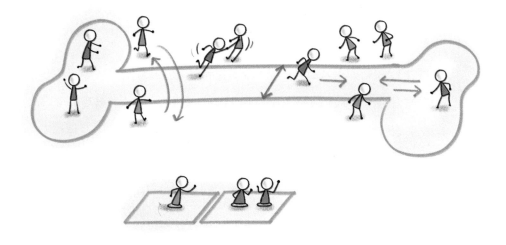

6-04 개뼈다귀 놀이

(강당) (운동장) (교실 밖) **준비물** | 라인기

너무나 잘 알려져 있는 땅놀이다. 순발력을 이용해 달려가야 하고 때론 힘을 겨뤄야 하는, 생각보다 쉽지 않은 놀이다.

1 10~16명을 두 팀으로 나누고 공격과 수비 순서를 정한다.

2 운동장에 개뼈다귀 모양의 놀이 영역을 그린다.

3 공격은 선 안쪽에 위치하며 양쪽에 나누어 선다.

4 수비는 바깥쪽 양쪽에 자유롭게 선다.

5 공격은 수비에게 당겨져 선 밖으로 나가거나 선을 밟으면 아웃된다.

6 수비는 통로를 넘나들 수 있고, 공격이 끌어당겨 선 안쪽으로 들어가게 되면 아웃된다.

7 공격은 가운데 길을 통과해 누구든 세 번을 오고 가면 이긴다. 이기면 한 번 더 공격한다.

8 수비가 공격 모두를 아웃시키면 놀이가 끝나고 공수가 교대된다.

TIP

놀이의 팁 ———

• 아웃되는 사람들이 앉아 있을 수 있는 대기석을 그려놓으면 놀이를 운영하는 데 좋다.

• 가운데 통로 길이를 길게 또는 짧게, 통로 폭을 넓게 또는 좁게, 왕복 횟수를 줄이거나 늘려서 놀이 난이도를 조절할 수 있다.

• 공격을 연속 두 번 하면 공수 교대하기 등의 약속을 추가해 운영해도 좋다.

• 손톱이 길어 친구를 긁거나 서로 잡아당기다 옷이 찢기는 경우가 있으니 주의하도록 미리 안내하자.

6-05 방울뱀 놀이

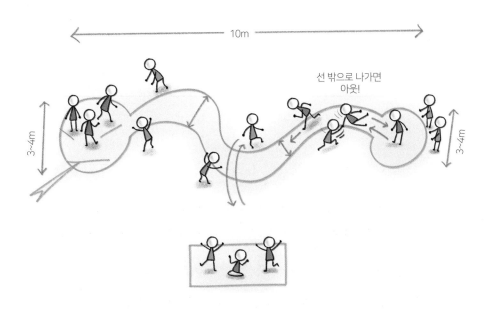

강당 **운동장** 교실 밖   **준비물** | 라인기

〈개뼈다귀 놀이〉를 업그레이드시켜 주자. 통로를 곡선으로 그리고 통로 두께도 달리해서 변수를 만들어 더 재미있게 놀아보자.

10m

3~4m

선 밖으로 나가면 아웃!

3~4m

활동방법 How to play

1 10~16명을 두 팀으로 나누고 공격과 수비의 순서를 정한다.

2 운동장에 방울뱀 모양의 놀이 영역을 그린다. 통로는 폭 1m 정도를 기준으로 들쭉날쭉하게 그리자.

3 공격은 선 안쪽에 위치하며 양쪽에 나누어 서고, 수비는 바깥쪽 양쪽에 자유롭게 선다.

4 공격은 수비에게 당겨져 선 밖으로 나가거나 선을 밟으면 아웃된다. 수비는 통로를 넘나들 수 있고, 공격이 끌어당겨 선 안쪽으로 들어가게 되면 아웃된다.

5 공격은 가운데 길을 통과해 누구든 왕복하면 이기고, 이기면 한 번 더 공격한다.

6 수비가 공격 모두를 아웃시키면 놀이가 끝나고 공수가 교대된다.

TIP

놀이의 팁 ────

- 원활한 진행을 위해 아웃된 아이들이 앉아 있을 곳을 라인기로 그려놓거나 지정해 주자.

- 때론 수비가 공격을 끌어당겨 아웃시키면 공격이 수비가 되는 방식으로 변형해도 좋다.

- 공격은 한쪽에서 시작하기보다는 양쪽에 자유롭게 선 상태에서 시작하자.

- 아이들은 뱀 혓바닥 그림을 좋아한다. 라인기로 살짝 그려주자.

- 뱀 몸통(통로)을 너무 구불구불하게 그리면 난이도가 올라간다. 이런 경우 몸통에서 몸통으로 건너 뛸 수 있도록 응용해도 된다.

6-06 수비수 통과 놀이

（강당） （운동장） （교실 밖）　**준비물** | 라인기, 훌라후프(1개), 공(3개)

〈3.8선 놀이〉를 현재에 맞게 약간 변형해 놀아보자. 힘 겨루기 없이 순발력을 최대한 살려야 하는 재미있는 놀이다.

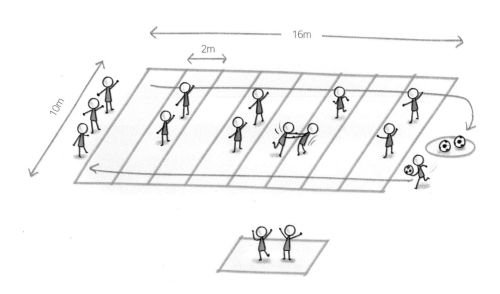

활동방법 How to play

1 반 아이들을 두 팀으로 나눈다.

2 한 칸에 수비수가 2~3명 들어갈 수 있을 정도의 칸을 계산해 운동장에 놀이 장소를 그리자.

3 공격팀은 출발지점에 모두 대기하고 있다가 신호가 떨어지면 수비수가 없는 공간을 잘 이용해 반대쪽 훌라후프 안의 공을 가지러 간다.

4 수비수는 영역 안에서 자유롭게 다닐 수 있으며, 공격을 태그할 수 있다.

5 태그된 공격수는 아웃이 되고, 따로 지정된 곳(관람석 등)으로 간다.

6 공을 든 공격수가 출발지점까지 되돌아가면 공격이 이기고, 다시 처음부터 경기를 진행한다.

7 공격이 공을 들고 있다가 떨어뜨리면 아웃이 되고, 공을 들고 출발지점으로 돌아갔는데 출발하지 않고 아직 남아 있는 공격수가 있다면 모두가 함께 아웃된다.

8 수비는 모든 공격을 태그하면 이기게 되고, 공격으로 전환된다.

TIP

놀이의 팁 ——

• 공 대신 바통이나 30cm 정도의 플레이스틱(누들튜브)을 이용하면 눈에 잘 띄어 다칠 위험이 줄어든다.

• 수비가 다른 수비가 있는 곳으로 갈 때 외발로 건너가야 한다는 규칙을 추가하면 역동이 또 달라진다. 한 칸에 수비수가 3명이 넘지 않도록 하는 등의 조항도 붙이자.

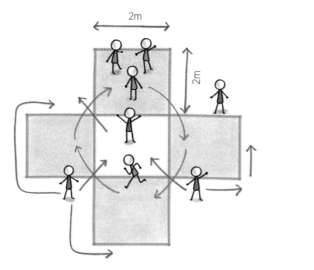

6-07 동서남북

(강당) (운동장) (교실 밖)　**준비물** | 라인기

전국적으로 잘 알려져 있는 전통놀이, 땅놀이다. 서로 잡아 당기
거나 끌어내기도 하고, 순발력을 이용해 이동하는 묘미가 있다.
팀을 이뤄 놀이할 수 있도록 알려주자.

1 3~5명을 한 팀으로, 공격팀과 수비팀으로 나눠 놀이를 진행한다.

2 바닥에 가로세로 2m 정도 정사각형으로 놀이 공간을 만든다.

3 공격팀은 출발할 한 곳을 정해 모여 서고, 수비팀은 흩어져 선다.

4 신호가 떨어지면 공격팀은 동서남북에 해당하는 정해진 곳만 갈 수 있다.

5 수비팀은 가장자리 또는 중앙을 오가며 공격팀을 선 밖으로 끌어낸다.

6 선 밖으로 나오게 된 공격팀은 아웃이 되고, 수비도 공격팀 공간 안으로 끌려 들어가면 아웃된다. 아웃된 사람은 대기석으로 이동한다.

7 공격팀 중 1명이라도 한쪽 방향으로 세 바퀴를 돌아 제자리로 돌아오면 이기게 되고, 다시 공격팀이 되어 놀이를 시작한다.

8 공격팀 모두가 아웃되면 수비팀이 공격이 되어 놀이를 다시 시작한다.

TIP

놀이의 팁 ———

• 공격팀은 한쪽 방향으로 세 바퀴를 돌아야 하지만, 아웃되지 않기 위해 반대쪽으로 되돌아갔다가 돌아올 수 있다고 알려주자.

• 처음엔 한쪽 방향으로 돌도록 진행하지만, 나중엔 양쪽 방향 모두 사용하도록 응용하자.

• 도는 횟수를 줄이거나 한 칸에 있을 수 있는 사람 숫자를 조정하는 것으로 쉽게 난이도를 조절할 수 있다.

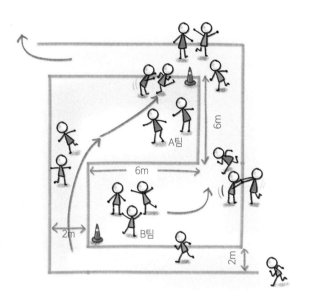

6-08 상대팀 콘을 쓰러뜨려라!

(강당) (운동장) (교실 밖) **준비물** | 라인기, 콘(2개)

제한된 영토 안에서 서로 순발력과 힘을 겨루는 놀이다. 전략도
필요하고 역할 분담도 필요한 바닥놀이를 반 아이들과 함께해
보자.

1 반 아이들을 A, B 두 팀으로 나눈다.

2 라인기를 이용해 왼쪽 그림과 같은 경기장(놀이 영역)을 그린 뒤, 그림과 같이 안쪽에 큰 콘을 하나씩 세워둔다.

3 각 팀은 콘 앞에 모여서 수비와 공격 역할을 정한다.

4 수비는 영역 안에 들어온 상대방 팀을 선 밖으로 밀어내고, 공격은 상대방 영토로 들어가 콘을 넘어뜨린다.

5 선 밖으로 나가면 아웃되고, 따로 만들어진 대기석으로 간다.

6 이렇게 서로 밀어내면서 상대방 팀 안쪽에 들어가 콘을 먼저 발로 차 넘어뜨린 팀이 이긴다.

TIP

놀이의 팁 ———

• 놀이 특성상 대기석에 오랫동안 머물게 되는 경우가 있다. 1~3분 범위 내에서 대기석에 머물렀다가 다시 놀이로 복귀시키는 방법을 더해 보자. 대기석에서 다시 자기 팀의 영토 쪽으로 돌아갈 땐 두 손을 들고 달려서 콘을 찍고 나서 그곳에서 다시 시작하도록 하자.

• 선 밖에서 선 안쪽의 사람을, 선 안쪽에서 선 바깥쪽 사람을 잡아 끌어와 선을 넘도록 해서 아웃시킬 수 있다.

• 다칠 수 있으니 얼굴 쪽으로 손을 올리지 않도록 미리 약속하자.

• 인원이 많으면 놀이 영역을 크게 그리고, 인원이 적으면 놀이 영역을 줄여가면서 난이도를 조절하자.

6-09 허수아비와 참새

(강당) (운동장) (교실 밖)   **준비물** | 라인기(운동장)

허수아비를 피해 선과 선 사이를 달려다니면서 끝까지 살아남는 참새가 누구일까? 선과 선 사이를 오고갈수록 난이도가 높아지는 특별한 놀이를 해보자!

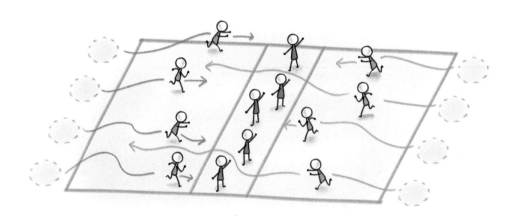

1 라인기를 이용해 커다란 사각형을 그린 뒤 그 안에 허수아비가 서 있을 기다란 직사각형을 중앙에 그려놓자.

2 술래에 해당하는 허수아비를 2~3명 선정한 뒤 안쪽 직사각형 안에 서도록 한다.

3 허수아비는 다리는 움직일 수 없고, 손만 움직일 수 있다.

4 나머지 학생은 참새가 되어 절반씩 커다란 직사각형 바깥쪽에 선다.

5 신호가 떨어지면 참새들은 각자 다른 직사각형 쪽으로 이동해야 한다.

6 허수아비에게 잡히거나 터치당하면 허수아비가 된다.

7 참새가 2~3마리가 되면, 허수아비와 역할을 바꿔 새로 놀이를 시작한다.

TIP

놀이의 팁 ———

• 사각형 경기장 밖으로 나가지 않도록 미리 안내하자. (안내가 없으면 반칙이 많다!)

• 될 수 있으면 처음에는 사각형을 크게 그리고, 조금씩 영역을 줄여가면 난이도가 조절된다.

• 허수아비가 될 땐 어디에 설 것인지 고민하고 서도록 하고, 한 번 선 이후엔 놀이가 끝날 때까지 이동할 수 없다고 안내하자.

• 허수아비는 달려가는 참새를 때리지 않도록 조심해야 한다.

• "참새를 잡자, 참새를 잡자" 등 허수아비들이 함께 말하는 규칙을 정해도 좋다.

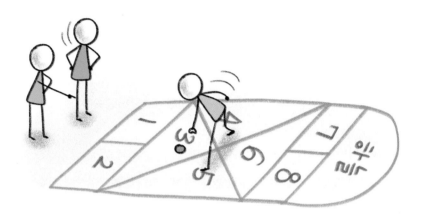

6-10 사방치기

   준비물 | 라인기, 돌멩이나 콩주머니(1인당 1개)

바닥에 선을 긋고 놀 수 있는 기본 놀이다. 중간놀이 때나 점심시
간에 친구들과 어울려 놀 수 있는 멋진 놀이다. 학생들과 함께 즐
겨보자.

1 3~5명이 모여 순서를 정한 뒤, 망(사방치기에 쓰이는 작고 납작한 돌)에 해당하는 돌멩이나 콩주머니를 준비한다.

2 첫 번째 사람이 1번에 망을 놓고, 그 외의 숫자를 8번까지 외발 또는 모둠발로 밟고 돌아오다가 2번에서 외발인 상태로 1번에 놓인 망을 주워 돌아온다.

3 번호에 맞게 차례로 망을 던지고 그곳을 제외한 곳을 외발 또는 모둠발로 8번까지 밟고 돌아오면서 망이 있는 곳 바로 전 숫자에서 망을 주워 돌아온다.

4 8번까지 성공하면 다음 차례에선 출발점에서 뒤를 돌아 망을 던져 하늘에 넣으면 이긴다. 이때 망이 다른 칸에 들어가거나, 선에 떨어지면 아웃된다.

5 한 발 또는 모둠발로 숫자를 밟아 오가다 선을 밟으면 아웃된다.

TIP

놀이의 팁 ──────

• 1+2(모둠발), 3(외발), 4+5(모둠발), 6(외발), 7+8(모둠발)이 기본 발이다.

• 1번에 망이 있으면, 2 → 3 → 4+5 → 6 → 7+8 → 8+7 → 6 → 5+4 → 3 → 2로 돌아와, 2에서 외발인 상태로 1번 칸 속의 망을 들고 돌아온다.

• 6번에 망이 있으면, 1+2 → 3→ 4+5 → 7+8 → 8+7 → 6번의 망을 줍고 → 5+4 → 3 → 2+1 → 출발점으로 온다.

• 하늘의 크기를 키우거나 줄여서 난이도를 조절할 수 있다.

• 지역에 따라서 8까지 성공하면 하늘로 가 머리를 젖혀 돌을 떨어뜨린 뒤 떨어진 곳의 땅을 획득하고, 다른 사람들은 그 곳을 밟을 수 없다는 규칙으로 진행되기도 한다.

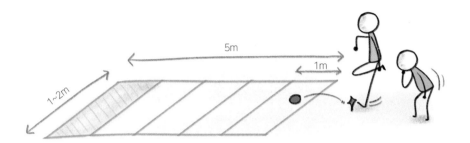

6-11 한 발로 한 칸씩

준비물 | 라인기, 콩주머니(1인당 1개)

한 발로 놀이를 해야 하니 평소 체력과 균형감각이 모두 드러나는 놀이다. 목표는 5칸이지만 생각보다 쉽지 않다. 2~4명의 아이들이 모여 함께 놀아보자.

1 폭 1m, 넓이는 1~2m 정도 되는 칸을 5개 붙여 그리자.

2 2~4명이 모여 한쪽 끝에 콩주머니를 놓고 순서를 정한다.

3 외발로 콩주머니를 차서 바로 앞의 칸에 밀어 넣는다. 성공하면 외발로 다가가 다시 그다음 칸으로 밀어 넣는다.

4 콩주머니가 선에 닿거나 넘어가거나 차는 사람의 두 발이 모두 바닥에 닿으면 아웃되고, 처음 콩주머니를 놓아둔 위치에 다시 놓는다.

5 순서에 맞게 다음 사람이 자신의 콩주머니를 밀어 한 칸씩 보낸다.

6 마지막 다섯 번째 칸에 먼저 도착하는 사람이 이긴다.

TIP

놀이의 팁 ─────

• 생각보다 힘들어하면 한 칸 정도 줄여보자. 아이들이 쉽게 성공하면 칸을 늘리거나 다섯 번째 칸에서 다시 출발 지점으로 돌아오도록 만들어보자.

• 놀이를 쉽게 하려면 한 칸의 크기를 더 키우고, 어렵게 하려면 좁혀보자.

• 칸을 5칸씩 2줄로 붙여 순서를 정해 다녀올 수 있다.

• 2칸 사이에 두 발로 설 수 있는 공간을 만들어주는 등 놀이를 응용해 진행할 수 있다.

• 강당에서는 콩주머니가 좋다. 교실 밖에서는 우유갑으로 하거나 실내화 한쪽으로 해도 좋다.

6-12 누가 오래 오래 버티나

강당 **운동장** 교실 밖   **준비물** | 훌라후프(여러 개), 줄넘기(여러 개) 등

아이디어만 풍부하다면 다양한 방법으로 운영할 수 있는 활동이
다. 가장 최후까지 남도록 운영하거나 정해진 시간 동안 남아 있
도록 하는 방식으로 한 반 또는 반별 놀이가 가능하다.

활동방법 How to play

1 반 전체가 적당한 거리를 두고 떨어져 선다.

2 제시된 활동에 모두 참여한다.
   - 훌라후프 오랫동안 돌리기
   - 모둠발로 줄넘기
   - 한 발로 번갈아가며 줄넘기
   - 외발로 오랫동안 서 있기
   - 친구 업고 서 있기
   - 4명이 발을 가까이 모으고 서로 손을 잡고 바깥쪽으로 몸을 기울여 원만 들기

3 하다가 멈추거나 틀리면 자리에 앉는다.

4 가장 마지막에 남은 사람을 확인하거나, 정해진 시간 이후 남아 있는 사람을 파악한다.

5 한 활동으로만 해도 좋고, 다른 종목으로 다시 시작해도 좋다.

TIP

놀이의 팁 ———

- 바로 활동에 들어가기보다는 개별 연습시간을 몇 분 주고 나서 운영하자.

- 간단한 것도 반별 대결이 되면 느낌이 달라진다.

- 반별 대결을 할 때 모든 아이들이 다 참여하는 방식에서 각 반의 대표 몇 명씩을 선정해 다양한 버티기 활동을 돌아가면서 운영하는 것도 좋다.

 6-13 신체 점수 놀이

강당 운동장 교실 밖 **준비물** | 없음

모둠원끼리 몸을 연결해 멋진 포즈를 취할 수밖에 없는 퍼포먼스 놀이로, 숫자를 계산해야 하는 수학 놀이에 협동과 믿음까지 더해져야 한다. 강당에서 함께해 보자.

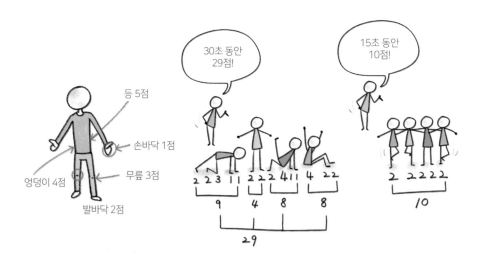

1 4명씩 한 모둠을 만든다.

2 신체 점수를 부여한다. 바닥과 닿는 부분이 점수에 해당한다.
   (등 5점, 엉덩이 4점, 무릎 3점, 발바닥 각 2점, 손바닥 각 1점)

3 진행자는 시간과 점수를 크게 외친다. (예 : 30초 동안 29점 만들기! 15초 동안 10점 만들기!)

4 각 모둠은 진행자가 말하는 시간 안에 서로의 몸을 연결해 해당 점수를 만든다.

5 몇 번을 성공했는지 세어보고, 가장 많이 성공한 모둠이 승리!

TIP

놀이의 팁 ───

• 신체 점수를 복잡하게 하면 아이들이 어려워한다. 처음엔 1, 2, 3점 정도로 시작해 보자.

• 반 아이들과 이야기 나누면서 신체의 다양한 곳에 점수를 부여해 보자. 단, 코나 머리 등 다칠 수 있는 부위는 피하도록 하자.

• 점수를 기억하기 위해 함께 동작을 취하며 점수를 미리 익히도록 하자.

• 시간과 점수를 종이 쪽지나 아이스크림 막대를 이용해 뽑기로 진행할 수 있다.

• 인원을 변경해 가면서 하자. 숫자가 높아지면 머리가 아파지고, 숫자가 낮아지면 서로 몸을 더 붙여야 하니 비명이 늘어난다.

• 너무 짧은 시간 동안 진행하면 난이도가 높아지고, 아이들의 불만이 생긴다. 될 수 있으면 모든 모둠이 성공하도록 하고 서로 기뻐하고 응원하는 분위기로 끌어가자.

6-14 오른발-왼발-오른손-왼손

준비물 | 없음

바닥에 선을 긋고 무작위로 써넣은 숫자로도 즐겁게 놀 수 있다.
몸이 꼬일 대로 꼬이다 나중에 넘어지며 친구들과 함께 웃게 되
는 바닥놀이다.

1 2~4명이 모인다.

2 각자 바닥에 4×4, 총 16칸을 긋는다. 각 칸의 크기는 30cm 정도로 발 하나가 여유롭게 들어갈 정도면 된다. 그은 칸에 1~16까지의 숫자를 무작위로 쓴다.

3 가위바위보 등으로 순서를 정한 뒤, 첫 번째 사람이 숫자 하나를 말한다. 그럼 모두 '오른발'을 해당 숫자가 있는 칸 안에 넣는다.

4 다음 사람이 숫자 하나를 말하면, 오른발을 그대로 둔 채 왼발을 해당 숫자 칸에 넣는다. 이렇게 돌아가면서 숫자를 하나씩 말하고, 오른발→ 왼발→ 오른손→ 왼손→ 오른발→ 왼발→ 오른손→ … 순서로 놓는다.

5 발이나 손이 선에 닿으면 안 되고, 더 이상 해당 숫자에 해당 발이나 손을 넣을 수 없거나 넘어지면 아웃된다.

6 가장 마지막까지 남아 있는 사람이 이긴다.

TIP

놀이의 팁 ──

• 쪽지나 카드를 준비해 뽑아서 나온 숫자로 진행해도 좋다.

• 가로세로 4×4, 총 16칸에서 시작했다면 가로세로 5×5, 총 25칸으로 확장해 보자.

• "오른발을 숫자 4에!" "왼손을 숫자 8로!!" 이런 방식으로 몸과 숫자를 정확하게 말하며 놀이하도록 하자.

6-15 도형 만들기

준비물 | 없음

반 친구들과 몸과 몸을 연결해 멋진 도형을 만들어보자. 그리고 기념사진 찰칵! 강당에서 이리저리 몸을 움직여 멋진 도형, 만다라를 만들어보자!

활동방법 How to play

1 6~10명이 한 모둠이 된다.

2 몸과 몸을 연결해 대칭과 조화를 이룰 동작을 함께 의논한다.

3 정해진 시간 동안 몸을 이리저리 연결해 의논했던 도형을 만들어본다.

4 일정 시간이 지난 뒤, 강당 무대 아래 쪽에서 서로 연습한 도형을 만들고, 그 외의 반 아이들은 무대`강당 위에서 내려다보며 감상한다.

5 기념사진을 찍은 뒤, 만들게 된 과정과 느낌 등을 자유롭게 이야기 나눈다.

TIP

놀이의 팁 ———

· 인원을 조금씩 늘려가며 만들어보도록 하자. 모둠에서 시작해 분단, 남자 한 팀과 여자 한 팀, 반 모두가 표현하도록 늘려가자.

· 짝수로 시작하면 좋지만 홀수로도 모둠을 구성해 보자.

· 졸업앨범이나 학급단체 사진을 이 활동을 이용해 특별하게 남겨보자.

· 강당으로 가기 전, 교실에서 여러 예시 작품을 살펴보는 것도 좋다.

· 다양한 의견을 서로 주고받을 수 있는 분위기에서 실시하자.

6-16 무궁화 꽃이 피었습니다

준비물 | 없음

여러 규칙의 〈무궁화 꽃이 피었습니다〉 놀이 방법이 있지만, 적당한 정도에 술래가 바뀌는 난이도로 놀이를 안내해 주자. 술래와 연결된 친구들을 손날로 끊어주는 것에 열광하는 놀이이기도 하다.

활동방법 How to play

1 8~12명 정도가 모인 뒤 술래를 1명 정한다.

2 시작선과 술래가 있을 곳을 정한다.

3 술래가 눈을 가리고 "무궁화 꽃이 피었습니다!"라고 말하는 동안 나머지 사람들은 시작선에서 천천히 움직여 술래 쪽으로 다가간다.

4 술래는 말을 끝낸 뒤, 재빨리 돌아보고 움직인 사람의 이름을 부른다. 움직여서 걸린 사람은 술래와 한 손을 잡고 서고, 그 뒤에 불려서 온 사람들도 손을 잡아 줄줄이 연결하고 선다.

5 술래에게 이름이 불리지 않은 사람은 조금씩 앞으로 가다 술래와 연결된 부위 또는 사람과 사람 사이의 연결 부분을 "싹뚝!" 하고 크게 외치며 손날로 끊어준다. 손날로 끊겨 술래와 분리된 모두는 도망가고, 술래는 잡으러 간다. 여전히 술래와 연결된 사람들은 그 자리에서 그대로 기다린다.

6 술래에게 잡힌 사람이 다음 술래가 되고, 술래가 아무도 잡지 못하면 다시 술래가 된다. 이때 손날로 끊어진 이후에도 술래와 연결된 쪽에 사람들이 있었다면 그들끼리 가위바위보를 해서 새로운 술래를 뽑는다.

TIP

놀이의 팁 ———

• 술래가 움직였다고 말할 때 무조건 '절대 인정' 하도록 하자. 술래는 최대한 양심껏 친구의 이름을 부르자.

• 손날로 연결된 친구의 손을 끊을 때 세게 내려치지 않도록 하자.

6-17 우리 집에 왜 왔니?

준비물 | 없음

이 놀이를 할 때면 항상 아이들 사이에 질문하는 사람이 누구냐
에 대한 다툼이 있다. 조금 더 정리된 방식으로 옛 추억의 놀이를
반 아이들이 함께할 수 있도록 해주자.

1 3~4명이 모여 가위바위보로 순서를 정한다. (앞을 바라보고 섰을 때 가장 오른쪽 사람이 선)

2 두 모둠이 서로 마주 보고 공격 순서를 정한다.

3 수비하는 팀이 앞으로 가면서 "우리 집에 왜 왔니 왜 왔니 왜 왔니?"를 말하면, 공격은 간격을 맞추며 뒤로 물러난다. 공격이 "꽃 찾으러 왔단다 왔단다 왔단다"라고 말하며 앞으로 가면, 수비는 간격을 맞추며 뒤로 물러난다.

4 다시 수비가 "무슨 꽃을 찾으러 왔느냐 왔느냐"라고 말하며 앞으로 가고, 공격은 뒤로 무른다. 공격팀 '선'에 해당하는 사람이 상대팀 사람 이름 하나를 골라 "○○꽃을 찾으러 왔단다 왔단다" 하고 외치면, 수비팀에서 '○○'에 해당하는 사람이 앞으로 한 걸음 나와 공격팀 '선'과 마주 보고 모두 함께 "가위바위보"를 외친다.

5 가위바위보에서 지면, 상대방 팀의 가장 낮은(늦은) 자리로 가고, 가위바위보에서 이긴 팀이 다시 공격을 한다.

6 이렇게 반복하다가 한쪽 팀이 사라지면 놀이가 끝난다.

TIP

놀이의 팁 ——

• 자리 순서를 잘 지정하자. 가장 오른쪽 사람이 "○○꽃을 찾으러 왔단다 왔단다"를 말하기로 하고, 가위바위보에서 진사람은 팀 가장 왼쪽으로 간다고 약속해 놓으면 놀이가 좀 수월해진다.

• 수비하는 팀에서 가위바위보가 하고 싶다며 자기 이름을 불러달라고 떼쓰는 학생이 있다. 그런 경우엔 절대 그 친구의 이름을 부르지 않도록 놀이 시작 전에 이야기하면 좋다.

6-18 나이먹기

(강당) (운동장) (교실 밖) **준비물** | 없음

사라져가고 있는 추억의 놀이지만, 놀이 규칙만 잘 이해하면 정
말 즐겁게 참여하는 모습을 볼 수 있다. 무엇보다 놀이가 끝나고
서로 몇 살인지 이야기 나누는 모습이 인상적이다.

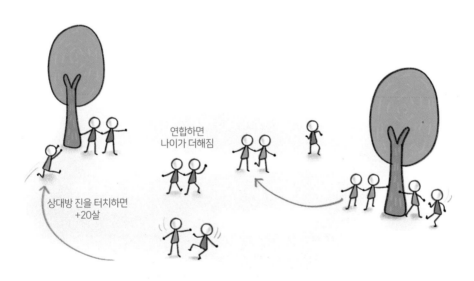

연합하면
나이가 더해짐

상대방 진을 터치하면
+20살

1 5~10명을 한 팀으로, 두 팀이 모여 각 팀의 '진'을 정한다.

2 모두 '10살'에서 시작한다.

3 모두 자기 팀의 진에 손을 대고 있다가 신호가 떨어지면 나이를 차지하러 이동하거나 진을 지킨다.

4 나이가 많은 사람이 적은 사람을 터치하면 +5살, 나이가 같을 땐 가위바위 보를 해서 이긴 사람이 +5살을 가져간다.

5 터치를 당하거나 가위바위보에서 지더라도 자신의 나이는 그대로 유지된다.

6 진을 지키고 있는 사람은 나이가 무한대가 되며, 상대방을 터치하면 원래 자기 나이에 +10살을 얻게 된다. 이때 팀원들과 손을 잡고 연결해 상대방을 터치하게 될 땐 손을 연결한 팀원 모두가 +10살을 얻게 된다.

7 상대방 진을 터치하면 +20살을 얻게 된다.

8 서로 손을 잡으면 나이와 나이를 더해 누군가를 터치할 수 있다.

TIP

놀이의 팁 ———

• 누군가를 터치하거나 상대방 진을 터치해 나이를 먹게 되면, 그리고 터치당하거나 가위바위보에서 지게 되면 그 순간 놀이를 멈추고 재빨리 자신의 진을 한 번 터치하고 돌아와야만 놀이를 계속할 수 있다는 규칙을 추가하면 진행이 조금 더 깔끔해진다.

• 가끔 나이를 속이는 경우도 있어서 넓은 투명테이프를 몸 한쪽에 붙이고 각 진을 터치하러 갈 때 그곳에 보드마카로 나이를 표시하도록 운영해도 좋다.

6-19 땅차지하기

준비물 | 작은 돌(또는 공깃돌, 1인당 1개)

땅놀이 중에 기본인 땅따먹기 놀이다. 각자 작은 원을 그리고 서로의 땅을 차지하기 위해 손가락으로 돌을 튕기면서 환호하고 한숨을 내쉬게 되는 놀이를 소개해 주자.

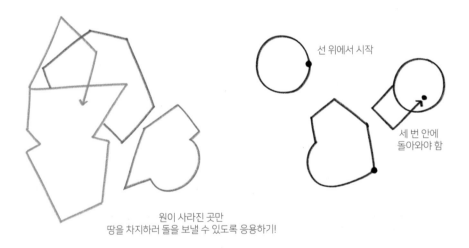

선 위에서 시작

세 번 안에
돌아와야 함

원이 사라진 곳만
땅을 차지하러 돌을 보낼 수 있도록 응용하기!

1 2~4명이 모인 뒤, 놀이 순서를 정한다.

2 각자 1m 정도 떨어져 앉아 손뼘을 이용해 원을 하나씩 그린 뒤, 선 위에 작은 돌(또는 공깃돌)을 하나 올려놓고 손가락으로 튕겨 세 번 안에 원 안으로 다시 돌아온다.

3 세 번 안에 돌아오지 못하거나 돌이 선에 닿으면 아웃되고, 다음 사람에게 차례가 넘어간다.

4 돌아온 곳은 내 땅이 되고, 내 땅의 꼭짓점 중 한 곳에서 다시 돌을 튕겨 위의 과정을 반복하며 땅을 늘려간다.

5 내 원을 모두 없애면, 다른 친구의 땅을 차지하기 위해 돌을 튕길 수 있다.

6 정해진 시간 이후 가장 넓은 땅을 차지한 사람이 이기거나 모두의 땅을 차지하면 이긴다.

TIP

놀이의 팁 ─────

• 지역마다 규칙이 약간씩 다르다. 선생님이 어렸을 때 놀이한 경험이 있다면 이야기를 들려주면서 알려주고 함께해 보자.

• 근처에서 작은 돌멩이를 구할 수 있지만, 교실에서 색이 다른 공깃돌을 가져가도 좋다.

• 놀이 시간이 많으면 각자 조금 떨어져 원을 그리고, 시간이 부족하면 서로 가깝게 원을 그리도록 하자.

• 손뼘으로 원을 그리는 것에서 다툴 때가 있다. 그럴 때는 원 모양의 물건을 대고 그리자.

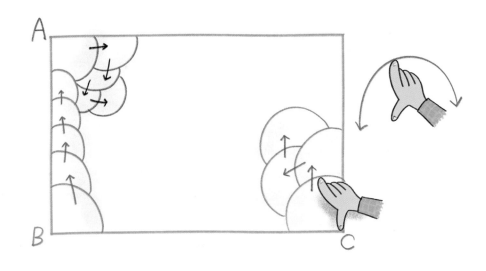

6-20 땅 넓혀가기

　**준비물** | 없음

땅따먹기의 응용된 방식으로 땅을 조금씩 늘려가면서 차지하는
놀이다. 좁은 공간에서 몇 명의 친구들과 즐겁게 놀 수 있는 방법
이다.

1 원이나 사각형 모양의 테두리를 그린 뒤 2~4명이 모여 순서를 정한다.

2 각자 자신의 출발 영토를 손뼘을 이용해 만든다.

3 가위바위보를 해서 이긴 사람은 자신의 영토의 한쪽 끝에 엄지를 대고 검지로 원을 그려 선과 선이 닿는 부분까지 영토를 넓힌다.

4 이렇게 조금씩 영토를 넓혀가 누군가의 영토를 모두 차지하거나 정해진 시간이 지나 가장 많은 땅을 확보한 사람이 이긴다.

TIP

놀이의 팁 ———

• 가로세로 1m 정도 정사각형을 그리고 시작하고, 시간에 따라 놀이 영역을 조절하자. 원으로 그려놓고 시작해도 좋다.

• 시간이 지나면서 가위바위보가 힘들어질 수 있다. 주사위를 굴려 큰 숫자가 나온 사람이 땅을 넓히기로 하거나 놀이 영역 가운데 작은 원을 그려놓고 각자 돌멩이를 튕겨 가장 가까운 사람이 땅을 넓혀 가는 등 다양한 방식으로 놀 수 있다.

• 서로 땅이 겹칠 땐 뼘으로 원을 그려 내 영토에서 내 영토까지 뼘이 닿는 부분을 모두 차지할 수 있다.

• 놀이 인원은 4명을 넘지 않도록 하자.

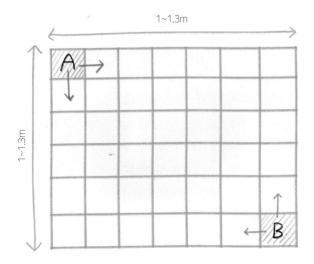

6-21 한 칸씩 넓혀가기

준비물 | 작은 돌 또는 공깃돌(1인당 1개)

땅따먹기의 또다른 발전된 놀이다. 땅따먹기보다 조금 더 빠른 시간에 끝내고 싶을 때 활용해 보자. 때론 운동장에 커다란 경기장을 그리고 반별 대항을 해도 좋다.

1 2~4명이 모여 바닥에 사각형 또는 원 1개를 그린다.

2 서로 한 번씩 돌아가며 선을 그어 사각형 안에 여러 칸을 만든다.

3 각자의 '시작 영토'를 정하고 가위바위보로 놀이 순서를 정한다.

4 시작 영토 중앙에 작은 돌을 놓고 손가락으로 튕겨 면으로 접한 옆 칸 안에 들어가면 내 영토가 되고 아웃될 때까지 계속 돌을 튕겨 영토를 늘려갈 수 있다.

5 바로 옆이 아닌 다른 칸이나 선에 닿으면 아웃되고, 다음 사람 차례가 된다.

6 모든 칸에 돌을 튕겨 땅을 차지한 뒤, 서로의 땅의 크기를 비교해 승부를 낸다.

TIP

놀이의 팁

• 영토 중앙에서 돌을 놓고 튕기는 게 어렵다면 영토 끝 꼭짓점 한 곳에 돌을 놓고 시작해도 좋다.

• 돌아가면서 선을 그을 때 각 칸의 간격을 너무 좁게 그려서 붙지 않도록 하자. 처음엔 선을 반듯하게 긋다가 지그재그, 곡선 등으로 다양하게 나눠보면 재미있다.

• 가위바위보로 한 칸씩 차지하기로 변형해도 좋다.

• 놀이 영역을 더 크게 그리고 선을 더 많이 그은 상태에서 주사위로 놀이를 해도 좋다. 주사위 눈의 숫자만큼 인접한 땅을 차지하면 된다.

• 운동장에 대형 사각형을 그리고 라인기로 여러 선을 그어놓고 반 대항 영토 차지하기 놀이로 응용해도 좋다(돌 대신 작은 종이 상자 발로 차기로 변형).

6-22 모래와 막대

준비물 | 반뼘 정도의 나뭇가지(1개)

이미 어른들은 익히 알고 있는 놀이라고 식상해 하지 말고, 우리가 어렸을 때 했던 놀이를 소개해 주자. 아이들이 옹기종기 모여서 노는 행복을 느끼게 해주자!

활동방법 How to play

1 2~4명이 모이도록 하자.

2 가위바위보 등으로 순서를 정하고, 모래를 긁어모아 쌓은 뒤 가운데에 나뭇가지를 절반 정도 꽂자.

3 순서대로 두 손으로 모래를 조금씩 덜어 자기 앞으로 가지고 온다.

4 돌아가면서 모래를 가지고 오는 도중 먼저 나뭇가지를 쓰러뜨리는 사람이 진다.

TIP

놀이의 팁 ———

• 놀이 시작 전, 선생님의 옛날 이야기를 들려주는 것도 좋다.

• 더운 햇볕 아래보다 그늘진 곳에서 하자.

• 활동 후 꼭 손을 씻도록 하자.

• 놀이 구성원을 바꿔가면서 해보자.

6-23 손끝으로 느끼는 세상

강당   운동장   교실 밖   **준비물** | 안대(2인당 1개)

세상을 인지하는 데 사용하는 여러 감각기관 중 눈이 차지하는 비중이 크다. 익숙했던 학교와 자연을 촉각을 이용해 느껴볼 수 있는 기회를 만들어주자.

활동방법 How to play

1 2명이 짝이 된다.

2 한 사람은 안대를 착용하고, 다른 한 사람은 이끔이가 된다.

3 이끔이는 안대를 착용한 친구의 한 손을 학교 주변 환경 중 한 곳에 갖다 댄다.

4 안대를 쓴 사람은 그곳을 손으로 만져보고 무엇인지 맞혀본다.

5 일정 시간이 지나면 반대로 해본다.

TIP

놀이의 팁 ———

• 평소 눈으로 봤던 모든 것들이 손으로 만졌을 때는 어떠했는지 소감을 나눠보자.

• 3명이 한 조가 되어 (1명은 안대를 착용, 나머지 2명은 함께 이끔이가 되어) 탐험할 수도 있다.

• 자연물 외에도 사람들이 만든 건물, 시설 등의 일부도 손으로 탐색하도록 하자. 온도, 감촉 등을 다양하게 느껴볼 수 있도록 하자.

• 체험학습 장소, 자연 속에서 활동할 수 있다.

6-24 내 나무 찾기

준비물 | 안대(2인당 1개)

교실 밖에서 할 수 있는 감각놀이다. 촉감을 이용해 학교 밖 나무들을 만져보고, 나무들의 차이를 확인해 보면서 평소와 달리 세상을 접촉할 수 있는 시간을 만들어보자.

활동방법 H o w   t o   p l a y

1 학교 안, 나무가 있는 곳으로 간다.

2 2명이 짝이 되어 A와 B로 순서를 정한다.

3 A는 나무 중 하나를 고르고 "내 나무!"라고 지정하고 손으로 만져본다.

4 '내 나무'로부터 열 걸음 정도 떨어진 곳에 선 다음 안대를 착용한다.

5 B는 A의 어깨 위에 손을 올리고 A를 이리저리 데리고 다닌다.

6 B는 3~4그루의 나무들이 있는 곳으로 데려간 뒤 A가 손으로 나무를 만질 수 있도록 한다.

7 모든 나무를 손으로 만져본 뒤, A는 어떤 나무가 '내 나무'인지 맞힌다.

8 서로 역할을 바꿔서 해본다.

TIP

놀이의 팁 ———

• 나뭇가지가 얼굴을 찌르는 '낮은 나무'보다는 학생들 머리 위로 가지가 뻗어나가는 어느 정도 자란 나무들을 고르자.

• 안대를 착용한 뒤 방향 감각이 조금 사라지도록 근처를 몇 바퀴 돌거나 탐험하듯 30초 정도 다닌 뒤 나무에게로 향하자.

• 안대를 착용한 상태라 무서울 수 있으니 어깨 위에 손을 올리는 것을 짝의 손을 잡고 앞으로 조심스럽게 이끄는 형태로 바꿔도 좋다.

• 나무를 만질 때 냄새를 맡아 보거나 안아보게 하는 것도 좋다.

BONUS TIP

보너스 팁

《교실놀이백과 239》를 강당 운동장에서 활용하기

0-01 모둠 나누기

강당 운동장 놀이를 진행하기 위해 2개 이상의 팀으로 나눠야 할 때 사용해 보자. 아이스크림 막대를 이용한 뽑기통이 없다면, 이 방법을 통해 최대한 빠른 시간 내에 모둠을 나누고 구성할 수 있다.

0-02 전체 가위바위보

강당과 운동장에서 '술래'가 있는 형태의 놀이를 진행할 때, 〈전체 가위바위보〉를 이용해 재빨리 선정할 수 있다. 또는 교사가 시범을 보일 때, 파트너를 뽑아야 할 때 등 다양하게 활용 가능하다.

1-01 가위바위보 달리기

릴레이 놀이 형태로 강당과 운동장에서 얼마든지 활용할 수 있다. 교실보다 조금 더 긴 거리에 상대방 팀을 위치시키고 그곳까지 달려가 가위바위보를 활용해 릴레이 놀이를 해보자. 중간에 장애물이나 콘을 몇 개 놓고 이기면 바로 돌아가기, 비기면 첫번째 콘에 다녀와서 다시 가위바

위보 하기, 지면 술래가 한 바퀴 돈 다음 다시 가위바위보 하기 등으로 다양하게 응용할 수 있다.

1-08 그물 술래잡기

교실보다 더욱 큰 역동으로 놀 수 있어 강당에서 운영하기에 좋은 놀이다. 바닥선을 이용해 갈 수 있는 공간을 제한해 두면 좋다. 반 아이들 대부분이 손을 잡고 함께 걸어가는 모습, 분리했다가 합체하는 순간을 정말 좋아한다.

1-22 바나나 술래잡기

교실에선 제한적이던 술래잡기도 강당과 운동장으로 나가면 더 큰 역동으로 놀 수 있다. 놀이 영역의 크기는 강당 절반 정도가 가장 적당하다. 이와 비슷한 방식의 놀이는 이 책의 '얼음땡 술래잡기(3-04)'에서도 소개했다.

1-32 신의 선택

주로 다목적실에서 했던 놀이인데, 강당과 운동장에서 더 즐겁게 할 수 있다. 강당 바닥선을 이용해 일정 선 이상을 잡히지 않고 넘어가면 살 수 있는 방식으로 운영해 보자.

1-38 왕(여왕)을 잡아라

원래 강당 운동장 놀이에 수록됐어야 하는 놀이다. 쪽지를 만들어 뽑도록 하고 변수를 더 만들어가며 교실 밖에서 즐겁게 놀아보자.

1-57 1-2-3-4-5

강당 운동장 놀이를 하기 전, 준비 운동을 할 여유가 없을 때 워밍업 놀이로 사용하면 좋다. 짧은 시간에도 많은 운동량을 만들 수 있다. 달리기 활동이나 술래잡기 전에 반 아이들과 짧게 해보자.

2-07 눈먼 자동차_2탄 : 스포츠카

1탄과 달리 2탄은 조금 더 넓은 곳에서 활동하면 좋다. 서로 부딪히지 않도록 빈 공간을 찾아 달리게 하면 스릴 넘치는 놀이로 만들 수 있다. 부모 자녀 놀이 프로그램을 강당에서 할 때 즐겨 활용했다.

3-02 공기놀이 릴레이

강당과 운동장에서도 충분히 할 수 있는 놀이다. 출발선과 도착선 사이의 거리를 늘리고 릴레이 파트에 넣어 함께해 보자. 공깃돌 5개를 들고 전달하면서 바통 대신 활용할 수도 있고, 특정 단수만 이용해 릴레이 놀이를 할 수도 있다.

3-03 공기의 도움으로

강당에서 하면 더 역동적이다. 운동장에서는 가끔
바람 때문에 실패하기도 했다. 강당에서 두루마리 휴
지를 길게 잘라 사용하거나 《교실놀이백과 239》에서
처럼 티슈를 이용할 수도 있다. 조금 더 재미있게 하
려면 신문지 한 장을 펼쳐 가슴 위에 올리고 더 빨리 달리도록 할 수도 있다.
학년 모두가 강당에 모여 각 반 대표 1명씩과 함께 놀이했던 경험도 있다.

3-24 스피드 컵 릴레이

이 책의 '릴레이 놀이'에 포함할 수 있는 놀이다. 출
발선에서 도착선까지의 거리를 조금 더 늘리고, 스피
드 컵을 이용한 규칙을 다양하게 변형해 가면서 활용
해 보자.

3-40 젓가락과 공깃돌

출발선에서 도착선까지의 거리를 강당 바닥선을 이
용해 달리 적용해 보자. 젓가락으로 집을 수 있는 물
건을 공깃돌 대신 다른 물건으로 변형하는 것도 응용
팁이다.

3-44 주사위 달리기

학교에 가로세로 1m 크기의 커다란 주사위가 있어
서 강당에서 정말 재미있게 놀았던 경험이 있다. 머리
위로 주사위를 높이 던지는 게 요령이다. 최근엔 콘 6
개의 거리를 달리해 배치하고, 출발선에서 주사위를
던진 뒤, 주사위 눈에 해당하는 번호의 콘을 돌아오는 방식으로 활용하고 있다.

3-46 짐볼 피구

이 책의 '피구 놀이'에 응용해 놀아보자. 기본 피구
규칙 이외에 공을 짐볼로 바꿔서 활용해 보자.

3-49 초강력 접착제

출발선과 반환점 사이의 거리를 늘려서 진행해 보
자. 교과서 대신 풍선이나 공을 끼우는 것으로 응용할
수 있다.

3-55 훌라후프와 실내화

교실보다 강당에서 거리를 더 두고 진행하면, 이리
저리 휙 날아가는 실내화와 함께 아이들의 웃음도 만
날 수 있다. 이 놀이를 워밍업 놀이로 즐긴 뒤, 이 책
의 '내 신발은 어디에?(5-46)', '발로 휙~(5-47)'으로
발전시켜나가는 것도 좋다.

4-13 도미노 체조

이 책의 '강당 운동장 놀이 사용설명서'에서도 설명했지만, 강당과 운동장에서 체조를 해야 하는 경우나 간단히 워밍업을 해야할 때 활용하면 좋다.

5-22 여왕 닭싸움

강당 바닥선을 활용해 진행하면 좋다. 바닥선으로 공간을 지정해 놓고 닭싸움 도중 그곳을 나가거나 선 밖으로 밀려 나가게 되면 아웃되는 형태로 활용한다. 공간이 너무 커지면 아이들이 힘들어하니 강당 절반 크기에서 해보자.

《강당 운동장 놀이 189》를
교실에서 활용하기

1-01 한 줄로 서기

아이들을 교실 한쪽에 한 줄로 세울 수 있다. 수업
시간에 공부했던 것을 어느 정도 이해했는지(1점:잘 모
르겠다~10점:잘 알겠다), 방학이나 휴일에 얼마나 즐거
운 시간을 보냈는지(1점:방학이 즐겁지 않았다~10점:최고

로 멋진 방학을 보냈다)에서부터 지금 기분 상태까지(1점:기분이 별로다~10점:기분이
최고다) 파악해 볼 수 있다.

1-07 서로 다른 가위바위보

이 책에서는 큰 걸음으로 걸어가는 형태지만, 교실
이나 복도에서는 발바닥 1개 거리로 수정해 놀아보
자. 교실 한쪽 벽에서 다른 쪽 벽까지 가는 놀이로 응
용할 수 있다.

1-10 액션 가위바위보

교실에서 활용해도 충분하다. 교실은 책상이나 물
건들로 발 아래쪽이 잘 보이지 않으니 다른 학생들이
지켜보고 있는 상황이라면, 상체를 움직이는 액션 가
위바위보 형태를 사용해 보자.

2-11 숫자카드 달리기

책상을 밀어놓고 약간의 공간을 만든 뒤, 책상 두 개를 놓고 수학시간에 모았던 카드를 활용해 보자. 수학시간에 도형에 대해 배웠다면, 카드를 뒤집어 놓고 '삼각형-사각형-오각형-육각형'으로 배열하거나, 카드 두 벌을 놓고 서로 같은 것을 찾도록 할 수도 있다.

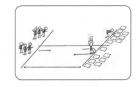

2-14 빗자루질 릴레이

반 아이들이 책상 옆에 걸어놓는 꼬마 빗자루와 쓰레받기를 이용해 놀이를 변형해 보자. 공 대신 지우개나 우유갑을 꼬마 빗자루로 쓸어 정해진 곳에 넣고 오기, 반환점 돌아오기 등으로 변형할 수 있다.

2-24 조심히 올려줘!

책상을 양쪽으로 밀어놓고 가운데에 책상 두 개를 놓자. 그 위에 접시콘 2개를 놓은 뒤 접시콘 하나 위에 피구공을 올려 놓는다. 릴레이 형태로 접시콘 위의 공을 그 옆의 접시콘 위에 올리고 돌아오는 방식으로 응용해 놀이할 수 있다.

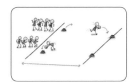

5-36 개똥을 피해랏!

접시콘 대신 의자를 활용해 놀이를 진행할 수 있다. 부모 자녀 캠프를 진행할 때, 부모님은 한쪽 벽에서

애타게 아이의 이름을 외치고, 자녀들은 안대를 쓰고 의자에 부딪히지 않도록 조심하며 엄마에게 가는 방식으로 즐겨 응용했다.

5-48 선에 붙여봐!

실내화 대신 우유갑이나 지우개를 이용해 교실 뒤 공간에서 할 수 있다. 또는 책상 위에 선을 그어놓고 손가락으로 동전이나 바둑알을 튕겨가며 놀 수 있다.

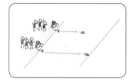

6-21 한 칸씩 넓혀가기

종이에 여러 칸을 그리고, 펀치로 카드나 플라스틱 상자를 구멍내 나온 작은 원 모양을 연필이나 샤프로 튕겨가며 영역을 차지하는 놀이로 변형해 교실 안에서 진행할 수 있다.

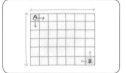

강당 운동장 놀이를 진행하는 것에 많은 선생님들이

두려움, 걱정, 짜증, 귀찮음, 혼란스러움 등을 느낍니다.

교실 안과 달리 밖에서는 돌변하는 학생들,

승부에 너무 집착한 나머지 난장판으로 만들어버리는 학생들,

잠깐의 놀이를 위해 많은 준비물을 챙겨야 하는 수고,

그렇게 조심했는데도 안전사고가 발생하면 고스란히 교사의 책임이 되는

묘한 분위기 등 불편함이 많기 때문이지요.

하지만 밖에서 노는 것은 아이들에겐 중요한 일이고

행복을 만드는 일입니다.

에필로그 Epilogue

　이 책의 초고를 완성하는 일이 쉽지는 않았습니다. 강당과 운동장이라는 공간의 제약 때문에 원하는 장면을 사진으로 찍을 수 없었기 때문에 벽에 붙여놓은 커다란 화이트보드에 그림을 먼저 그렸습니다. 그림 하나로도 놀이가 전달되어야 한다고 생각했기 때문입니다. 화이트보드에 그림을 그렸다 지우기를 반복하면서 마음에 드는 그림 하나를 완성한 뒤에는 그림 앞에 서서 내 방 한쪽에 반 아이들과 여러 선생님이 앉아 있다고 생각하며 그곳을 바라보면서 놀이방법을 설명해 보았습니다. 그런 뒤, 그림을 사진으로 찍어 컴퓨터로 불러와 한글파일에 넣고 앞서 설명했던 놀이방법, 반 아이들과 놀았던 경험을 떠올리며 초고를 완성해 나갔습니다. 무엇보다도, 단순한 놀이 설명을 넘어 놀이를 어떻게 변형하고 발전시켰는지에 대한 노하우까지 담고 싶었습니다. 그러다 보니 정말 많은 시간이 걸렸습니다.

　그렇게 완성된 초고를 출판사에 건넸고, 편집자는 원고를 꼼꼼하게 살피고 교정했습니다. 디자이너와 삽화가는 책에 어울릴 만한 다양한 시안을 준비하고, 논의와 고민 끝에 시안을 결정한 뒤에는 189개의 놀이를 위해 오랜 시간

동안 그림과 본문 디자인을 진행했습니다. 이메일과 택배로 수정 원고가 여러 번 오가며 그렇게 초고가 책으로 조금씩 완성되어갔습니다. 물론 최종 교정이 끝난 뒤에도 인쇄와 제본 등 여러 과정이 진행됩니다. 정말 많은 사람들의 노력과 시간이 이 책에 오롯이 담겨 있습니다.

이처럼 여러 사람에게 필요한 책을 만들기 위한 과정은 언제나 힘이 듭니다. 하지만 책을 통해 도움을 받고 행복해질 사람들을 생각하면 마음을 더해 책을 잘 완성해야 한다는 생각이 컸습니다. 그래서 몸이 탈진할 만큼 다른 책보다 더 많은 정성을, 더 많은 집중을 쏟았습니다.

세상엔 완벽한 책도, 완벽한 놀이도 없다고 생각합니다. 책을 읽는 사람의 취향과 경험이 다르니 당연히 해석하는 방식도 각기 다르겠지요. 어쩌면 이 책의 내용이 충분하지 못할 수도 있습니다. 그래도 이 책의 좋은 부분을 잘 취하고 활용하시길 바랍니다. 이 책을 만난다면 "내게 오느라 고생했어. 내가 널 사랑해줄게." 하고 이야기해 주시면 좋겠습니다. 필요한 순간 이 책을 잘 사용한 뒤에는 "덕분이야. 고마웠어." 하고 토닥여주시길.

누군가 이 책을 읽어가며 마음에 드는 놀이를 골라 라벨지를 붙이고 반 아이들과 함께 즐겁게 놀고 있는 모습을 떠올리면 나도 모르게 얼굴에 미소가 가득해집니다. 미세먼지가 갈수록 줄어들기를, 폭염과 한파가 아이들이 운동장에서 노는 순간만이라도 사라져 더 많이 놀 수 있기를, 운동장에서 놀고 있는 아이들을 바라보며 흐뭇해하는 어른들이 더 늘어나기를 진심으로 바랍니다.

이 책에 도움을 주신 선생님들께
진심으로 감사합니다.
Thanks to
—

이선호, 오재용, 김성주, 추교진, 송윤희, 토깽이, 이용규,
서은선, 오인선, 정혜현, 장재현, 이명희, 이영배, 김세용, 송미자, 박태신,
전경윤, 정지정, 이지선, 송지수, 황현주, 정연수, 이지영, 현경,
최은주, 박영신, 김성규, 전원희, 신혜영, 하예지, 양은석, 권민지, 박창용,
이슬, 이민석, 이정현, 이봉경, 이수진, 임다정, 유지선, 임가현,
강수진, 김아름, 이정연, 정구철, 김호빈, 황영월, 남유리, 장욱조, 김진아,
권영희, 강민정, 병주, 김권임, 양진원, 임소연, 성현정, 박설, 안덕진,
김미화, 이평원, 이영하, 김병우, 이정은, 서경숙, 윤일호, KHY, 이화숙,
이아랑, 김연화, 전용호, 유힘찬, 허금란,
김재희, 김은미, 은진 선생님

• 〈2-30 작은 구멍으로 바라봐〉 놀이는 '서준호 선생님의 교실놀이백과' 원격연수를 듣고 제출된 과제에서
  아이디어를 얻었습니다. 아이디어를 주신 선생님이 확인되면 이후 인쇄 시 반영하도록 하겠습니다.

서준호 선생님의
강당 운동장 놀이 189

ⓒ 서준호

1쇄 발행 2019년 2월 15일
5쇄 발행 2023년 11월 22일

글·사진 서준호

발행인 윤을식
펴낸곳 도서출판 지식프레임
출판등록 2008년 1월 4일 제2023-000024호
전화 (02)521-3172 ㅣ **팩스** (02)6007-1835

이메일 editor@jisikframe.com
홈페이지 http://www.jisikframe.com

ISBN 978-89-94655-73-4 (03370)

이 도서의 국립중앙도서관 출판예정도서목록(CIP)은
서지정보유통지원시스템 홈페이지(http://seoji.nl.go.kr)와
국가자료공동목록시스템(http://www.nl.go.kr/kolisnet)에서 이용하실 수 있습니다.
(CIP제어번호 : CIP2019002328)